Zu diesem Buch

«Schreibt die Wahrheit» ist der Titel eines programmatischen Essays von Heinar Kipphardt zur Theaterästhetik, geschrieben in den fünfziger Jahren. Kipphardt war unter den deutschen Intellektuellen der Nachkriegsepoche einer der fundamental kritischen, unbestechlichen Köpfe. Das vorliegende Buch dokumentiert mit vielen bisher ungedruckten Briefen, Aufsätzen, Notaten und Entwürfen den Weg des Autors vom jungen, in der DDR zunächst gefeierten, dann geschaßten Dramatiker bis zu seinem Welterfolg «In der Sache J. Robert Oppenheimer» (1964). – Die anschließende Zeit bis zu Kipphardts Tod wird in dem gleichzeitig erscheinenden Band «Rukkediguh – Blut ist im Schuh. Essays, Briefe, Entwürfe 1964–1982» (rororo Nr. 12572) dokumentiert.

Heinar Kipphardt, geboren am 8. März 1922 in Heidersdorf (Schlesien), gestorben am 18. November 1982 in München, Dr. med. mit der Fachrichtung Psychiatrie, übersiedelte 1949 von Krefeld nach Ost-Berlin, wurde Arzt an der Charité und später Chefdramaturg am Deutschen Theater. Seit 1961 lebte er in der Nähe von München. 1970/71 war er Chefdramaturg der Münchener Kammerspiele. Sein Stück «In der Sache J. Robert Oppenheimer» (rororo Nr. 12111) gehört zu den Klassikern des modernen Theaters. Auch sein letztes Stück «Bruder Eichmann» (rororo Nr. 5716) erregte Aufsehen. Weitere Stücke sind in den Bänden «Shakespeare dringend gesucht» (rororo Nr. 12193) und «Joel Brand» (rororo Nr. 12194) zusammengefaßt. Überdies verfaßte er Erzählungen (ein Sammelband unter dem Titel «Der Mann des Tages» erschien als rororo Nr. 4803), Gedichte («Angelsbrucker Notizen», rororo Nr. 5605), «Traumprotokolle» (rororo Nr. 5818), Fernsehspiele und den Roman «März» (rororo Nr. 5877).

Kipphardts gesammelte literarische Arbeiten erscheinen in einer Werkausgabe im Rowohlt Taschenbuch Verlag.

Heinar Kipphardt

Schreibt die Wahrheit

Essays, Briefe, Entwürfe
Band 1:
1949–1964

Rowohlt

Gesammelte Werke in Einzelausgaben

Herausgegeben von Uwe Naumann
Unter Mitarbeit von Pia Kipphardt

Originalausgabe
Veröffentlicht im Rowohlt Taschenbuch Verlag GmbH,
Reinbek bei Hamburg, Oktober 1989
Copyright © 1989 by Pia-Maria Kipphardt mit Ausnahme
der Briefe von Peter Hacks
Copyright © 1989 by Peter Hacks
Umschlaggestaltung Klaus Detjen
Gesetzt aus der Garamond (Linotron 202)
Gesamtherstellung Clausen & Bosse, Leck
Printed in Germany
1280-ISBN 3 499 12571 4

Inhalt

Vorbemerkung 7

1. 300 Zeilen Leben 8

2. Wir arbeiten an einer guten Sache. Aus Briefen an die Eltern (1949–59) 15

3. Schreibt die Wahrheit. Frühe Aufsätze zur Literatur und zum Theater 57
Über Anna Seghers, «Die Toten bleiben jung» 58 · Zum 175. Geburtstag des Dichters und Patrioten Heinrich von Kleist 60 · Zur Frage des Typischen im Drama 62 · Bemerkungen zu einem Gedicht 67 · Bemerkungen zu «Shakespeare dringend gesucht» 70 · «Der Dämpfer» von Paul Herbert Freyer 74 · Schreibt die Wahrheit 79 · Theaterstück und Theateraufführung 87 · Zu einigen Fragen des heutigen Theaters 91

4. Ein Volkstheater. Aus der dramaturgischen Arbeit 96
Von 1945 bis 1953 97 · Dr. Wilhelm Krey – oder die zeitdeutsche Revolution im Hause des Imperialismus 98 · Die Aufgabe des Theaters 100 · «Der eingebildete Kranke» 102 · Purgieren, Klistieren, zur Ader lassen 104 · «Die einen läßt man sich stählen, während die anderen stehlen» 106 · «Androklus und der Löwe» 109 · Zur Aufführung von «Viel Lärm um nichts» 111 · Hanswurst, Kasperl, Staberl 113 · «Kabale und Liebe» 116 · Wohin führt «Die Dorfstraße»? 118 · Das Theater und seine Zeit 120

5. Im Westen wenig Neues. Notizen von einer Reise nach Westdeutschland (1953) 123

6. Der Briefwechsel Heinar Kipphardt – Peter Hacks
   (1955–59) 133

7. Porträts. Über Weggefährten und Freunde 139
   Wolfgang Langhoff 139 · Der Schauspieler Ernst Busch 142 ·
   Über Rudolf Wessely 144

8. Ortswechsel. Die Rückkehr in die Bundesrepublik (1959) 147
   «Künstler kennen keine Zonengrenze» 149 · Aus Briefen
   (1959/60) 153 · Aus den Notatheften 163

9. Aus Briefen (1959–63) 166

10. Der Briefwechsel Heinar Kipphardt – Peter Hacks
    (1959–63) 183

11. Über Erwin Piscator (I) 223
    Der erste Briefwechsel (1955) 224 · Piscator war sehr nötig 226
    Arbeitsnotat 227 · Aus dem Briefwechsel Kipphardt – Piscator
    (1960/61) 227

12. Aus den Notatheften (1959–64) 236

13. Stoffe und Projekte 245
    Das Krokodil. Skizze zu einer Satire 246 · Der Hungerkünstler
    (nach einer Erzählung von Franz Kafka) 254 · König Kyros.
    Exposé für ein Fernsehspiel 259

14. Das Geschäft des Schriftstellers. Aus Reden und Aufsätzen
    1962–64 274
    Soll die Vergangenheit nicht endlich ruhen? 275 · Der Schriftsteller in der Gesellschaft 277 · Das Geschäft des Theaters ist es,
    unbequem zu sein 279

Namenregister 283

Vorbemerkung

Als Heinar Kipphardt Ende der siebziger Jahre einen Band mit seinen lyrischen Arbeiten zusammenstellte, notierte er: «Die Gedichte beschreiben die Zeit, in der ich lebe. Ich hoffe, sie ist kenntlich und ich in ihr.» Diese Maxime kann als Motto auch für die zwei Bände mit Kipphardts Essays, Briefen und Entwürfen gelten, die jetzt im Rahmen der Werkausgabe veröffentlicht werden.

Die Bände dokumentieren die äußere und innere Biographie des Schriftstellers: seine Lebensstationen, Projekte, Programme, Freund- und Feindschaften, seine Ängste, Enttäuschungen, Utopien und Obsessionen. Zugleich wird ein Stück deutscher Literatur- und Zeitgeschichte offengelegt, gespiegelt in der persönlichen Geschichte Kipphardts, der in die großen Auseinandersetzungen unserer Epoche «nicht nur seinen Kopf, sondern seine gesamte Existenz einbrachte» (Gerd Fuchs). An den Katastrophen und Widersprüchen seiner Zeit hat er gelitten, aus ihnen bezog er den Impuls zu arbeiten, in ihnen fand er die Fragen und Themen für seine Literatur.

Ein wesentlicher Teil der nachfolgenden Texte stammt aus dem Nachlaß des Autors und wird erstmals veröffentlicht. Zur Orientierung des Lesers sind kurze editorische Erläuterungen den meisten Blöcken mit Kipphardts Texten vorangestellt. Die Entscheidung des Herausgebers, Äußerungen von sehr verschiedener Form aufzunehmen und sie wie ein Mosaik aus Selbstzeugnissen nebeneinanderzustellen, hat ihre Begründung nicht zuletzt in Kipphardts eigenen Arbeitsmethoden. Der Schriftsteller fand sich im Verlauf seines Lebens zunehmend von den Möglichkeiten der Montage fasziniert; auch von den Rissen, Leerstellen und Widersprüchen, die dabei deutlich werden. Die vorliegenden Bände vermitteln kein abgerundetes Kipphardt-Bild. Sie laden ein, sein Leben und Werk aus neuen Blickwinkeln und mit bisher unbekannten Facetten zu sehen.

1.
300 Zeilen Leben

Es ist immer unangenehm, jemanden am Rockkragen festzuhalten und zu sagen: Paß auf, Bester, mein Leben, hoch interessant! Wer läßt sich das gefallen? Meines ist nicht einmal interessant; ich sage es von vornherein. Wenn es interessant wäre, würde ich ein Buch daraus machen. Wahrscheinlich mache ich es einmal, obwohl es uninteressant ist. Ich halte Sie am Rockkragen fest, weil mich die Redaktion am Rockkragen festhält.

Ich hieß «der Rote», wie mein Vater hatte ich rötliches Haar. Meine Mutter behauptet, es sei immer blond gewesen, aber die Kinder meines schlesischen Heimatdorfes riefen «Rudschadel» (Rotschädel), und ich fiel über jeden her, der dieses Wort aussprach. Ich fand es erniedrigend und ehrend zugleich. Erniedrigend, weil die Rothaarigen als heimtückisch und häßlich gelten, ehrend, weil es mich außerhalb der Dorfgesetze stellte.

Mit fünf Jahren wurde ich nachts geweckt. Ich hörte streitende Stimmen, das Heulen eines Kindes und die feste Beteuerung meines Vaters, daß ein fünfjähriger Junge außerstande sei, irgend jemandem auch nur annähernd solche Verletzungen, wie die vorgewiesenen, beizubringen. Ich wurde gerufen und gab zu, den Sohn des Schlossermeisters so geprügelt zu haben, daß der Arzt hinzugezogen werden mußte. Ich war dazu gekommen, als der Junge, dem ich ohnehin gram war, einen angebundenen Hund mit einer Pferdepeitsche auspeitschte. Ich wurde nicht bestraft, vielmehr beobachtete ich bei späteren Anlässen, daß mein Vater meine Rauflust eher wohlwollend betrachtete. So wurden Prügeleien zu meiner Lieblingsbeschäftigung, ich wollte der Welt – und das war das Dorf – irgend etwas heimzahlen. Das machte mich natürlich nicht beliebt. Es war vielen Kindern unter Strafe verboten, mit mir zu spielen, und ich mußte dauernd auf der Hut vor rachelüsternen Dorfbewohnern sein.

In der Schule mußte ich täglich warten, bis die anderen Kinder zu Hause waren. Ich empfand das als eine tiefe Ungerechtigkeit, da außer mir nur zurückgebliebene Kinder nachsitzen mußten. An dieses Gefühl erinnere ich mich heute mitunter auf überflüssigen Sitzungen.

Ich ging in eine Dorfschule mit denkbar einfachen Erziehungsmethoden. Nach dem Morgengebet rief der Lehrer: «Hefte heraus», um die Schularbeiten zu kontrollieren. Die Kinder der Landarbeiter arbeiteten regelmäßig auf dem Felde und konnten infolgedessen ihre Schularbeiten fast niemals machen. Sie gingen auf den stereotypen Ruf des Lehrers wortlos nach vorn und legten sich über die erste Bank, um fünf Rohrstockhiebe zu empfangen. Ich war oft unter ihnen, weil ich fünf Hiebe auszuhalten für weniger mühevoll hielt, als drei Seiten in Schönschrift zu schreiben: «Die Juden haben den armen Heiland ans Kreuz geschlagen.» Der Hauptlehrer war häufig betrunken, und die Jungens, die nicht in der Kirche waren, mußten des Pfarrers Teppiche klopfen. Als ein Teppich einen größeren Schnitt aufwies – ohne Zweifel mit einer Rasierklinge ausgeführt –, wurde ich von allen Pfarrerdiensten dispensiert und für die Hölle ausersehen.

Ich weiß nicht, ob es dieses oder ähnliche Erlebnisse waren, die mir die Überzeugung gaben, seine Gefühle vor der Welt verbergen zu müssen, wenn man nicht scheitern wolle. Danach handelnd, bemerkte ich, daß sich die Erwachsenen mit Lehrern und Pfarrern verschworen hatten, um uns Kinder zu beschwindeln. Meine Beobachtungen teilte ich einzig einem alten Pferdeknecht mit, einem «Roten», wie man mir gesagt hatte, obwohl er dunkles Haar hatte, und er erklärte mir, wer und warum wir beschwindelt wurden, er meinte, nicht nur die Kinder. Ich besuchte ihn in der Folge häufig. Er erzählte gut, und mir gefiel an seinen Geschichten vor allem, daß in ihnen gegen Ende die Welt um und um gestülpt wurde. Er versicherte, daß ich es erleben würde. Als ich eines Tages irgendein Detail hartnäckig bestritt, sagte er, daß alles, was er erzähle, aus wissenschaftlichen Büchern stamme und daß ich diese Bücher samt und sonders bei meinem Vater lesen könne. Ich glaubte ihm nicht und mochte andererseits meinen Vater, der dem Dorf die Zähne zog oder ersetzte, nicht danach fragen. Was konnte schon von den Vätern kommen! Aussichtsreicher schien es mir, mit meinem Freund, einem Steinmetzsohn, phantastische Erfindungen zu machen, geeignet, die Welt zu erneuern.

Ich gedachte der Geschichten des Pferdeknechtes, als der Reichstag brannte und mein Vater, meine Mutter und ich nachts von Stiefeltritten aufwachten, die unsere Haustür eintraten. Niedrigstirnige Schlächter durchsuchten das Haus und verhafteten meinen Vater. Ein Köfferchen stand bereits gepackt.

Ich war 11 Jahre alt, und meine Kindheit war im wesentlichen beendet.

Wir verließen den Ort, und ich wechselte mehrfach die Schule. Ich erinnere mich eines Sonntags. Wir waren fünfzig Kilometer mit dem Rad gefahren und standen am Tor des provisorischen Konzentrationslagers Dürrgoy bei Breslau. Viele Frauen, meist Arbeiterfrauen, viele Kinder. Kurioserweise hatte ich einen weißen Matrosenanzug an. Es hieß, daß Kinder gelegentlich Aussicht hätten, ihre Väter zu sehen. Wir standen etwa acht Stunden, als eine Herde kahlgeschorener Gestalten in Sträflingskleidung über den Schotter in eine besondere Baracke gehetzt wurden. «Da ist Vater», sagte meine Mutter. Ich sollte ihm fünf Mark und einen chiffrierten Zettel geben. Eine Stunde später stand ich meinem Vater in einer Entfernung von drei Metern gegenüber. Er lächelte, seine Nase war schief, es fehlten mehrere Zähne. Ich fürchtete sehr, daß mein Vater weinen könne, wenn ich sprechen würde. So standen wir uns einige Zeit wortlos gegenüber, und ich überlegte, wie ich den Zettel loswerden sollte. Ich täuschte eine Ohnmacht vor und fiel um. Mein Vater hob mich auf, dabei gab ich ihm den Zettel. Wir standen wieder voreinander. Ich dachte: «Nur nicht heulen, nur nicht vor diesen Bestien heulen.» Die Besuchszeit war beendet.

In dieser Zeit wurden wir viel von Arbeitern besucht. Meine Einstellung zur Schule hatte sich insofern geändert, als ich sie nicht mehr feindselig, sondern lächerlich fand. Ich besuchte damals ein Reformrealgymnasium. Wir lasen den «Prinz von Homburg», und ich erinnere mich eines Aufsatzes mit meiner Beweisführung, daß der Prinz von Homburg für mich kein tragischer Held, sondern einfach eine dekadente Nulpe sei, der nicht begreifen könne, daß Befehl eben Befehl sei und daß seine Führerqualitäten infolgedessen absolut null seien. Der Lehrer, ein armseliger Märznazi, suchte mich zu überzeugen. Ich blieb hart. Er hat nie begriffen, daß er verspottet wurde.

Mit sechzehn Jahren las ich wahllos alles, was von den Nazis verboten war. Ich ging so selten wie möglich in die Schule und, nach dem Abitur, so selten wie möglich in den Hörsaal. Ich las und schrieb ununterbrochen geniale Werke für den Ofen meiner Studentenbude. Es gab keinen größeren Zyniker als mich, es gab keinen Künstler, der sich mehr vernachlässigt hätte als ich. Ich spielte das alles sehr gut und muß mich damals für die wichtigste Person der Welt gehalten haben. Ich fand die Welt widerwärtig, verunstaltet von Blut und Dummheit, aber ich wußte wenig über die Ursachen und infolgedessen auch keinen Ausweg. Ich kannte weder Hegel noch Marx. Mein Vater war kürzlich aus dem Konzentrationslager Buchenwald nach Hause zurückgekehrt, wir waren des schlesischen Gebietes verwiesen, und ich hielt den Faschismus noch immer für eine Art Naturkatastrophe, die zufällig über Deutschland niedergegangen war.

Es gefiel mir damals, wie irgend ein Dostojewskischer Held ein Gläschen Cyankali im Schreibtisch zu verwahren. Ich spielte mit dem Selbstmord und hielt mich infolgedessen für einen Stoiker. Die stoische Philosophie, oder was man dafür hielt, war in der Nazizeit bei oppositionellen Studenten ohne Klassenbindung ein bißchen in Mode gekommen. Ich lamentierte in Gedichten und Geschichten, ich glaubte der Welt in die Fresse zu schlagen, indem ich Dreck und Qual ohne Kunst und ohne Retusche aufschrieb – illusionslos, wie ich mir schmeichelte. Eine andere Art zu schlagen glaubte ich in unverständlichen, originalitätssüchtigen Gedichten gefunden zu haben. Permanente Revolte nach etwas verstaubten Programmen der literarischen Dekadenz. Bruchstückhaftes Gemurmel, das natürlich niemand recht lesen wollte. Ich wußte nicht, daß ich nur meine Ratlosigkeit mitteilte. Indem ich die Frage nach dem «Warum» nicht zu beantworten unternahm, entschuldigte ich den Zustand des «Wie», die bestehende Barbarei, obwohl ich sie haßte. Ich glaube, ich empfand, was ich schrieb, aber es genügt nicht, ehrlich zu sein, ein Schriftsteller muß wissen, mit dem Kopf und mit dem Herzen. Dann wird er auch Partei ergreifen:

Gegen die Finsternis, für die Sonne. Gegen den Tod, für das Leben. Gegen die Hölle von gestern, für den Himmel hier und jetzt.

Ein derartiges Programm hätte ich damals pathetisch und lächerlich gefunden. Dabei konnte ich schon schreiben: «Ich bin der Verneinung so satt / So satt der gebärenden Gräber.»

Auf der Universität lernte ich, daß die Universitäten der Schriftsteller nicht die Universitäten, sondern das Leben sind. Mein ohnehin nicht großes Interesse an der Medizin nahm weiter ab, als ich merkte, daß man den Menschen nicht kennenlernt, indem man seine

Muskeln zerlegt und seine Organe seziert. «Die Form einer Brust schließt mehrere Lehrsätze ein.»

Aber es genügt auch nicht, erleben zu können. Es ist eine Voraussetzung für das Schreiben, aber es genügt nicht.

Ich erlebte den Winterrückzug von Woronesch in einem faschistischen Panzerwagen. Ich schoß im Dienste von Mördern auf Menschen, die die Hoffnung der Welt verteidigten. Ich haßte die Mörder, gleichzeitig riskierte ich für sie mein Leben. Ich erlebte Grauenvolles, ich erlebte Unerträgliches, aber ich begriff immer noch verhältnismäßig wenig. Grauenhaft vor allem war die penetrante Sachlichkeit des Grauens: Ein Körper ist von einer Granate auseinandergerissen, gut, die Reste werden in eine Zeltbahn gelegt. Es ist kalt auf der Straße, gut, ein Haus wird angezündet. Man braucht trockenes Holz dazu, gut, die Holzplatte einer Ikone aus einer Nowgoroder Schule gibt trockene Späne. «Auf der Dummheit wächst die Gemeinheit.» Diesen Satz von Gorki las ich viele Jahre später.

Ein erstaunliches Erlebnis für mich war die Tatsache, daß auf der Gegenseite Menschen sogar in aussichtsloser Position für eine Sache kämpften, die sie lieben. Da waren Menschen, die sich meiner skeptizistischen Betrachtungsweise entzogen, da waren Helden. Bisher war mir das Wort «Held» ein Schimpfwort gewesen.

Ein Erlebnis am Rande: Von Schüssen herbeigerufen, betrete ich ein Haus, unweit unserer Flußstellung. Ein betrunkener Korporal steht im Treppenhaus und schießt mit einer Maschinenpistole auf eine Katze. Zwei junge Mädchen lehnen bleich an der Wand des Flurs. Ich werfe den Trunkenen hinaus. Er begreift nicht, daß ich mich wegen eines harmlosen Spaßes ereifere. Die Mädchen sehen mich an, sie danken mir höflich. Ich fluche auf den Krieg, auf Hitler, meine Worte beeindrucken sie nicht. Am nächsten Tag war das Haus leer. Die Mädchen waren durch den Fluß auf die Seite der Roten Armee geschwommen. Die Katze war noch da, es fehlte ihr ein Auge. Ich finde zwei Bücher in deutscher Sprache: Lenin, «Der Imperialismus als höchstes Stadium des Kapitalismus» und «Materialismus und Empiriokritizismus». Ich bildete mir ein, daß die Bücher für mich bestimmt waren, und ich las sie erstmalig. Die Welt wurde einfacher für mich.

Als ich im Januar 1944 nach Deutschland zu einer Studentenkompanie kommandiert wurde, zählte unsere ehemals zweihundert Mann starke Kompanie noch fünfunddreißig Soldaten. Ich dachte nicht daran, mich auf das medizinische Staatsexamen vorzubereiten. Ich studierte Geschichte und las Hegel, Marx und Engels. Dazu Lessing, Diderot, Stendhal, Fielding, Heine und Shakespeare, immer wieder Shakespeare. Als ich im Januar 1945 neuerlich an die Front sollte, desertierte ich und fuhr nach Hause.

Der Krieg war zu Ende. Der Faschismus schien erledigt. Seltsam, es gab keinen Nazi, niemand hatte das mindeste gewußt. Ich schämte mich der Landsleute, die ohrenbetäubend lamentierten, daß es ihnen dreckig ging. Die weinerliche Literatur, die sentimentalisch den Krieg, die göttliche Weltordnung und die Alliierten anklagte, war mir ebenso unangenehm. Lamentationen, während 35 Millionen schwiegen, niemand weit und breit, der sie umgebracht haben könnte. Trotz allem, ich war voller Hoffnung, ich stahl in der Nacht unsere Kartoffeln, ich trocknete meinen Tabak auf der Kochplatte und hängte den Typus des Dichters als objektiven Scismographen seiner Zeit endgültig an den Nagel. «Die Worte versagen den Dienst, / dem Traum und der Marschmusik. / Sie entschließen sich, nützlich zu werden.» Meine Anschauung der Welt hat so etwas wie ein Knochengerüst bekommen. Mich berührte eine so tapfere Erscheinung wie Lessing, der sorgfältig, um seine Möglichkeiten wissend, die Forderung seiner Tage erfüllte. Das schien mir der Typus eines Schriftstellers zu sein, der unserer Zeit nottut. Ich schrieb damals sorgfältiger als zuvor. Ich begann, Stücke zu schreiben, die natürlich die kuriosen Moden der literarischen Dekadenz noch nicht abgeschüttelt hatten. Am Drama bestach mich die direkte Wirkung, die große Öffentlichkeit eben dieser Kunstgattung, das allabendliche, lebendige Weiterdichten einer Arbeit.

Ich hatte mein medizinisches Staatsexamen gemacht. Ich hatte promoviert und arbeitete als Arzt an verschiedenen Kliniken, zuletzt an der Nervenklinik der Charité in Berlin. Mit den um diese Zeit geschriebenen Stücken kam ich zu Wolfgang Langhoff. Er fand sie furchtbar und völlig unaufführbar, glaubte aber an mein Talent und gab mir einen Vertrag am Deutschen Theater, um mit einiger Ruhe Stücke schreiben zu können. Ich übernahm nach kurzer Zeit die Dramaturgie, an das Schreiben eigener Stücke war kaum zu denken. Dazu waren die Nächte da. Ich begriff, daß die landläufige Arbeitsteilung zwischen Dramatiker, Schauspieler, Regisseur und Dramaturg unfruchtbar ist. Ich nahm mir vor, das Theater als Gesamtkunstwerk zu begreifen und mir anzueignen.

Über diese Zeit müßte man viele Seiten schreiben, und ich fürchte ohnehin, daß ich den Rockkragen nicht mehr in der Hand halte oder daß ich ihn bereits eingerissen habe.

Aus: Börsenblatt für den Deutschen Buchhandel (Leipzig), 3. Oktober 1953.

2.
Wir arbeiten
an einer guten Sache

Aus Briefen an die Eltern (1949 – 59)

Heinar Kipphardt siedelte 1949 mit seiner Familie von der Bundesrepublik in die DDR über: aus politischer Überzeugung, er wollte am Aufbau eines sozialistischen deutschen Staates mitwirken. Kipphardt hatte zuvor in Krefeld und Düsseldorf seine Ausbildung als Arzt absolviert. Nun arbeitete er zunächst an der Nervenklinik der Charité in Ost-Berlin.

Doch sein eigentliches Interesse galt der Literatur und dem Theater. 1950 wurde er vom Deutschen Theater engagiert, anfangs als Redakteur der Bühnenzeitschrift «Neue Blätter», bald dann als Dramaturg, später Chefdramaturg. Das Haus, in der Tradition Otto Brahms und Max Reinhardts stehend, war damals die führende Bühne der DDR. Sie wurde seit 1946 geleitet von Wolfgang Langhoff, einem Bekannten von Kipphardts Vater. Heinar Kipphardt blieb am Deutschen Theater bis zu seiner Rückkehr in die BRD 1959.

Kipphardts zehn Jahre Arbeit und Leben in der DDR spiegeln sich höchst authentisch in den Briefen, die er während dieser Zeit an seine Eltern schrieb. Sie waren in Krefeld wohnen geblieben, und ihnen berichtete er häufig über seine schriftstellerische Arbeit, seine politischen Hoffnungen und seine Enttäuschungen. Die Briefe dokumentieren, mit wieviel Zuversicht und welchem oft atemlosen Einsatz Kipphardt sich am kulturellen Neubeginn beteiligte. Sie zeigen auch, wie sehr er seine Aufgabe sogleich als die eines Kritikers der sozialen Prozesse begriff – und die Entwicklung zum Sozialismus als einen langwierigen, widerspruchsvollen Weg sah.

Sämtliche nachfolgend gedruckten Briefe an die Eltern befinden sich im Nachlaß des Schriftstellers in Angelsbruck.

Berlin, 22. August 1949

Liebe Mutter, lieber Vater,
ich war heute zum 1. Mal in der Klinik, ich glaube, ich kann viel lernen und arbeiten. Das Verhältnis zu den Kollegen ist – soweit ich heute übersehe – gut, Chef und Oberarzt sehr angenehm. Im Augenblick werden unsere zwei Zimmer in der Charité renoviert, die Handwerker sagten mir, dass bis zum Bezug doch 3 Wochen vergehen würden. Leider, denn das ist für uns natürlich kostspielig. Die Zimmer sind schön, die Möbel außerordentlich dürftig, so dass wir uns nach und nach etwas anschaffen müssen. Ich glaube, ich werde gut in Berlin verdienen, aber ein paar Wochen muß man sich einlaufen. Ich habe einen Auftrag von der Zeitschrift «Aufbau», eine Kafkaanalyse für sie zu machen, warte deshalb sehr auf meine Bücher. Ich hatte einmal mit Frau Toussaint wegen Kafkabüchern gesprochen. Sie behauptet, sein Werk zu besitzen, wenn es nicht zu teuer wäre, könntet ihr mir etwas besorgen? Wenn Frau T. nur Einzelbände hat, vielleicht das «Schloss» oder den «Prozess». Kafkarechte müssen heute in Dollars bezahlt werden, so dass seine Bücher immer teurer bleiben werden. Auch an seinen Briefen und an der Biographie, die Brod von Kafka schrieb, bin ich interessiert. Buchbesprechungen, Artikel, Vorabdrucke von Erzählungen etc. wird hier gut anlaufen. Ich hoffe, in die Theaterkritik einzudringen. Heute war ich am Rundfunk, Hubalek hatte mich empfohlen, auch da wird ein gutes Arbeitsfeld sein. Ich treffe den Herrn zu konkreten Arbeitsbesprechungen am 1. Sept. wieder. Wir hatten guten Kontakt. Ich könnte sofort in Berlin mit der Medizin aufhören, viele fragten mich, ob ich nicht ganz zu ihnen wollte. Trotzdem ist meine eigene Arbeit wegen der bisweilen schweren Zugänglichkeit nur bei den Mutigsten unterzubringen. Ich versuche im Gespräch darzulegen, wie verhängnisvoll es sein kann, peinlichen Vereinfachungen zu erliegen, wo es doch in der Situation unserer Kunst darauf ankommt,

das Komplizierte echt und organisch zum Einfachen zu läutern. Man kann eine neue Gesellschaftsform nicht befehlen, leider, vielleicht erzwingen, aber auch das sind langwierige Prozesse. Man soll seinen Teil tun, um der Fülle auftretender Missverständnisse zu begegnen. Jedenfalls glaube ich, daß Berlin für mich das richtige Klima ist. [...]

                Seid herzlich gegrüsst und geküsst.
                Euer Heinar

                                      Berlin, 9. September 1949

Liebe Mutter, lieber Vater,
[...] Unsere Wohnung ist fertig, ist recht hübsch geworden, heute werden die Sachen aus der Klinik hineingestellt, und Montag ziehen wir ein. Ich wollte, wir hätten bald die Kisten, es ist alles zu umständlich. Die Möbel der Klinik sind hässlich, und wir kommen gar nicht darum herum, uns wenigstens ein paar Sessel, Lampen etc. zu kaufen. Es ist nicht sehr teuer, und wenn ich etwas mehr verdiene, wird es schnell gehen. Am Rundfunk werde ich als ständiger freier Mitarbeiter arbeiten, es sind viele Vorurteile und manche doktrinäre Horizontengen zu beseitigen. Zum Beispiel bekommt die Herausgabe meines Bandes Erzählungen einen Aufschub, weil einige Erzählungen den «Kulturellen Beirat» (der Papier zuteilt) nicht passieren können und ich den Band also mit neuen Arbeiten ergänzen muss. Man ist von vielen Seiten bemüht, den Band durchzupauken, und ich bin überzeugt, dass es geht. Aber es sind viele Mißverständnisse, viele Widersprüche und schreckliche Primitivitäten kritisch anzugehen. Was wir manchmal mit Besorgnis sahen, ist hier verstärkt wirksam. Nichts ist notwendiger als Kritik. [...]

                Seid herzlich gegrüsst und geküsst von
                Euerm Heinar

Kipphardt, seine Frau Lore und die Tochter Linde (geb. 17. März 1943) bezogen zunächst eine Dienstwohnung in der Charité, Schumannstraße 20. Dort kam am 1. September 1950 der Sohn Jan zur Welt. Vor allem Linde war in den ersten Jahren häufig zu Besuch bei den Großeltern im Westen. – Der geplante Band mit Erzählungen ist nicht erschienen.

Berlin, 16. September 1949

Liebe Mutter, lieber Vater,
ich schicke Euch noch spät nachts einen kurzen Gruss und bestätige Eure lieben Pakete (2 Büchsen Fleisch, Fett, Marmelade, Zigaretten). Wir danken Euch sehr, sie kamen gerade zur rechten Zeit. Wir waren lange Zeit ohne jeden Pfennig Geld und konnten uns nicht das Nötigste kaufen. In Bezug auf die Versorgungslage des Ostsektors waren meine Vorstellungen unzureichend, die Lebensmittelzuteilungen sind bei weitem nicht ausreichend, um vor Hunger zu schützen, obwohl sie höher als die Zuteilungen der Zone sind, deren Bewohner mir täglich als Patienten ihr Leid klagen. Offenbar ist der circulus vitiosus Zwangswirtschaft – stärkere Verwaltung – weniger Produktion noch keineswegs durchbrochen, ich muß gestehen, dass mich die erhebliche Bürokratisierung Berlins, die wir in diesem Masse nicht einmal vor der Währungsreform bei uns kannten, besorgt macht. Von einer konstruktiven Planwirtschaft kann vorerst wohl nur in wenigen Wirtschaftsbereichen gesprochen werden. Möglicherweise überbewerte ich aus meinen Ämtererfahrungen der letzten Wochen diese Seite etwas. Sicherlich aber kann die arbeitende Bevölkerung ihre einfachsten Bedürfnisse nur auf Umwegen befriedigen. Kein guter Start, will mir scheinen, um eine neue Wirtschaftsform einer skeptischen und enttäuschten Mehrheit nahezubringen. Andererseits ist gleichzeitig eine langsame Besserung der Verhältnisse zu konstatieren. Mein Eindruck kann nur ein vorläufiger sein. [...]

    Seid herzlich gegrüsst und geküsst von Euerm
Heinar

Berlin, 31. Oktober 1949

Liebe Mutter, lieber Vater,
[...] Meine Sendungen will ich immer schreiben. Die nächste habe ich am 9. XI. abends (genaue Zeit weiss ich nicht, denke 20^{00} oder 21^{00}) unter dem Titel «Kann man Gedichte erklären?» Ich spreche von dem Kommentar Aragons über die politischen Gedichte Eluards, die Sendung dauert 30 Minuten, und ich hoffe, dass sie mir nicht zu sehr verstümmelt wird. Dann am 11. XI. eine Autorensendung «Westdeutsche Autoren sprechen», wo Arbeiten von mir gelesen werden und ich vorher in Diskussion mit einem Verleger und

einer Buchhändlerin spreche. Wir haben zwei Erzählungen gewählt, die funkisch geeignet scheinen. Der Rundfunk stellt ja besondere Ansprüche, weil er sich an einen grossen Kreis wendet, der Hörer keine Möglichkeit nachzulesen hat etc. Ich führe immer zähe Kämpfe um das Niveau der Sendungen. Es ist schwer zu vereinfachen, ohne durch Verflachung unwahr zu werden. Dazu kommt, dass dem Rundfunk natürlich von offizieller Seite am genauesten aufs Maul gesehen wird. Obwohl ich immer wieder diese rein praktisch-journalistische Arbeit verfluche, zieht sie mich nicht nur aus pekuniären Gründen auch immer wieder an, leider sind die gesetzten Termine meist so knapp, daß man die Nächte heranziehen muß. [...]

    Seid herzlich gegrüsst und geküsst.
    Euer Heinar

                                       Berlin, 19. November 1949

Meine liebe Mutter,
ich freue mich, in wenigen Wochen mit Dir zu sprechen, der papierenen Verfälschung entraten zu können, die jede briefliche Mitteilung durchtränkt. Ich denke sehr viel an Euch, ich denke sehr viel an Dich, und ich bin der offenen Klarheit, der gegenseitigen helfenden und verstehenden Bereitschaft froh, die zwischen uns waltet und der ich viel verdanke. Es ist ja nicht so, dass irgendein Mensch aus sich allein arbeiten könnte, vielmehr scheint mir jedwede Arbeit ein kollektives Beginnen, eine Mitarbeit tausender zu enthalten, die auf den Niederschreibenden z. B. gewirkt haben, und ich sage Dir gerne, dass ich Eure Beteiligung, Deine und diejenige Vaters, oft und oft spüre. Freilich ist alles, was ich bisher getan habe, eine Art Vorarbeit, aber ich besitze doch heute die Mittel, die Vorbedingung für die schwierige Aufgabe, die dem Schriftsteller in unserer Zeit gestellt ist. In den Monaten unserer Trennung habe ich viel gelernt, niemals habe ich bestimmter gewußt, dass alles darauf ankommt, eine Lebensform zu finden, die Gewähr für freie und kompromisslose Arbeit bietet. Ich habe daher meinen schon halbwegs festen Entschluß, zum Rundfunk überzusiedeln oder von freien literarischen Arbeiten zu leben, wieder aufgegeben, und bemühe mich, die schier unvereinbaren Arbeitsgebiete, Klinik – literar. Tagesarbeit – eigene Arbeit – zusammenzuhalten. Ich hoffe, dass es sich in der

Klinik einspielt, manche Kollegen waren etwas verdrossen, als ich ihnen sagte, dass es mir unmöglich ist, den ganzen Tag in der Klinik zu arbeiten, weil es unmöglich ist, von den Einkünften länger als eine Woche zu leben, und weil ich noch andere Anliegen hätte. Ich werde mit dem Rundfunk einen Autorenpauschalvertrag abschliessen und meiner Neigung gemäß im Hörspiel, das bei uns sehr im Argen liegt, Fuss fassen. Die Autorensendung von mir ist noch nicht gelaufen, sie mußte verschoben werden, weil die Geschichte so gut und suggestiv kam, dass sie alle Kritik durchschlug. Ein seltsamer Grund, wird Dir scheinen, aber er beleuchtet die großen Schwierigkeiten der Rundfunkarbeit. Wir sind übereingekommen, eine andere, spätere Geschichte zu nehmen, die natürlich neu von Schauspielern gesprochen werden muss. Den Sendetermin weiss ich selbst noch nicht genau. An den wenigen Zeilen magst Du spüren, wie hartnäckig und zielgerichtet man beissen muss, um sich dem Dressurakt zu entziehen, dem man die eigenständig Arbeitenden zu unterwerfen sucht. Wir werden davon sprechen. Die streitbare Luft ist mir sehr bekömmlich [...].

Sei herzlich gegrüsst.
Dein Heinar

Berlin, 7. Januar 1950

Liebe Eltern,
nur schnelle Grüsse, ich muss mit äusserstem Tempo arbeiten, fühle mich gut und frisch. Es gibt zuwenig Leute, die anständig und selbständig arbeiten können, deshalb kommt man kaum zu Atem. Die faulen Tage in Krefeld haben mir gut getan, wenn ich mir auch wie ein Fisch vorkam, der aufs Land geworfen war. Diese ansteckende Müdigkeit Westdeutschlands, es ist betrübend, aber ich habe es verlassen wie ein gut bekanntes, entferntes Land, das einem nichts zu sagen hatte. Aber ich kam ja wegen Euch, denen ich tiefer verbunden bin, als ich sagen mag.

Herzlichst
Euer Heinar

Berlin, 6. Februar 1950

Liebe Mutter, lieber Vater,
[...] Das Geld von Euch ist schon vor einiger Zeit eingetroffen, habt recht herzlichen Dank, ich bemühe mich, Euch so wenig wie möglich zu beanspruchen, aber die Klinik ist wirtschaftlich ein so grosser Klotz, daß mich zusätzliche Ausgaben immer aus dem Geleise werfen. Ich weiss wirklich noch immer nicht, ob meine Energie reicht, die Fachausbildung durchzuführen. Es ist sehr verlockend, wirtschaftlich frei zu sein und die eigene Arbeit verfolgen zu können. Ich glaube, als freier Schriftsteller gut leben zu können. Im Augenblick ist mein wirtschaftliches Rückgrat nach wie vor der Rundfunk, dem ich wöchentlich eine Buchkritik mache. [...] Ich arbeite lyrisch, denke bald eine Sendung mit eigenen Versen zu haben, daneben endlich an einen Roman, den ich mir beim Verlag bevorschussen lassen will, um etwas Ruhe zu haben. Vielleicht gibt mir der Chef 4 Wochen Arbeitsurlaub, den ich mit meinem Jahresurlaub verbinden könnte, um ein gutes Stück hinter mich zu bringen; bei dem Stoff bin ich ganz sicher, den Roman zu publizieren, auch Rowohlt schrieb mir heute gerade, dass er sich für eine grössere Arbeit von mir interessiere. Immer die verfluchte Klinik, ich bin doch nun einmal kein Arzt, zögere allerdings immer vor endgültiger Entscheidung, weil ich für später gerne eine Rückzugsmöglichkeit hätte. [...]

    Laßt Euch herzlich von uns grüssen, küsst Linde.
    Euer Heinar und Lore

Berlin, 19. März 1950

Liebe Mutter, lieber Vater,
[...] Ich schreibe Euch schnell, bevor ich wieder an mein Stück herangehe, das mir jetzt in der Anlage ganz klar ist und in einzelnen Scenen halbwegs fertig daliegt. Ich denke, es in dem Monat Urlaub fertig zu bekommen, und weiss, dass es das erste Stück wird, das etwas taugt. Ob das etwas nützt, ob damit die Chancen steigen, dass ich zu einer Aufführung komme, weiss ich freilich nicht. Ich habe Zutrauen zu Langhoff, will es ihm bringen, sobald ich wenigstens die Exposition und einige Scenen in der Maschine habe. Es ist harte Arbeit, auslaugender, glaube ich, als in einer Bleigrube zu arbeiten, zumal mich die danebenlaufende Arbeit in der Klinik und die ewige

wirtschaftliche Sorge und Not zerreibt, nicht so sehr meinethalben als Lores wegen, die überaus tapfer die ewige Unsicherheit erträgt. Ich kann es einfach nicht mehr länger aushalten, ich muss aus der Klinik heraus, um mehr zu verdienen, denn ich kann nicht darauf verzichten zu schreiben, und es ist unmöglich, ausserdem noch literarische Tagesarbeit zu machen. Meine Einkünfte in der Klinik reichen höchstens, die Unkosten für eine Woche zu decken, und ich mag auch nicht irgendwelchen verlogenen Dreck schreiben, der gerade gebraucht wird. Ich weiss, wie entscheidend gerade die nächsten zwei Jahre für mich sind, ich bin ganz sicher, dass ich ankomme, ich brauche dazu nicht einmal die Bestätigung von Kennern der Literatur, ich weiss, dass ich bessere Bücher schreiben werde als die hundert Tagesgrössen, die sich einem jämmerlichen Geschmack heute anzupassen suchen. Ich brauche dazu wenigstens ein Jahr etwas wirtschaftliche Ruhe, Essen, Tabak, Wohnraum, und ich glaube nicht, dass das zuviel gefordert ist. Freilich hätte ich die zwei Jahre Nervenklinik gerne noch erledigt, aber es geht nicht, ohne wohlhabend zu sein, und ich darf Euch, die Ihr jahrelang so grosse Opfer für mich gebracht habt, nicht länger in Anspruch nehmen. [...]

Seid herzlich gegrüsst, bleibt gesund.
Euer Heinar

Berlin, 25. März 1950
Liebe Mutter, lieber Vater,
[...] ich bedaure, dass Ihr meinen ausführlichen Brief nicht bekommen habt, ich hatte Euch darin von Langhoff und meinen Plänen erzählt und um Euer Urteil gebeten. Es war in dem Brief manches Persönliche zwischen uns ausgesprochen, was zu sagen mir nicht immer gelingt. Langhoff sprach abschliessend in so herzlicher und lieber Weise von Euch und ließ Euch sehr grüssen. Wir hatten sofort guten Kontakt, und ich glaube, daß die Begegnung für mich wichtig sein wird. Unsere Pläne sind inzwischen noch etwas konkreter geworden, ich war vorgestern erneut bei ihm und brachte ihm Arbeiten. Er stellte mich Ihering vor, dem meiner Meinung nach heute in Deutschland bedeutendsten Theatertheoretiker. Langhoff sagte mir, dass er einen talentierten Dramatiker suche und dass er mir alle Unterstützung geben würde, wenn ich dieser Dra-

matiker bin. Ich glaube, dass ich ihm sympathisch bin und daß er etwas von mir erwartet. Alles wird von dem Stück abhängen, das ich im Augenblick schreibe. [...] Im ganzen bin ich zuversichtlich, dass ich mich noch im Laufe dieses Jahres durchboxen werde. Ich habe ziemlich viel lyrisch gearbeitet und bin meiner Vorstellung vom grossen inneren Poem näher gekommen. Hermlin, ein schon bekannter Lyriker, mit dem ich einen gewissen Kontakt unterhalte, äusserte sich lobend. Im Maiheft des ‹Aufbau› wird etwas Lyrik von mir erscheinen. Von ‹Sinn und Form› erwarte ich noch Nachricht. Etwas Lyrik wird auch der Rundfunk bringen. [...]

        Seid herzlich geküsst, grüsst Marianne und Linde
        Euer Heinar

Berlin, 11. Juli 1950

Liebe Mutter, lieber Vater,

[...] Ihr habt lange Wochen nichts von mir gehört, nicht nur, weil es mir an Zeit fehlte, sondern weil ich eine echte Arbeitskrise zu durchstehen hatte; die sich immer neu stellende Frage, auf welche Weise schriftstellerische Verantwortung heute betätigt werden kann, musste neu von mir beantwortet werden. Anlass dazu gab mir die Haltung einiger Freunde, die kurzschlüssig in matter Resignation oder in ebenso mattem Opportunismus (hierzulande auch ‹Kackoptimismus› genannt) aufgegangen waren. Dass in Westdeutschland die Existenz eines Schriftstellers nur dann möglich ist, wenn er den Schwanengesang einer sterbenden Epoche singt, weiss ich, habe ich in meinem letzten Urlaub erneut bestätigt gefunden. Leider sind auch bei uns unter dem Druck der politischen Notwendigkeiten eine Anzahl lächerlicher Verkennungen des künstlerischen Aktes deutlich zu Tage getreten, und wir werden unsere Arbeit gegen die Borniertheit einer Reihe von Kulturfunktionären durchzusetzen haben. Zum Weinen ist, dass sie nicht zu begreifen scheinen, dass die von ihnen herbeigesehnten Glorifizierungen von etwas noch nicht Bestehendem letztlich unserer gemeinsamen politischen Sache schaden. Ein ungestaltetes sozialistisches Thesengedicht wirkt antisozialistisch, weil der Leser sein ästhetisches Unbehagen auf den Inhalt überträgt. Es ist also schlechter als gar keins. [...] Langhoff hat das Stück, ich habe bisher nur mehrfach mit ihm telefoniert und alles Notwendige eingeleitet, um am 1. September die Klinik zu verlassen. [...]

> Seid herzlich von uns gegrüsst und geküsst.
> Euer Heinar

Berlin, 9. September 1950

Lieber Vater,
ich weiß, Du hast Dich in den letzten Tagen etwas gesorgt, unbegründet zum Glück, da unser gemeinsamer Bekannter weiterhin seine beruflichen Funktionen innehält und ihm dazu das volle Vertrauen der verantwortlichen Stellen ausgesprochen ist. Zweifellos war es ein harter Schlag für ihn, zumal er dazu kam wie die Jungfrau zum Kind und die Form für mein Empfinden diskriminierend und unangemessen war. Es spricht nur für ihn, daß er das Vorgehen des Z.K. in unserer Situation für notwendig und richtig erachtet, ohne die Tragik für den einen oder anderen Einzelnen zu verkennen. Zweifellos ist eine Reinigung und ideologische Klärung der Partei ein Erfordernis, und jeder Einsichtige wird sie begrüßen, solange persönliche Momente und Intrigen ausgeschaltet bleiben. Die Maschinerie der westdeutschen Presse kann dazu kein objektives Verhältnis gewinnen und gibt lächerliche Kommentare und Prognosen. Ich verbreite mich darüber nicht, Mutter wird Dir berichten, wenn sie am 15.9. zurückkommt. [...] sei herzlich gegrüßt von

> Deinem Heinar

Der Brief nimmt Bezug auf Wolfgang Langhoff, den die SED aller Parteifunktionen enthoben hatte. Zum 15. September 1950 wurde Kipphardt an das von Langhoff geleitete Deutsche Theater engagiert, anfangs als Redakteur der Zeitschrift «Neue Blätter».

Berlin, 26. November 1950

Meine liebe Mutter!
Ich hätte Dir gerne zu Deinem Geburtstag meinen ersten Gedichtband geschickt, leider hat sich die Arbeit am Manuskript so verzögert, daß er erst im März, denke ich, erscheinen kann. Es ist mir insofern lieb, als mir Zeit zu notwendigen Ergänzungen bleibt. So

nimm mit meinen Grüßen vorlieb, mit meinen Wünschen, daß sich persönliche und gemeinsame Hoffnungen erfüllen in jenem seltsamen Zwischenspiel der Menschheitsgeschichte, in dem es verdächtig gilt – begründet verdächtig –, Liebesgedichte zu schreiben, von Bäumen und Blumen zu sprechen. Es ist schön und freut mich jedesmal, wenn ich daran denke, daß wir – jeder auf seine Art – daran arbeiten, die Welt bewohnbar und menschenwürdig zu machen. Ich danke Dir an diesem Tage herzlich für alle Mitgift, die ich in meinem Leben von Dir empfangen habe, ich bin bemüht, daraus etwas für alle Nützliches zu machen. Es tut mir leid, daß ich es nicht einrichten kann, kurz herüberzukommen. Leider wird es auch Weihnachten kurz sein, ich bin im Theater so eingespannt, daß kaum mehr als eine gute Woche Abwesenheit möglich ist. Dabei werde ich noch einige Intendanten wie Gründgens und Wiens in Wuppertal besuchen müssen, um Austauschmöglichkeiten zu erörtern. Zweifellos komme ich aber noch in dieser Spielzeit mit Gastspiel herüber. Langhoff will wahrscheinlich in den ersten Januartagen mit mir durch die Zone fahren, um Schauspieler zu entdecken und evtl. zu engagieren. Wir verstehen uns ausgezeichnet, arbeiten sehr gut zusammen. Ihm und unserer gemeinsamen Sache zuliebe opfere ich gern einen Großteil meiner Arbeitszeit, er versichert mir dafür immer rührend, wie wir es einrichten können, daß ich bald mehr Zeit für eigene Arbeiten habe. Für meine dramatischen Arbeiten ist die Zeit zweifellos nützlich, immerhin bin ich in zweieinhalb Monaten ein erfahrener Theatermann geworden. [...]

Seid alle herzlich von mir gegrüßt, besonders Du, liebe Mutter
Dein Heinar

Der erwähnte Lyrikband ist nicht erschienen.

Berlin, 24. Januar [1951]
Liebe Mutter, lieber Vater.
Ich habe Euch lange nicht geschrieben. Es war nicht so sehr Zeitmangel als vielmehr die Unfähigkeit, mich irgendeinem Menschen mitzuteilen. Nicht, daß mich irgendein Ereignis bedrückt hätte, daß ein Konflikt nicht lösbar gewesen wäre, ich weiß nichts dergleichen, sondern ich sah – vielleicht durch eine phasenhafte innere Verstim-

mung – plötzlich genauer, hartnäckiger, wie fragwürdig es ist, in einer Welt zu leben, die den stupiden Ringkampf aller gegen alle zum selbstverständlichen Prinzip gemacht hat. Es war ein ernüchterndes und lähmendes Sehen, und mir schien die Rolle des Schriftstellers und aller derjenigen, denen die Wahrheit notwendiger als das Brot ist, mehr als lächerlich, sie schienen mir wie reine Toren, die man nach dem Nutzwert verbraucht und zu gegebener Zeit lachend in den Hintern tritt, wenn sie nicht bis dahin gelernt haben, Funktionäre von Dutzendwahrheiten zu werden, die Hinz und Kunz täglich in den Tageszeitungen geniessen. Ich weiss wohl, wie abhängig die Nivellierung der geistigen Physiognomien, die Einengung des Gesichtsfeldes, der Schwachsinn, der die Welt wie eine expansive Seuche heimsucht, Ergebnisse des unmenschlichen Prozesses der Arbeitsteilung im Kapitalismus sind, aber es ist unendlich deprimierend, die Befreiung in einer kommunistischen Gesellschaft nur als Zielvorstellung, als Wunsch zu sehen, während alle mir bekannten Realisierungsversuche die Borniertheiten und Verkennungen der menschlichen Aufgabe wie gewendete kapitalistische Hüte auf dem Kopf tragen. Ich brauch Euch nicht zu sagen, dass mir die Entwicklungsgesetze der sozialistischen Gesellschaft vertraut sind, mir mangelt es keineswegs an Realitätssinn, aber man muss zornig werden, wenn man sieht, wie ein Haufen banausenhafter Kleinbürger den Sozialismus fortwährend verarmt, vulgarisiert und einen lügenhaften Opportunismus an die Stelle dialektischer Mühe stellt. Sie haben keine Idee davon, was Worte sind, was Worte bedeuten können, und die Schriftsteller sind auf gutem Wege, sich entweder als dienstbar zu erweisen oder zu resignieren. Es war mir unmöglich in diesen Wochen, eine Zeitung aufzuschlagen, der Wust verbrauchter Begriffe verursachte Erbrechen. Ich habe wochenlang die Klinik nicht verlassen, langsam und beharrlich an einem einzigen Gedicht gearbeitet, ich hatte das Gefühl, in der letzten Zeit viel Unaufrichtiges gesagt zu haben, nicht so sehr, weil es gegen ein besseres Wissen ging, sondern vielmehr vom Glauben her – also ohne sicheres Wissen – geschrieben war. Mein Verhältnis zur schriftstellerischen Arbeit ist darüber klar geworden, ein Kompromiss hat wieder für mich den Geschmack der Hurerei bekommen. Ich glaube, dass mir diese Wochen notwendig waren, und ich kann Euch davon schreiben, weil ich spüre, wie mich die Lähmung wieder verlässt. [...]

Seid herzlich von uns gegrüsst, grüsst Marianne recht lieb von mir und küsst Linde.

Euer Heinar

Der Brief ist im Original mit «1950» datiert; dabei handelt es sich aber vermutlich um einen Schreibfehler Kipphardts.

Berlin, 16. Februar 1951

Lieber Vater,
ich habe in diesen Tagen viel an Dich gedacht, immer von dem schlechten Gewissen ermahnt, dass Dich an Deinem Geburtstag keine Zeile von mir begrüssen würde. Ich mochte Dir nicht in aller Hetze schreiben, so nimm mit meinen verspäteten Grüssen und innigen Wünschen für Deine Zukunft vorlieb.

Ich habe viel darüber nachdenken müssen, wie die Schicksale Deines bewegten Lebens allezeit eng mit meinem Leben verflochten waren, weit über die üblichen Verflechtungen zwischen Vater und Sohn hinausgehend. Dabei ist nicht entscheidend, ob wir immer eines Sinnes waren (ich glaube, wir waren es selten), entscheidend ist, ob die Vorgänge im Leben von Dir oder mir für den anderen von Bedeutung waren oder nicht. Ich weiss niemanden zu nennen, der – willentlich oder unwillentlich, durch richtiges oder falsches Handeln – soviel in mir ausgelöst hat wie Du.

Dafür möchte ich Dir an Deinem Geburtstag danken, und ich wünsche Dir, dass die schwere und aufrichtige Bemühung Deines Lebens, das den Vorzug hatte, dass Du immer mit allen Fasern Deines Seins dahinter gestanden hast, in Deinen reifsten Jahren (dahin kommt man wohl in der Mitte der Fünfzig) die von uns allen ersehnten Früchte trägt. Wie bedenkenvoll, wie furchtsam wir immer aus dem Fenster unserer Tage schauen mögen, ich glaube, es besteht kein Zweifel, dass in unseren Jahren die unlösbar scheinenden Widersprüche einer hartnäckig kränkelnden – und natürlich bösartig gewordenen Epoche zu Grabe getragen werden. Ein Begräbnis muss nicht unbedingt traurig sein. Mozart hat ein ganzes heiter durchwehtes Werk zum Begräbnis einer erledigten Zeit geschrieben. Tun wir bescheiden unser Mögliches, dass alles friedlich abgehe. Wir können das absehbar gewordene Ende leidlich gelassen erwarten, wie ein Arzt, der Krankheit und Heilungsmöglichkeiten aufmerksam studiert hat. Natürlich muss man verhindern, dass der hasserfüllte und schon ein bisschen verwirrte Mann um sich schlägt oder Ärgeres anrichtet. Genug davon. –

Vor etwa zwei Wochen war ich bei Ludwig Renn, wir hatten ein paar interessante Stunden miteinander. Er arbeitet tüchtig an einem neuen Roman, bleibt in Berlin, obwohl er an Berlin recht viel auszusetzen hatte. Er liess Dich herzlich grüssen. Wir werden uns öfter einmal sehen.

Dieser Tage wollen wir auf ein paar Tage in den Schnee ins Lausitzer Gebirge, leider muss ich schon am 27.2. wegen eines Vortrages wieder in Berlin sein. Thema: «Die Entwicklung des Dramas von Lessing bis zur Gegenwart». Ich werde den Vortrag auch noch in Schwerin und ein paar anderen Städten halten müssen.

Vom Theater will ich heute nichts schreiben. Am 15.3. machen wir vier Scenen von mir. Ich wollte, ich wäre mit dem Stück schon weiter. Im Sommer werden wir ziemlich lange Ferien haben, anschliessend wahrscheinlich Tournéen in die Volksdemokratien. Gesundheitlich geht es uns gut, die Kinder sind wohlauf. Linde lässt Dich ganz besonders grüssen. Sei geküsst

von Deinem Heinar

Die greifbaren Bücher von Renn besorge ich. Mit gleicher Post gehen ein paar neue Programmhefte ab.

Berlin, 19. Februar 1951

Liebe Mutter, lieber Vater,
[...] Ich habe grosse Sehnsucht, endlich einmal wieder in vollen Zügen für mich zu arbeiten, manchmal möcht ich den ganzen Theaterkrempel in die Ecke schmeissen. Ich gehöre mittlerweile zu unseren Theaterexperten, mit vielen Dingen, die die Theater der DDR betreffen, kommt man zu mir. Morgen früh schon wieder ein Vortrag vor Theaterleuten aus der DDR. Man gibt sich aus, dass man abends oft einem ausgepressten Schwamm gleicht. Übermorgen habe ich wie jeden Mittwoch 5 Stunden in der Staatlichen Schauspielschule zu unterrichten, Donnerstag die Vorbereitungen für eine Gogolmatinée abzuschliessen. Daneben ein Heft zu Shaws «Pygmalion», unserer nächsten Premiere, und die Vorbereitungen zu einem

Buch über «Sechs Jahre Deutsches Theater». Von Stücken, Gutachten, Regiekonzeptionen usw. gar nicht zu reden. Man hat keine Minute, einen Baum zu betrachten, keine Stunde, offene Fragen in Ruhe zu Ende zu denken. Ich erhoffe alles von den neuen Mitarbeitern, die ich in der kommenden Spielzeit zur Verfügung haben werde. Wenn ich schon die Zeitung los bin, ist manches gewonnen.

Jetzt habe ich ein bisschen viel von mir erzählt, mich zum Märtyrer gemacht. Es ist halb so schlimm, ein paar ruhigere Tage, und ich bin wieder in bester Arbeitslaune.

Dies nur als kurzen Gruss,
seid umarmt von Euerm Heinar

Anlage zwei Hefte Jegor Bulytschow

Berlin, 18. März 1951

Liebe Mutter, lieber Vater,
schnell meinen Gruss. Ich denke viel an Euch, jedesmal auch, wenn ich eine der kriegshetzerischen Hassendungen einstelle, die heute das Repertoire der westdeutschen Sender bilden. Der Aggressionskrieg derjenigen, die der Welt nichts mehr zu sagen haben, scheint gegen den Sozialismus, gegen die Welt von morgen fest beschlossen. Man wird den Faschismus brauchen, um die Vorbereitungen führen zu können. Ich mache mir Sorgen. Ich zweifle nicht, dass es der letzte Versuch eines geschichtlich erledigten antihumanen Systems ist, ich zweifle nicht, dass wir heute auch in Westeuropa stark genug sind, um einen Krieg mit einem Generalstreik zu blockieren: Trotzdem mache ich mir Sorgen. Wirklich, wir sollten unablässig überlegen, was wir gegen den Krieg tun können. Es ist seltsam, dass ich dies als Gruss schreibe, ich, der ich politische Fragen so tief verabscheute, so fern meiner eigentlichen Aufgabe liegend glaubte. Ich weiß heute, wie lächerlich diese Position des «geistigen Aristokratismus» war, wie unmenschlich und wie dumm. Ich erfahre es heute aus gelegentlichen Äusserungen ehemaliger Freunde. Genug davon. [...]

Seid herzlich gegrüsst, grüsst Nana
Euer Heinar

Nana ist die Schwester von Kipphardts Mutter.

Berlin, 3. Mai 1951

Lieber Vater,

[...] Ich denke, dass wir etwa 3 Wochen an die See fahren und zu den Weltjugendfestspielen wieder in Berlin sind. Linde würde viel lieber zu Euch als mit uns an die See fahren. Vielleicht lässt es sich aber wirklich einrichten, dass wir zusammen fahren. Ich habe ein ganz kleines Arbeitsprogramm vor, einen Eulenspiegelstoff nach gewissen Motiven von Charles de Coster. Ich will bis dahin die historischen Vorarbeiten abgeschlossen haben und möcht einmal ohne Anstrengung und mit Vergnügen arbeiten. Schreiben wie man ein- und ausatmet, ich sehne mich immer danach und weiss nicht, ob es mir je glücken wird. Bisher ist es immer keuchender und mühsamer als Holzfällen. Meinen Lyrikband habe ich abgeschlossen, bin also ganz frei für dramatische Arbeiten. Ich will die alten Stoffe ganz gegen meine Gewohnheit unfertig liegen lassen, was ich daran lernen musste, habe ich gelernt. Mässige Stücke werden genug geschrieben, schlechte in Unzahl, eines der allerschlechtesten spielen wir in den nächsten Tagen. Ich habe mich mit Händen und Füssen dagegen gewehrt, ich glaube, dass Langhoff heute sehr froh wäre, wenn er die Finger davon gelassen hätte. Der Autor ist ein Schullehrer von kaum überbietbarer Naivität, für mich grenzt sein rosaroter Kackoptimismus an Schwachsinn. Er gehört zu der Woge von Dilettantismus, die im Augenblick in unsere Literatur einzubrechen droht. Ich hoffe sehr, dass die Kritik sauer reagiert und endlich erkennt, dass dieser kleinbürgerliche Zeitungsoptimismus zutiefst antirealistisch ist, die Besucher aus dem Hause jagt und unserer Sache schadet. Ich bin nur selten deswegen besorgt, in zwei bis drei Jahren werden sie den Kindern wieder das ABC beibringen und in der Stille Schaden anrichten. Genug für heute, ich hoffe, Du schreibst bald mal, sei herzlich geküsst von

Deinem Heinar

Berlin, 18. Juni 1951

Liebe Mutter, lieber Vater,

schnell ein paar Grüsse, es ist Sommer geworden, meine Depression, die mich in den letzten Wochen nicht recht los liess, die mich für die Zukunft das Schlimmste – nämlich einen nahen Krieg –

fürchten liess, ist wieder vernünftigen Gründen zugänglich, so arbeite ich wieder und suche länger gehegte Pläne zu realisieren. In dieser Zeit der Bedrohung vermag ich fast nichts über das Notwendige hinausgehend zu schreiben. Man kann nichts anderes tun, als immerwährend zum Denken anregen, zu warnen und zu schreien. Spätere Perioden werden das nicht verstehen, aber es wird keine späteren Perioden geben, wenn wir jetzt nicht warnen. Natürlich überwiegt das Sinngedicht, das Vernünftige, oftmals hastig und kaum dem Tag entwachsen. Spätere Zeiten mögen immerhin ein rührendes Bemühen darin sehen, bei den Besten kaum mehr – und nichts ohne Zweifel bei den weltabgewandten, reinen Poeten, deren Gesicht schon heute nicht mehr zu sehen ist. Natürlich würde ich lieber singen, wer nicht? Genug, ich muss Euch mal einen Stoss Zeug schicken, meine Arbeit im Theater lässt mir keine Zeit zur grossen Form. Im Sommer werde ich das Stück machen. [...]

      Seid herzlich gegrüsst, grüsst Nana
      Euer Heinar

          Berlin, 13. November 1951
Liebe Mutter, lieber Vater,
[...] Seit Egmont bin ich ein bisschen zur Arbeit gekommen, habe ein paar Scenen geschrieben, die wir in einer Matinee aufführen und danach in Betrieben spielen wollen. Ich glaube, sie taugen etwas, Langhoff ist jedenfalls begeistert. Er spricht immer davon, mich einmal für ein paar Monate für ein Stück freizustellen, leider bei meiner Arbeitslast nur eine schöne Illusion. Aber ich komme weiter und finde meine Arbeit notwendig und gut. Wir sind die Generation, die sich arbeitend und bemühend zerschleissen muss – und ich gestehe, dass ich nicht anders als intensiv arbeitend leben möchte. Ich bin kein großer Freund von Blumen, ich liebe die Schönheit des Grases, das schön und nützlich zugleich ist. Ich beneide niemanden um die Kunst des Geniessens; die grösste Wohltat ist mir das Gefühl zu wachsen, eine reichere Persönlichkeit mit anderen und für andere zu werden. Seid bedankt für alle Zutat, die Ihr mir mitgegeben habt, die Natur hat es leidlich mit mir gemeint.

          Herzlichst Euer Heinar

Berlin, 23. Dezember 1951

Liebe Mutter, lieber Vater,
ein paar ruhige Tage liegen vor mir, Tage, in denen ich mich zur Arbeit sammeln kann, Tage, die ich darauf verwenden will, den ruhigen Atem zu bekommen, den ich für mein Stück brauche. Ich habe ein paar Scenen geschrieben, die mir grosses Wohlwollen und Ermunterung eingetragen haben, und bin entschlossen, das Stück gegen alle Widerstände und sonstigen Nöte zu schreiben. Ich kann nicht mehr warten und mich in literarischem Kleinkram verläppern. Alle halben Sachen sind mir immer widerwärtig gewesen. Ich werde darin die schwierigste Frage unserer Zeit, die Frage unserer Ostgrenze, die Flüchtlingsfrage, die Frage der deutsch-polnischen Freundschaft in aller Realistik und Härte anschneiden. Ich bin mir im klaren, dass eben dies der neuralgische Punkt im Kampf um den Frieden und die deutsche Einheit ist, und ich will rücksichtslos und ohne Schönfärberei dieses Stück Geschichte anpacken. Wir dürfen uns nicht länger davor herumdrücken. Wohl oder übel wird Langhoff eine kurzfristige Beurlaubungsmöglichkeit finden müssen, diese Arbeit ist wichtiger als meine Arbeit im Theater. Sechs Wochen müssten ausreichen, und ich will mich mit aller Härte wappnen, wenn ich am Donnerstag mit ihm darüber zu reden habe.

Ich denke viel an Euch, so selten ich auch schreibe, ich hätte Lust, mich noch morgen in den Zug zu setzen, um am Abend eine Stunde mit Euch zu haben. Statt dessen wird nicht einmal ein Weihnachtsgruss für Euch da sein, und Euer Herz wird so traurig wie meins bleiben. Ich werde an Euch denken, an Euch, Ihr lieben, tapferen Leute, und werde ein bisschen pathetisch werden, wenn ich mich daran erinnere, dass wir nach allen Verwirrungen und Zerrissenheiten unseres Lebens zu gemeinsamen Kämpfern für eine grosse und schöne Sache geworden sind. Unsere Neigung, unsere Liebe ist dadurch tiefer, ist dadurch sinnfälliger geworden. Ihr seid ein bisschen mehr Bruder und Schwester statt Vater und Mutter geworden. Ihr altert weniger, da jeder Tag, den Ihr lebt, dem Leben, der Zukunft und der Schönheit dient. Ich wollte Euch das einmal sagen, mit gewisser Überwindung, weil es mir immer sehr schwer wird, Zutrauen zu grossen Worten zu gewinnen.

Seid umarmt, seid geküsst
Euer Heinar

Ich mache einmal einen Stoss Manuskripte für Westdeutschland fertig. Vieles wird sogar in Westdeutschland eine grössere Wirkung als bei uns tun können. Du müsstest mir einmal die Anschriften der Redaktionen schicken.

Berlin, 31. Dezember 1951

Lieber Vater,
am Sylvesternachmittag ein paar Zeilen, Grüsse und Wünsche für das kommende Jahr. Wir freuen uns auf Mutter, bedauern natürlich, dass Du nicht mitkommen kannst. Wir werden heute abend ein bisschen feiern und auf Euer Wohl trinken. Es wird das schwerste und entscheidende Jahr für uns alle sein. Tun wir alles, um unseren Kindern, die ja immer unsere Richter werden, ruhig ins Gesicht sehen zu können. Seien wir mutige und sorgfältige Geburtshelfer für die erste Epoche der Menschheitsgeschichte, die menschliche Würde und menschliche Grösse ermöglicht. Den ganzen gestrigen Tag war ich bei Langhoff, wir hatten die ersten Spielplanbesprechungen für die kommende Saison, er hat mir zugesagt, dass ich Zeit finde, mein Stück fertig zu schreiben. Die deutsche Dramatik ist das Sorgenkind jedes Spielplans. Ich schicke Euch bei Gelegenheit ein paar Scenen.

Noch eine Bitte, lieber Vater: Du weisst, dass ich mich entschlossen habe der Partei beizutreten. Es wäre gut, wenn mir die Kreisleitung oder Billstein ein paar Zeilen schrieben, die ich dem Aufnahmeantrag beilegen könnte. Hier kann natürlich niemand über meine Zeit in Westdeutschland Auskunft geben. Kümmerst Du Dich einmal darum? [...]

Herzliche Grüsse von uns allen.
Dein Heinar

Kipphardt hatte seit 1947 in Krefeld in der Kommunistischen Partei mitgearbeitet, ohne Mitglied zu werden. Aurel Billstein war ein Funktionär der dortigen KPD. In die SED wurde Kipphardt – so sein Parteibuch – am 1. Februar 1953 aufgenommen.

Berlin, 1. Februar 1952

Liebe Mutter, lieber Vater,
ich bin heute nicht im Theater, um in Ruhe ein paar wichtige Dinge zu arbeiten. Nach Möglichkeit will ich fortan jede Woche einen Tag für eigene Arbeiten freihalten. Mein Stück, mein Lyrikband, eine Bearbeitung der «Soldaten» von J. M. R. Lenz, ein Zeitgenosse des frühen Goethe, und eine Nachdichtung des «Nasreddin» (ein orientalischer Eulenspiegel) von einem sowjetischen Dramatiker sind die nächsten Vorhaben.

Euer Brief vom 27.1. kam heute morgen, gerade als wir uns Sorgen wegen der hysterischen Hetze machten, die selbst nach westdeutschen Zeitungen gegen alle friedliebenden Menschen entfacht wird. Wie schwach oder doch wie unsicher ihrer Kraft müssen die Apostel des altersschwachen Kapitalismus sein, dass sie vor der kommunistischen Partei zittern, die doch nach ihren eigenen Angaben in Westdeutschland so bedeutungslos sein soll. Ich glaube, gerade darin solltet Ihr ein Zeichen sehen, dass Eure Arbeit, aller Schwierigkeiten und Schwächen ungeachtet, in breiteren Schichten der westdeutschen Bevölkerung zu wirken beginnt. Wäre es sonst nicht schwachsinnig, gerade jetzt der Bevölkerung zu zeigen, dass man auch den Schein parlamentarischer Demokratie nicht aufrechterhalten kann? – Wir spüren hier sehr genau, dass der Kampf um die Erhaltung des Friedens den Kreis der mit uns Sympathisierenden längst verlassen hat. Der Eifer, mit dem die Kriegsvorbereitungen betrieben werden, die immer plumperen Betrugs- und Überrumpelungsversuche des Gegners beweisen es uns täglich. Sie haben keine Zeit mehr, der Widerstand wächst, die Zeit arbeitet für uns. Trotz der akuten Bedrohung bin ich ruhiger als vor einigen Monaten. Wenn ich nur wüsste, dass auch Ihr guten Muts seid, dass Ihr Euch von Demütigungen und Schikanen nicht anfechten lasst.

Ich danke Dir, lieber Vater, für die Adressen. Ich werde einmal ein paar Manuskripte schicken. Von Ludwig Renn erfuhr ich die neue Adresse vor ein paar Tagen durch Zufall. Er wohnt nur ein paar Strassen weiter. Trotzdem bin ich noch nicht dazu gekommen, ihn aufzusuchen. Ich werde ihn heute abend anrufen. In letzter Zeit musste ich bisweilen in die DDR fahren, um Vorträge zu halten. Es macht mir Freude, so direkt und in lebendigem Kontakt auf Menschen einzuwirken. Kürzlich sprach ich vor etwa achthundert Studenten der Verwaltungsakademie in Forstzinna über Goethe und seine Zeit, insbesondere über die Inscenierungsprobleme beim Egmont. Nach einem zweistündigen Vortrag beantwortete ich noch bis spät in die Nacht hinein Fragen über das heutige Theater. Es ist schön, junge Menschen zu spüren, die mit klaren Augen in die Welt sehen. Es ist nützlich, sie vor engstirnigen Vorurteilen über die Fragen der literarischen Kultur zu bewahren. Damit sie nicht eines Tages Bücher lesen wie Kriminalrichter ihre Akten. Eine Sorge heute noch bei uns. [...]

Herzliche Grüsse, besonders auch an Aurel Billstein,
Euer Heinar

Berlin, 13. Juni 1952
Liebe Mutter, lieber Vater,
Sonnabend. Grüsse, viele liebe Grüsse Euch beiden. Ich komme gerade aus dem Theater, habe einen Stoss Arbeit mitgebracht und will doch vor allem an meinem Stück weiterschreiben, diesem recht turbulenten Lustspiel, das nichts weiter als ein handfestes Theaterstück sein soll, geeignet, richtiges, herzhaftes Lachen über unsere Schwächen hervorzurufen. Es soll nach meinem Wunsch eine feste Leichtigkeit haben und die komischen Elemente von der Farce zur Groteske zur Tragikomödie enthalten. Literarische Ansprüche habe ich dabei nicht, es soll so lustig wie möglich und so richtig wie möglich sein. Wir haben es eigentlich schon für die nächste Saison vorgesehen, der junge Wessely, den Ihr, glaube ich, kennt, wird die Hauptrolle spielen. Ich denke beim Schreiben gerne an bestimmte Besetzungen und richte mich nach den Besonderheiten der betreffenden Schauspieler. Das engt meiner Meinung nach den Stückeschreiber nicht ein, sondern befreit ihn. Hoffen wir, dass ich lange genug Spass daran habe. Vielleicht findet Ihr es seltsam, dass ich gerade ein Lustspiel schreibe – ich lache ja nicht gerade häufig –, aber ich fühle mich seit langem von allen Gattungen des Komischen angezogen. Mein Talent ist, glaube ich, ein kritisches, und das Lachen ist die listigste Form der Kritik, auch die wirkungsvollste. Wir müssen es wieder lernen, die ungeheure Waffe des Gelächters im Klassenkampf zu verwenden. Auch bei uns natürlich ist der Klassenkampf nicht beendet, kann nicht beendet sein, darf nicht beendet sein. Wir bestimmen nur seine Phasen.

Meine sonstigen Pläne: Bis zu den Ferien – wie gesagt – soll das Stück fertig sein. Unser Spielplan ist fertig. Die Dramaturgie hat schon ein neues Gesicht, obwohl noch manches an planmässiger Arbeit in der nächsten Saison zu ergänzen ist. Ich habe zwei neue Mitarbeiter, einer davon ist sehr tüchtig, glaube ich, und wird mich entlasten. Ich werde Langhoff bei der Inscenierung von ‹Faust II› helfen und darüber hinaus ‹Die wundersame Schustersfrau› von García Lorca inscenieren. Ein schweres Stück, das letzten lyrischen Schliff mit echter Volkstümlichkeit verbindet. Lorca ist vielleicht der bedeutendste Lyriker der letzten zwanzig Jahre, besser vielleicht der natürlich begabteste. Eluard, Neruda, Brecht – man soll nicht so schnell urteilen. Wenn Lorca nicht 1936 von den spanischen Faschisten ermordet worden wäre, welcher edle, grosse Kämpfer wäre uns geworden. Mein Traum ist, im Theater eine kleine Truppe aufzubauen, mit ein, zwei Freunden für diese Truppe zu schreiben, das schönste und edelste der Lustspielliteratur ausserdem mit ihnen zu arbeiten und den einfachen Menschen in ganz Deutschland vorzuspielen. Ein Traum vorerst, vielleicht ist der Lorca eine Vorarbeit.

Genug von mir. Es geht uns allen gut. Gesundheitlich und wirtschaftlich – wir leben gut und haben nicht viel Sorgen. Wir arbeiten an einer guten Sache. Das ist sehr viel. Man denkt zu selten daran, wie gut wir es gegenüber den westdeutschen Intellektuellen haben. Nicht nur wirtschaftlich, sondern weil wir wissen, wofür wir arbeiten. Viel arbeiten, allerdings, oftmals von Kleinkram zerfasert. Was könnte Deutschland für ein Land sein. Ein Feld voller Unternehmungslust und Schönheit. So droht es ein Schlachtfeld zu werden. Es ist so seltsam, dass die Herren, die angeblich von der Überlegenheit des Kapitalismus so durchdrungen sind, einem friedlichen Wettbewerb weniger trauen als einem Krieg. [...]

Seid herzlich umarmt.
Euer Heinar

Das Lustspiel bekam den Titel «Shakespeare dringend gesucht» und wurde am 28. Juni 1953 vom Deutschen Theater uraufgeführt.

Berlin, 27. September 1952

Liebe Mutter, lieber Vater,
ich schreibe selten, entschuldigt. Ich nehme das Schreiben zu ernst und habe meist vor einfachen Mitteilungen Scheu. Oft zerreisse ich eine beiläufige, belanglose Notiz, weil sie schlecht formuliert ist. Ich schreibe nicht gern, es quält mich meistens sogar. Ich glaube, ich schreibe nur, weil es noch quälender ist, nicht zu schreiben. Ich weiss, dass der Zeitpunkt gekommen ist, mich ganz auf diese wesentliche Aufgabe des Schreibens zu konzentrieren, ich fürchte, mich jeder Nebenarbeit entledigen zu müssen. Alle materiellen Voraussetzungen zu einer freien Schriftstellerexistenz sind gegeben, ich kann es nur Langhoff nicht antun. Besonders nicht, seitdem die Entscheidungen mit Ihering herangereift sind. Ich werde in der kommenden Spielzeit ein anderes Vertragsverhältnis anstreben. Ich bin mitten im Aufbau einer neuen Dramaturgie, sehe aber schon jetzt, dass mich diese Arbeit auch weiterhin auffressen würde. Deshalb denke ich für die Zukunft an einen Regie- und Autorenvertrag. Ich überlege das alles natürlich noch sorgfältig. Vor meiner schriftstellerischen Arbeit kann ich die Belastung kaum weiter verantworten. Das Lustspiel ist fertig, alle Urteile sind gut, ja überschwenglich, ausser meinem eigenen. Es ist ein handfestes Lustspiel, ganz für das praktische Theater mit der linken Hand geschrieben, weit entfernt von Literatur. Die Aufführung ist bei der scharfen Kritik eine Frage des Mutes, Montag spreche ich mit Langhoff über die definitiven Dispositionen des Hauses, das Stück betreffend.

Ich habe von der Staatlichen Kunstkommission einen Auftrag über ein anderes Stück bekommen. Sie bezahlen mir ein Jahr hindurch monatlich 350.--, und ich gehe lediglich die Verpflichtung ein, in diesem Zeitraum ein Stück zu schreiben, das in einen Dramatikerwettbewerb kommt. Dieser Wettbewerb sieht drei Preise vor, der erste, glaube ich, 10000.--. Alle diese Leistungen kommen bei den Tantiemen nicht in Anrechnung. Grosszügigere Bedingungen kann man sich kaum wünschen. Die Stoffwahl ist mir völlig frei gestellt. Ich habe eine wundervolle Fabel, so einfach, so dramatisch, dass ich sie wie einen Augapfel hüte und entgegen meinen Gepflogenheiten niemandem erzähle. Auch der Titel ist schon gefunden – etwas sehr wichtiges für ein Stück – es wird «Land!» heissen.

[...] Wieviel schöner wäre alles, wenn Ihr hier wäret oder wenigstens diese verhängnisvolle Teilung unseres Landes überwunden wäre.

Seid geküsst, grüsst Nana
Euer Heinar

Das erwähnte Stück «Land!» ist nicht bekannt.

Berlin, 9. November 1952

Liebe Mutter, lieber Vater,
[...] Das Stück ist angenommen, ich arbeite noch an den nicht ganz ausgeglichenen Teilen, wir werden wohl schon im Dezember mit den Proben beginnen und wären dann Ende Januar fertig. Zur Premiere müsst Ihr natürlich kommen. Weihnachten könntet Ihr schon etwas von den Proben sehen. Die Hauptrolle spielt der junge Wessely, ein Freund von mir, das Bühnenbild macht Heinrich Kilger, ebenfalls ein Freund, und Regie führt Besson, ein junger schweizer Regisseur, mit dem ich mich ebenfalls gut verstehe. In dieser Zusammenarbeit müsste etwas rauskommen. Natürlich wird es eine Menge Leute geben, die mir nicht verzeihen werden, dass ich über sie lache. Die Deutschen lassen sich lieber prügeln als lächerlich machen. Sie trinken – glaube ich – noch immer zuviel Bier. Das macht das Gehirn so träge und prinzipientreu aus Unbeweglichkeit. Ich kann darüber spotten, weil ich meistens sehr deutsch bin. Alles ist angespannt bei uns, die Kaumuskeln und die Denkmuskeln – es fehlt uns die Anmut des Denkens und die Anmut des Schreibens. Wir sind so gut und so schlecht wie eben ein Artist, der dauernd mit angespannten Muskeln arbeitet. Das ist natürlich aus unserer Geschichte zu erklären, wir waren immer in Erwartung äusserster Anspannung und kamen nie zum Schuss, wenn es darauf ankam. Eigentlich bis zum heutigen Tage. Der Sozialismus ist ein gewaltiger Muskelentspanner, wir werden viel Schönes leisten, wenn die Verkrampfung weg ist. Eine der Voraussetzungen ist die Einheit unseres Landes, ich glaube, dann sind die Bierbäuche schnell wegmassiert, der Hanf wird einen Sommer hindurch hoffentlich besser gedeihen als der Hopfen. Das wird ein gutes, fröhliches Jahr sein. Manchmal hoffe ich, die endgültige Beseitigung des Imperialismus,

der ja nichts, gar nichts mehr zu bieten hat, der nur noch böse ist wie der deutsche Faschismus und dumm wie dieser, manchmal träume ich, dass diese entscheidende Wende eine Mischung von Revolution und Volksfest sein könnte. Diese Träume allerdings halten den wachen Überlegungen nicht stand.

    Nehmt diesen kurzen Gruss für mehr, seid geküsst
Euer Heinar

Berlin, 1. Februar 1953

Liebe Mutter, lieber Vater,
ich versuche jetzt zum dritten Mal einen Brief an Euch fertig zu schreiben, jedesmal habe ich ihn wegen irgendeiner dringend scheinenden Arbeit abgebrochen. Ich teile meine Zeit schlecht ein, und ich habe mir fest vorgenommen, zukünftig richtiger zu leben, tiefer, gedankenvoller und rücksichtsvoller. Ich spüre, wie die hastige Lebens- und Arbeitsweise meine Substanz gefährdet, wie sie die Gedanken zerfahren und flach macht. Alle schriftstellerischen Schwächen sind Schwächen im Leben des Schriftstellers, wenn ich so fort fahre, werde ich nichts Anständiges arbeiten. Ein Schriftsteller muss gute und klare Gedanken haben – er braucht Zeit, zu sehen und zu klären. Er muss es verstehen zu leben. Das ist der wichtigste Teil seiner Arbeit. Man darf sich nicht peitschen, schon gar nicht, wenn man ein kleines Talent ist. Ich habe ein sehr ausgeprägtes Gewissen, ich kann nur mit grossen Widerständen leichtfertig schreiben. Ich will es auch nicht. Was soll die ganze Wiederkäuerei in der Literatur, was soll diese entsetzliche Papierindustrie, die täglich die Menschen in tausend Journalen, Zeitungen, Broschüren, Büchern peinigt, weil auf 30000 Seiten nur ein neuer Gedanke kommt. Ein Zugeständnis, eine etwas leichtfertige Abschweifung ist mein letztes Stück. Ich hatte den Ehrgeiz, ein leichtes Lustspiel für ein paar Schauspieler, vor allem für Rudolf Wessely, zu schreiben, es wurde eine zu Teilen groteske Satire auf gewisse Dummheiten, gewisse Lächerlichkeiten unseres kulturellen Lebens, damit man sie erkenne und mit dem Lachen liquidiere. Das hat ein bisschen Bestürzung gegeben (ja darf man? Ja kann man? Ja soll man?), ein bisschen lächerliche Bestürzung, die ich in die Regiefassung des Stückes eingearbeitet habe, und ich hoffe, dass dieses bei allen Schauspielern kurioserweise masslos überschätzte Stück seine gute Wirkung tun

wird. Wir wollen im März damit anfangen, dann wäre die Premiere Ende April, ich denke, es wird alles in Ordnung gehen, mir hängt es nach der jetzigen Bearbeitung (ich glaube leidlich glücklichen Bearbeitung) zum Halse heraus, und ich möchte an einen echten Tragödienstoff heran, der mir lange im Kopfe herumgeht. In meinen kommenden Vertrag will ich unbedingt zusätzliche Ferien aufnehmen, grössere Arbeiten lassen sich eben nicht nebenbei erledigen. Das Lustspiel schicke ich Euch per Einschreiben, getrennt von diesem Brief. Ich schicke Euch auch ein paar Programmhefte unserer neuen Inscenierungen.

Natürlich mache ich mir einige Sorgen um Euch, ich verfolge kopfschüttelnd die furchtbaren Parallelen zum Tausendjährigen Reich, nur dass es diesmal nicht 12 Jahre, wahrscheinlich nicht einmal 12 Monate anhalten wird. Ich erwarte eine schnelle Entwicklung. Freilich muß man mit angeschlagenen Boxern und mit angeschossenen Tieren umzugehen wissen. Es will einem immer von neuem absurd scheinen, dass sich die ganze Farce wiederholt und dass die Menschen, die Hitlers Antritt erlebten, mit fast dem gleichen Stumpfsinn abwarten. Wenigstens in Westdeutschland. [...] Die Kinder denken viel an Euch, Linde fühlt sich, glaube ich, immer so ein bisschen auf Urlaub bei uns. Janchen spricht jetzt das eine oder andere Wort, er ist lernbegierig und besteht auf seinen Wünschen überaus hartnäckig. In einem Jahr, denke ich, werden die Reisen leicht sein, dann könnt Ihr an den Kindern teilnehmen, sie können zu Euch kommen oder Ihr zu uns, wie wir wollen. Die beiden Teile unseres Landes werden in einem Jahr keine feindlichen Länder mehr sein. Das wünsche ich und das scheint mir wahrscheinlich.

Seid herzlich gegrüsst und umarmt
von Euerm Heinar

Berlin, 28. März 1953

Liebe Mutter, lieber Vater,
ich komme gerade von einer Konferenz über Maxim Gorki. Ich hatte dort ein kleines Referat zu halten, und ich benutze den Nachmittag, um Euch einen Gruss und ein paar kleine Publikationen zu schicken. Eines der Gedichte in der ‹Neuen Literatur› ist von ‹lie-

ben› Freunden, die seit sieben Wochen einen kritischen Artikel gegen ihre Theaterkritik zu publizieren hinausschieben (obwohl sie die Publikation öffentlich zusagten), als das Musterbeispiel eines ‹formalistischen› Gedichtes angegriffen worden. Nach dem berühmten Satz: ‹Was ich nicht verstehen kann, seh' ich als Formalismus an.› Nun, davon wird noch zu reden sein. Es handelt sich um das Gedicht ‹Nocturno›. Sicher ein dunkles, schwer zugängliches Gedicht, aber es ist natürlich läppisch, von Formalismus dabei zu reden. Ich möchte hoffen, dass damit eine Auseinandersetzung über die Besonderheiten der Lyrik innerhalb der realistischen Literatur eingeleitet würde. Es ist notwendig, viel Unwissenheit zu beseitigen. In der letzten Woche haben die Proben zu meinem Stück begonnen. Der Aufführungstermin soll bisher der 22. Mai sein. Versucht es einzurichten, bei der Premiere in Berlin zu sein. Ich würde mich freuen.

Vielen Dank für die Päckchen zu Lindes Geburtstag, sie war sehr glücklich. Meinen Brief, den ich etwa vor 14 Tagen absandte, habt Ihr hoffentlich erhalten. Ihr schreibt auch nicht zu häufig. Schreibt doch wenigstens gelegentlich eine Karte, in dieser harten Zeit möchte man wissen, daß nichts Außerordentliches geschehen ist. Terrormaßnahmen sind doch offenbar die einzigen ‹staatsmännischen› Aktionen Adenauers. Daran merkt man, daß diese senile Mumie (ich hörte seine lächerlich-groteske Rede im Bundestag) gegen allen Augenschein und gegen alle Vernunft noch lebt. Er muss so armselig sein, daß ihn die Geschichte immer irgendwie vergisst, vielleicht auch, weil er im Keller unter Müll und Gerümpel liegt. Lachen die Leut' nicht sehr, wenn sie ihn sehen, oder wenn er spricht, mich erheitert er mehr als der ‹Landtagskandidat› von Flaubert, obwohl auch der sehr komisch ist. Schade, dass niemand im Bundestag da war, der sich die Mühe machte, die Farce auf Pointen zu inscenieren. Ein mittelmäßiges polemisches Talent kann ihn doch wie ein Kalb abstechen. Nur dass er nicht bluten würde. Mangels Blut. Die Possensprünge der S.P.D. waren nur halb so lustig, das Grauen herrschte vor. Genug davon. Eine Farce ist ja nie abendfüllend, häufig das grobianische Zwischenspiel einer Tragödie.

Uns geht es allen gut, die Kinder sind gesund, ich habe wie immer viel Arbeit.

Seid herzlich gegrüsst
Euer Heinar

Kipphardts Stellungnahme zu den Angriffen auf sein Gedicht «Nocturno» ist abgedruckt im vorliegenden Band, S. 67–70.

Berlin, 19. Juli 1953

Liebe Mutter, lieber Vater,
erste Ferientage, ich werde diese sechs Wochen brauchen, um zu mir selbst zu kommen, aufmerksam zu werden, Vorfabrikate für spätere Arbeiten gewinnen. Ich kann nicht die Hälfte der lohnenden Aufträge annehmen, die mir angetragen werden. Jedermann sieht in mir augenblicklich einen Spezialisten der Satire, wer seine Pflicht zu kritisieren versäumt hat, möchte es jetzt nachholen, da es mühelos und ungefährlich geworden ist. Mir machen derartige Bequemlichkeiten keinen Spass. Ich habe lediglich ein Scenarium für eine Filmsatire zugesagt (unbeschadet der wahrscheinlichen Verfilmung meines Stückes) und entwickele einen Typus für eine satirische Kurzfilmreihe, ansonsten arbeite ich an meiner spanischen Tragödie. Die Satire reizt mich formal in der nächsten Zeit nicht.

Das Stück hat auch in den folgenden Aufführungen den grössten Erfolg seit 1945 gehabt, wir waren selbst bei der grössten Hitze immer schon vorher ausverkauft, selbst bei freien Vorstellungen ohne Volksbühne. Erstaunlich war, dass die Resonanz bei einfachem Publikum eher noch stärker war.

Ich schicke Euch heute noch ein paar Kritiken, soweit ich sie in doppelten Exemplaren habe, die anderen bringe ich dann evtl. mit. Ob gut oder schlecht, sind die Kritiken leider in der Regel recht niveaulos, zu Teilen dumm. Die Kritik in der Fachzeitschrift steht noch aus. Eine ganze Reihe von Theatern der DDR haben das Stück bereits angenommen, auch einige andere Länder interessieren sich dafür. Ich denke, Ihr werdet auch die eine oder andere Notiz in der Westpresse finden, im Spiegel sicherlich. Wer weiss, was sie an Widerlichkeiten bei einem kommunistischen Schwein wie mir entdecken. [...]

Seid herzlich gegrüsst und umarmt
von Euerm Heinar

Der Brief nimmt Bezug auf den außerordentlichen Erfolg von Kipphardts erstem Stück «Shakespeare dringend gesucht», uraufgeführt am 28. Juni 1953.

Berlin, 7. Oktober 1953

Liebe Mutter, lieber Vater,
der Brief an Euch ist nunmehr meine wichtigste und dringlichste Arbeit geworden, ich habe ihn so teuflisch lange verschleppt, dass ich mich nicht einmal mehr hinter Arbeit verstecken mag, die in diesen Wochen wirklich wie ein Berg war, der einen stündlich zu verschütten drohte. Das ist bis zur Stunde nicht anders, aber es ist mir jetzt gleichgültig, ich schreibe erst an Euch, die Ihr mir die liebsten und teuersten Menschen seid.

Zur Zeit läuft ein Telefongespräch mit Krefeld, hoffentlich kommt es noch vor sechs Uhr, weil ich dann zu einem Empfang zum Präsidenten muss. Gestern wurden die Nationalpreise 1953 verliehen, und ich war einer der vier Schriftsteller, die ausgezeichnet wurden. Die Urkunde lautet:

Der Präsident der Deutschen Demokratischen Republik verleiht Dr. Heinar Kipphardt für sein Bühnenstück «Shakespeare dringend gesucht», das ein wertvoller Beitrag zur Entwicklung der zeitgenössischen deutschen Satire ist, den Deutschen Nationalpreis 1953, III. Klasse für Kunst und Literatur. In Anerkennung seiner hervorragenden Mitwirkung an der Entwicklung der deutschen Kultur. gez. W. Pieck.

Ein Nationalpreis 1. Klasse wurde lediglich an Lion Feuchtwanger, U.S.A. verliehen, 2. Klasse für Schriftsteller in diesem Jahr gar nicht. Die Künste waren überhaupt nicht stark vertreten. Ich freute mich, dass Heinrich Kilger für sein bühnenbildnerisches Gesamtwerk ebenfalls ausgezeichnet wurde. Wir durchstanden alle offiziellen Ehrungen gemeinsam, wir sind ja beide nicht eben für repräsentative Zwecke gemacht.

Das Theater kostet mich im Anfang der Spielzeit fast alle Kraft, die 70-Jahrfeier kam dazu, ich hatte mir von Ihering etwas Hilfe erhofft, und es blieb bei der Hoffnung. Das hat mich mit den anderen Arbeiten zurückgeworfen [...]. Warum ich mich so vollpacken lasse? Ich weiss es selbst nicht, ich bin endlich in der erfreulichen Lage, ohne irgendwelche materiellen Sorgen auf ein, zwei Jahre in Ruhe zu arbeiten, was mir gefällt, und benutze diesen glücklichen Umstand nicht, weil ich das Theater nicht im Stich lassen kann und weil ich das Theater halt auch nicht recht verlassen kann. [...]

Seid umarmt
Euer Heinar

Berlin, 29. Oktober 1954

Liebe Mutter, lieber Vater,
ich schreibe selten, es ist für mich im Augenblick eine problematische Arbeit, das Schreiben, Briefe nicht ausgenommen, ich bin ein bisschen in einer Arbeitskrise, wie sie wohl jede Arbeit mit sich bringt, die sich in unbegangenes Land wagt. Ich brauchte viel Zeit für mich, über vieles in mir muss ich nachdenken, ich bin nicht zufrieden mit mir. Gottlob. Das Theater ist mir, wie immer beim Schreiben, zuinnerlichst zuwider, ich denke an das Theater, wie man an einen Dieb oder an einen Räuber denkt, und weiss es meiner eigenen Arbeit gleichzeitig verbunden. Ich fluche der tausend alltäglichen Pflichten und weiss doch gleichzeitig, dass es mir nicht frommt, der tausend Verbindungen zum Leben zu entraten. Mit einem Wort halt, ich schreibe an einem neuen Stück, habe wie immer verteufelte Angst vor dem verfluchten Schreiben und suche Schuldige für das langsame Fortschreiten der Arbeit. Am liebsten würde ich auf ein paar Monate verschwinden und niemand meine Adresse hinterlassen. Januar will ich mit dem Stück fertig sein, Ende der Saison will ich es inscenieren. Schlimme Zeit bis dahin. Lore wird Euch ja ein bisschen von uns erzählt haben. Bis Ende des Jahres wird «Shakespeare dringend gesucht» noch Premiere in Warschau, Bukarest, Sofia, Budapest, Prag haben, ich würde gerne ein bisschen schauen, aber ich glaube, es tut meiner Arbeit jetzt nicht gut. Denkt ein bisschen an mich, schreibt ab und an, ich mach mir etwas Sorge um Euch und bedenke, was wir im Sommer durchsprachen. Was denkt Ihr darüber?

        Seid lieb gegrüsst, seid umarmt,
        gebt dem kleinen Jan einen Kuss
        Euer Heinar

25. November 1954

Liebe Mutter,
ich bin zu Hause geblieben, um einen Tag an meiner Komödie zu arbeiten, es ist früher Nachmittag, die Luft riecht nach Schnee, Allerseelen, Astern, Rauch, seltsam, ich muss an die Rübenwagen denken, die um diese Zeit zur Zuckerfabrik fuhren; ich erinnere den Weg bei Urbans vorbei, die immer schadhafte Brücke über den Bach,

das Steinmäuerchen davor, ich weiss noch den Namen der Frau, die das kleine Haus bewohnte, Anna Rieger. Merkwürdig, dass die Erinnerungen an Heidersdorf frischer geblieben sind als an Gnadenfrei, dass ich Heidersdorf eher als Heimatdorf empfinde. Du weisst, dass ich wenig geneigt bin, in Vergangenheiten zu kramen, aber jeder Mensch muss einen Ort wissen, von dem er ausgegangen ist, sein Herz muss irgendwo zu Hause sein, seine Gedanken, seine Bilder; ein Schriftsteller muss sich zu einem Zeitpunkt seines Lebens dieses Zusammenhangs bewusst werden. Ich weiss heute, dass dieser Raum Schlesien ist, und das kleine Dorf ist für mich Schlesien. Die Masse sind daher, die Worte, die Bilder, die Menschen, die Melodie, sehr spassig, wie ich in meinen eigenen Kindern Schlesien wiedersehe, Euch wiedersehe, Dich, den Vater, die Fremdheit auch, in der sich Vater in Schlesien immer befunden hat, die Hast, die Ungeduld auf ein fast unbekanntes Ziel, die Unruhe, die auf mich gekommen ist und aus der ich das beste zu machen suche in meiner Arbeit. Ihr wisst, dass die Ruhe, die bedächtige Klarheit, die viele an mir rühmen, nicht weit unter die Haut reicht, sonst würde ich wohl nicht schreiben. Die Hast, die Unruhe, die Unzufriedenheit, ich könnte sie wohl nicht zwingen, wenn nicht ein Kern, ein Zuhause wäre, wenn Ihr nicht wäret, denen ich mich tief verbunden weiss. So tief, dass ich es nicht sagen kann, wenn Ihr da seid. Ich denke, dass es für mich Zeit wird, die Stoffe anzugehen, die mich seit langem bewegen, Zeit für mich zu haben, Zeit zum Leben zu haben, das wichtigste für einen Schriftsteller. Ich kreise immer um dieselbe Frage, gelingt es mir, meine Arbeit am Theater mit dem Schreiben zu verbinden, oder muss ich das Theater aufgeben. Im Augenblick quält es mich, immer nur Stunden für mein neues Stück zu haben. Vielleicht wird es mir wieder leichter, wenn das Stück fertig ist. So habe ich Dir ein bißchen erzählt, liebe Mutter, kurz vor Deinem Geburtstag, zu dem ich Dir Glück wünsche, an dem ich Dich und Vater umarme.

Dein Heinar

Berlin, 20. Oktober 1955

Liebe Mutter, lieber Vater,
die neue Spielzeit hat mit viel unerwarteter Arbeit begonnen. Wir

hatten soviel Mühe, unsere laufenden Stücke durch Umbesetzungen und neue Proben auf einen gehörigen Stand zu bringen, dass wir bisher nur Hauptmanns «Vor Sonnenuntergang» und García Lorcas «Bernarda Albas Haus» herausbrachten. Beide Stücke hatten schon ziemlich viel Proben zu Ende der vorigen Spielzeit, und ich rechnete nicht, dass sich die Schlussproben so lange hinziehen würden. Zum guten Ende mussten wir bei «Bernarda» noch den Regisseur dispensieren, um zu einer vertretbaren Vorstellung zu kommen. Das kostete mich viele Tage, die ich an die letzten Korrekturen meines Stükkes setzen wollte. Vielleicht war es gut, dass mich diese ersten zwei Monate einmal mehr davon überzeugten, dass ich nicht zu mir selbst, dass ich nicht zu meiner wichtigsten Arbeit komme, wenn ich die Arbeit am Theater nicht von Grund auf ändere. Ich hatte vor mehreren Wochen eine freundschaftliche Aussprache mit Langhoff, in der ich ihn über meine Absichten unterrichtete und ihm Vorschläge zu einer anderen Art der Zusammenarbeit machte. Er akzeptierte meine Gründe, wenn auch widerwillig natürlich, und wir kamen überein, nach einem möglichst baldigen Ausweg zu suchen. Dabei ist es bis heute geblieben, es findet sich niemand, den Langhoff an meiner Stelle akzeptieren kann, und ich werde in einigen Wochen leider gezwungen sein, Langhoff zu sagen, dass ich mein Verhältnis zum Theater Ende Februar in der bisherigen Form zu liquidieren gedenke und dass er bis zu diesem Termin Rat wissen muss. Meine eigenen, von Langhoff angenommenen Vorstellungen einer künftigen Zusammenarbeit gehen auf die Leitung einer eigenen, unabhängig arbeitenden Theatergruppe im Verband des Deutschen Theaters.

Mit den Proben zu meinem Stück werde ich Ende November anfangen, die Premiere wird Ende Januar liegen. Die NDL mit dem ersten Akt schickte ich Euch vorgestern. Auch der lang gesuchte Film lag dabei.

Das Haus ist nahezu fertig, zur Zeit wird aussen neu verputzt, die Gärtner legen den Garten an, und der Anstreicher arbeitet in den Souterrainräumen. Wir wollen dort noch ein Fremdenzimmer einrichten, das später eins der Kinder haben kann. Wir fühlen uns ganz wohl, und ich glaube, dass ich hier gut arbeiten kann, wenn ich nicht mehr täglich im Theater sein muss. [...]

Alles Gute für heute Euch beiden
Euer Heinar

Das neue Stück Kipphardts war seine Farce «Der Aufstieg des Alois Piontek», uraufgeführt vom Deutschen Theater am 12. Februar 1956. NDL ist die Zeitschrift «Neue Deutsche Literatur». Die Familie Kipphardt, die seit 1952 in Berlin-Niederschönhausen gewohnt hatte, zog 1955 in ein Haus in Friedrichshagen, nicht weit vom Müggelsee.

Berlin, 11. April 1956

Liebe Mutter, lieber Vater,

wir sind vorgestern aus Rumänien zurückgekommen, von Bukarest 8 Stunden geflogen, und finden uns wieder in Berlin zurecht. Es waren interessante Wochen, wir haben viel von dem interessanten Land und seinen liebenswürdigen Menschen erfahren. Wir waren meist in Bukarest, weil uns das Theater und die kulturelle Situation am stärksten anzog, daneben einige Tage in den Karpathen, wo man noch Skilaufen konnte, einige Tage im Banat bei der noch immer starken deutschen Minderheit, die z. B. in Temesvara, einer Stadt von 500000 Einwohnern, ein junges deutsches Theater hat, wo mein Stück aufgeführt wurde. Ich sah Aufführungen von «Shakespeare...» in Bukarest, Craiova und Temesvara, überall mit durchschlagendem Publikumserfolg und herzlichen Ovationen für mich. Es ist seltsam, für ein Stück gefeiert zu werden, das man doch schon aus ziemlichem Abstand kritisch betrachtet, und gleichzeitig zu konstatieren, dass im eigenen Land ein unvergleichlich besseres und wichtigeres Stück wie «Piontek» nicht recht begriffen wird und mancher doch recht dummen Feindseligkeit begegnet. Es bleibt wohl für den Zuschauer schwer, die Wahrheit bitter zu erfahren, er möchte wohl die süße Kandierung, er gibt wohl leicht dem Autor schuld, wenn er in sein nun einmal heute nicht schönes Gesicht sieht. Mag sein, dass es auch nur unsere besonders borniere Kritik ist oder die Gewöhnung an eine frisierte Literatur, die in unserer Gegenwart das Hauptfeld einnimmt. Mich freut, daß Bukarest den «Piontek» für die nächste Saison vorbereitet. Es gibt gute Möglichkeiten für die beiden Hauptrollen, und ich glaube, dass eine komödiantische Regie dem Stück besser tun wird als meine eigene harte und kalte Inscenierung. Die rumänischen Aufführungen meines «Shakespeare» waren bis auf die Aufführung des deutschen Theaters sehr anständig, sie hatten sich mit den Absichten des Stükkes in ungewöhnlichem Maße identifiziert, und man merkte den

Aufführungen das Vergnügen der Schauspieler an. Ich lernte viele liebenswürdige Leute kennen, und einige sind uns zu rechten Freunden geworden. Rumänien ist auf dem Weg zum Sozialismus viel weiter als wir, das Land hat Schwung, Lebenslust und gar nicht die verkniffen angestrengte Atmosphäre, die bei uns so schwer zu überwinden ist. Natürlich hat das vor allem historische Gründe, aber eben nicht nur historische. Aber die kommenden Jahre, das scheint mir sicher, werden bei uns viel ändern. Die Welt hat sich in Bewegung gesetzt, es gibt Gründe zu grossen Hoffnungen. [...]

       Für heute Euch und Jan alles Liebe
       Euer Heinar

            Berlin, 13. Dezember 1956
Liebe Mutter, lieber Vater,
ich bin ein paar Wochen zu Hause und arbeite konzentriert. Ich habe eine größere Geschichte geschrieben, eine Kriegsgeschichte, eine harte Mischung des Komischen und des Grausigen, wie sich mir der zweite Weltkrieg bei wachsender Distanz immer mehr darstellt. Ihr werdet die etwa 50seitige Geschichte im Januarheft der NDL lesen können, ich denke, der Funk wird sie außerdem als Funkerzählung bringen, und wahrscheinlich biete ich sie auch einem Verlag an. [...]

Im Theater hatten wir zwei recht gute Aufführungen, «Die kleinen Füchse» von der amerikanischen Autorin Lillian Hellman, von Wolfgang Heinz inszeniert, und die Uraufführung der «Schlacht bei Lobositz» von Peter Hacks, von Langhoff inszeniert. Die Kritik war bei Hacks geteilt, dilettantisch wie fast immer, aber es war wirklich eine gute Aufführung.

Wenn der Film fertig ist, arbeite ich eine neue Komödie, ein Stückchen ist schon fertig, und mache mich dann an einen großen Stoff aus der französischen Revolution. Ich bin auf einen für uns hochinteressanten Konflikt gestoßen, einen Widerspruch in der Entwicklung jeder der bekannten Revolutionen der neueren Geschichte, der bisher wenig bemerkt wurde und der nach meiner Ansicht für unsere sozialistische Revolution von Bedeutung ist. Die Arbeit macht viele Vorarbeiten notwendig, viele Dokumente liegen nur französisch vor, viele Materialien sind von der bisherigen Geschichtsschreibung kaum zur Kenntnis genommen. Ein Plan also, in einiger Ferne, aber sehr lockend. [...] Seid umarmt von uns allen.

Herzlichst
Euer Heinar

Die erwähnte Erzählung heißt «Der Hund des Generals».

Berlin, 16. November 1957

Liebe Mutter, lieber Vater,
es ist ein klarer, kühler Tag, Eigenschaften, die ich gerne habe, wenn sie mit Freundlichkeit verbunden sind. Es ist Sonnabend, ich bin zu Hause geblieben, um an der Komödie weiterzuarbeiten, und schreibe Euch ein bisschen von mir, ehe ich beginne.

Die letzten Wochen waren ein bisschen angespannt, nicht so sehr wegen des Übermasses an Arbeit, das ich im Theater zu tun hatte, sondern auch wegen der vielerlei kleinlichen Dummheiten, die einsetzten und von denen man sich ja immer frei machen muss, wenn man zu einer tüchtigen Arbeit taugen soll. Ich streite mich gerne, ich habe Vergnügen an sachlichen Auseinandersetzungen, aber mir wird übel bei den miesen Verdrehungskünsten von zu kurz gekommenen Dummköpfen. Leider kann ich mich nicht wie viele andere vernünftige Leute verhalten, die den Unsinn einfach ignorieren, ich bin nun einmal durch meine Theaterarbeit verpflichtet, auch offenkundige Lächerlichkeiten zurückzuweisen. Ich glaube, dass wir das in den vergangenen Wochen auch ganz gut getan haben. Ich hätte sonst wirklich wichtigeres zu machen, als mich mit unbelehrbaren Nichtswissern vom Schlage Pollatschek oder Erpenbeck herumzuschlagen. Soviel, sogut, jede Zeit hat die Dummköpfe, die sie braucht, sie erledigen sich in der Regel durch Lächerlichkeit. Man darf über den läppischen Borniertheiten nur den Blick für die wichtigen, historischen Erscheinungen nicht verlieren. Der Sozialismus hat einen erstaunlich guten Magen. Ich bin also guter Dinge und gehöre gottlob nicht zu den schwächlichen Neurasthenikern, die sich von jeder Dummheit verwirren lassen. Das Studium der Historie bewahrt davor.

Gesundheitlich geht es mir gut, den Nierenstein bin ich endlich los, und ich hoffe, spätestens Ende Januar mit der satirischen Komödie fertig zu sein. Ich brauche dazu noch einmal einen Monat Arbeitsurlaub, vermutlich den Monat Januar. Die Geschichte ist sehr lustig und macht mir Spass. Danach mache ich den Film fertig, die Schwierigkeiten bei der Defa lassen nach, Langhoff soll ihn drehen, und wir werden Anfang Dezember nach der Premiere von «Sturm» auf eine Woche irgendwohin fahren und alles notwendige besprechen. Als nächstes Stück habe ich einen ganz hervorragenden Stoff, der viel Vorarbeiten braucht. Vielleicht kann ich es einrichten, mit Lore und den Kindern über die Weihnachtstage zu Euch zu kommen, allerdings nur kurz. Ich schreibe Euch bald, ob diese Vornahme definitiv ist. [...]

Alles Gute, Euch beiden.
Seid umarmt
Euer Heinar

14. Dezember 1957

Liebe Mutter,
ein paar Zeilen für Dich an einem der ersten Schneetage, die ich so liebe. Erinnerung an die weißen Tage der Kinderzeit, da die Welt zugedeckt wird von Erwartung, da die Stuben dunkel werden und die Herzen unruhig vor Sehnsucht, die sich nicht erfüllen wird ein Leben lang und der wir nachlaufen ein Leben lang. Es ist der Weg, der unser ist mit seinen Annehmlichkeiten und seinen Schrecknissen, seinen Dunkelheiten, seinen Freuden, seiner Trauer. Es ist der Weg, den wir im Dunkeln beginnen und den wir beenden im Dunkeln, das nicht viel heller geworden ist. Es ist der Weg, nicht das Ziel, wenigstens in unseren dunklen Zeitläuften nicht, in unserem dunklen Übergang zu menschlicheren Zeiten. Nicht, dass ich das Ziel schelten möchte, das den Weg ja erst zu einem Wege macht, aber es genügt wohl nicht, ungeduldig zu sein und die Dummheit zu hassen, die breit und gefräßig auf den kahlen Bäumen am Wegrand sitzt; es braucht viel Wissen, viel Bemühung des Urteils und etwas von der Ruhe der alten Apfelbäume im Schnee, die den Frühling erwarten. Natürlich auch ein bisschen mehr, denn ein wenig begünstigen kann man den Frühling schon. Es braucht Weisheit, wie sie das Volk hat, und die dickhäutige Gelassenheit der klugen Elefanten. Es ist wohl ein bißchen düster, was ich da schreibe, halte es dem

Schneetag zugute, aber so ganz falsch ist es auch nicht. Ich mag kein Illusionist und kein Narr sein. Eine menschliche, das ist eine sozialistische Welt ist wohl nicht in den sechs Tagen zu machen, die der alte Gott in den überlieferten Geschichten gebraucht hat. Genug. Ich arbeite ziemlich gut, werde mit der Komödie fertig, wenn ich im Januar meinen Arbeitsurlaub nehme.

«Sturm» war ein großer Erfolg für unser Theater. Wir kommen Weihnachten zu Euch. Den genauen Tag schreibe ich noch, eventuell kann ich erst Heiligabend fahren.

Bis bald. Dir und Vater herzliche Grüsse.
Dein Heinar

23. Januar 1958

Liebe Mutter, lieber Vater,
ihr hört und seht nichts von mir, weil ich mich mit dem Stück in einem kleinen Nest verkrochen habe und keine andere Sorge habe als fertig zu werden. Ich hoffe es noch bis zum 5. II. zu schaffen, natürlich nicht die Korrekturen, die endgültige Bearbeitung, weil ich dazu ein bisschen Abstand brauche. Gott sei's geklagt, weil mich der Stoff zu langweilen anfängt und ich mit halbem Kopf schon bei neuem Plane bin: Einer großen, schwierigen Sache, dem Fall Oppenheimer, dem großen amerikanischen Atomphysiker, in dem so etwas wie eine heutige Dr. Faustus-Geschichte steckt. Ich sitze in Petzow bei Werder, in einem Hause, das unserem Schriftstellerverband gehört; Hacks und seine Frau arbeiten ebenfalls hier an einem neuen Stück. Wir verstehen uns gut, stören uns nicht bei der Arbeit und ergänzen uns ziemlich gut, da, bei großer Verschiedenheit im Einzelnen, die Ziele ähnlich sind.

Ich hoffe Euch guter Dinge und danke Euch noch einmal für die schönen Weihnachtstage. Ich muß immer nachträglich ein wenig um Nachsicht bitten, weil es mir stets schwer fällt zu zeigen, wie gerne ich Euch habe, wie tief ich mich Euch verbunden fühle. [...]

Seid umarmt von Euerm
Heinar

Berlin, 11. April 1958

Liebe Mutter, lieber Vater,
[...] Augenblicklich arbeite ich viel im Theater, wie immer, wenn eine Arbeit fertig ist, kommt man sich leer und überflüssig vor. Das Theater hat die Komödie zur Uraufführung angenommen. Wir beginnen wohl Ende Juni mit den Proben, kommen Anfang der nächsten Saison mit der Premiere. Rudolf Wessely wird es mit mir zusammen inszenieren, Kilger wird das Bühnenbild machen. Es kann eine angenehme Arbeit werden. Die Kritik ist mir schon jetzt gleichgültig, ihr Stand ist so erbärmlich, dass man schon aus Selbsthilfe dazu kommt, sie zu ignorieren. Hacks ist mit seinem letzten Stück dasselbe passiert wie mir mit «Piontek». Man kann über eine Reihe von Fehlern des Stückes sprechen, aber die Kritik zeigte einfach die bekannte dreiste Borniertheit unwissender Leute. Natürlich liegt eine zusätzliche Schwierigkeit darin, eine Kunst für eine neue Klasse zu machen und von beiden Seiten beschimpft zu werden. Was tun? Die Schwierigkeit muss in Kauf genommen werden. Eine vernünftige Gesellschaft wird der Vernunft auch in der Ästhetik zuletzt Raum geben. Vielleicht sogar bald. [...]

Seid umarmt.
Euer Heinar

Die Komödie erhielt den Titel «Die Stühle des Herrn Szmil»; sie wurde erst 1961 in Wuppertal uraufgeführt.

Berlin, 2. Oktober 1958

Liebe Mutter, lieber Vater,
ein grauer Herbstmorgen heute. Ich bleibe zu Hause, um an einer Erzählung zu arbeiten, einer Kriegserzählung, die mit «Hund des Generals» herauskommen soll.

Mit dem Stück, dem Aufführungstermin bin ich noch nicht weiter, der Mut der verantwortlichen Leute ist so gewaltig, dass sie weder ein «Ja» noch ein «Nein» wagen. Revolutionärer Elan, der klugerweise den Posten immer mitdenkt. Nun gut, ich hoffe trotzdem, dass das Stück kommt. Wenn nicht, werde ich anders disponieren. Meine Nerven sind gut, meine Haut dick, aber ich gehöre nicht zu den Leuten, die singen, wenn man auf sie einschlägt. Die Dummheit muss bekämpft werden. Es gibt übrigens ein paar Anzeichen dafür, dass der Vernunft ein bescheidenes Fremdenzimmer eingerichtet wird. Sorgt Euch nicht, ich bin mit meinen Plänen im Klaren und entschlossen zu arbeiten, was mir meine schriftstellerische Verantwortung aufgibt.

Die Welt scheint fatal einfach zu werden, wie der «Wahlsieg» de Gaulles zeigt. Die schöne alte ABC-Politik (Antibolschewistische Corporation), die bewährte Achse ist bald gegossen, und ich hoffe, dass die Sozialdemokraten von den neuen Herren für ihre Dienste so gut bedankt werden wie von Hitler. Es ist zum Verzweifeln, wie hilflos, wie passiv wir dieser Entwicklung mit unserer Politik gegenüberstehen. [...]

                Seid gegrüsst, seid herzlich umarmt von
                Euerm Heinar

                Berlin, 22. November 1958

Liebe Mutter,
Dein letzter Brief machte mir Sorgen, ich kenne diese depressiven Stimmungen gut, und die Zeiten geben ihnen genug Nahrung. Ich werde von der Arbeit des Tages zerfressen wie das Eisen vom Rost, und ich habe noch immer keinen realen Plan, mich von der lästigen Theaterarbeit freizumachen. Ich könnte vermutlich als freier Schriftsteller auskommen, wenn die Arbeiten erscheinen können, aber das ist in der gegenwärtigen Lage so riskant, daß ich es nicht wagen mag. Anderseits will und kann ich keine Literatur machen, die den wirklichen Fragen der Gegenwart ausweicht. Literarische Stukkateure sind so ungefähr das Widerwärtigste, was ich kenne. Dann lieber nicht publizieren – warten, hart arbeiten. Ob das Stück aufgeführt wird oder nicht, weiß ich zur Stunde nicht zu sagen – es ist niemand zu finden, der ein Verbot oder eine Aufführung verantworten möchte – was praktisch auf ein Verbot ohne Namen und Adresse hinausläuft. Gut, ich werde kein Stück mehr machen, das Gegenwartsfragen bei uns behandelt, jedenfalls nicht, solange unsere Kulturpolitik so unmarxistisch und unsinnig ist. In nächster Zeit soll im Theater ein Gespräch sein, das eine Entscheidung bringen soll. Jeder drückt sich.

Seltsam ist, daß ich in guter Verfassung bin und Lust habe zu arbeiten. Ich mache eine grössere Kriegserzählung, die mit dem

«Hund des Generals» in einem Band erscheinen soll. Ich komme weiter, ich weiss, dass ich zu den wenigen Leuten gehöre, die heute in Deutschland deutsch arbeiten können und etwas Neues zu sagen haben. […]
Liebe Mutter, laß Dich zu Deinem Geburtstag herzlich umarmen von
Deinem Heinar

Schierke, 3. März [1959]
Lieber Vater,
ich habe endlich meinen Arbeitsurlaub genommen, wir sind in den Harz gefahren, hoffend, noch ein bisschen Skilaufen zu können. Von Schnee keine Rede mehr, die Sonne ist heiss, der Frühling angebrochen. Hacksens sind mit uns, wir gehen an den Vormittagen ein bisschen spazieren, an den Nachmittagen probiere ich, was aufs Papier zu machen. Die Erzählung soll fertig werden und nach Möglichkeit das Scenarium eines Fernsehfilms aus «Der Hund des Generals».

Zu Deinem Geburtstag kam nur ein klägliches Telegramm von mir, die Zeitläufe sind gar zu dämlich, es war gerade eine der stupiden Attacken auf uns im Gange, und wenn ich mich auch schon lange nicht mehr ärgere, so bringen die Dummheiten doch Arbeit mit sich. Ich bin froh, bald nichts mehr damit zu tun zu haben, es ist die einzige Möglichkeit, wenn man redlich vor sich bestehen will. L. ist nun mal ein alt gewordener Musterschüler, es ist jämmerlich anzusehen, wie er seine Betragenszensur bis Quartalsende aufzubessern sucht. Vernunft und Mut sind Eigenschaften, die sich gegenseitig fliehen, wie es scheint.

Was mich angeht, so ist der springende Punkt, wie ich das erste halbe Jahr ohne irgendeine finanzielle Reserve überbrücke. Die Kalkulation kann einem über den Haufen geworfen werden, wenn eine Arbeit nicht gedruckt werden darf, ähnlich wie bei «Esel schrein im Dunkeln», und das ist augenblicklich kaum zu berechnen. Es sei denn, man will aufhören, Literatur zu machen. Trotzdem freue ich mich, endlich ohne Terminnot arbeiten zu können. Die Bedingungen werden sich in ein, zwei Jahren auch wieder bessern. Das hängt ziemlich von der internationalen Politik ab, denke ich.

Körperlich befinden wir uns alle wohl, die Kinder gedeihen. Günther ist auch etwas überm Berg, er hat seinen Witz wiedergefunden und arbeitet an einem Dokumentarfilmprojekt. Das müsste ihm liegen, ist nützlich und bringt Geld. Er ist ja viel schlechter dran, weil er nicht schreiben kann und weil es in der Literaturwissenschaft noch beschissener aussieht.

Hacks hat ein neues Stück gemacht, die nächsten Wochen werden zeigen, ob er es durchbringt oder nicht.

Diese Nachrichten für heute, lass Dich herzlich grüssen von
Deinem Heinar

Mit L. ist Wolfgang Langhoff gemeint; Günther ist der Kritiker Günther Czwojdrak. Das erwähnte Stück von Peter Hacks heißt «Die Sorgen und die Macht».

Berlin, 30. Juni [1959]

Liebe Mutter, lieber Vater,
ich beantrage morgen früh die Aufenthaltsgenehmigung für Euch ab 10. Juli und schicke sie Euch. Wir erwarten Euch dann um diese Zeit in Berlin, Ihr werdet uns den Tag der Ankunft mitteilen, weil wir schon ab Samstag in Prieros sind und nur gelegentlich nach Berlin kommen.

Was meine nächsten Pläne angeht, so habe ich diese mit Wendt, dem z. Zt. amtierenden Kulturminister besprochen (Abusch war in Urlaub). Es war ein durchaus angenehmes, freundliches Gespräch, und Wendt sagte mir seine Unterstützung zu, wenn bei Verlagen etc. Schwierigkeiten auftauchen sollten, die nicht mit der Sache, sondern mit meiner Person zusammenhingen. Ich unterrichtete ihn über meine literarischen Pläne, den Fernsehfilm also, das Buch über Busch für Rowohlt, das übrigens der hiesige Henschelverlag ebenfalls übernehmen will, die Kriegsgeschichten, die ich verlagsmässig noch nicht untergebracht habe, Aufbau und der Mitteldeutsche Verlag sind interessiert, und ich informierte ihn darüber, dass ich für Stroux in Düsseldorf ein Stück schreibe, das mir Stroux finanziert, da ich ja hier zur Zeit von keinem Theater gespielt werde. Er fand den Plan soweit in Ordnung, da er ja gegen keine Gesetze verstosse, so dass einem langfristigen Interzonenpass zur Arbeit am Stück in Düsseldorf wohl nichts im Wege steht. Ich weiss nicht, inwieweit andere Stellen da noch Schwierigkeiten zu bereiten suchen, bin aber entschlossen, meine gesetzlichen Rechte wahrzunehmen. In dieser

Zeit kann ich dann alles in Ruhe regeln, ich habe z. Zt. fast den Eindruck, dass zu einer gütlichen Lösung zu kommen ist. Ich werde also ab Mitte August viel in Westdeutschland sein und muss mir für die Arbeit in Düsseldorf ein möbliertes Zimmer nehmen, evtl. auch eine Einzimmerwohnung natürlich oder ein Leerzimmer. Wenn Ihr irgendetwas hört, ist mir das natürlich lieb, aber man kann das sicherlich regeln, wenn ich da bin. [...]

                          Seid herzlich umarmt von Euerm
                          Heinar

In Prieros bewohnten die Kipphardts ein Wochenendhäuschen. Das geplante Buch über Ernst Busch wurde nicht realisiert. Die beiden letzten Briefe sind im Original mit «1958» datiert, dabei handelt es sich offensichtlich um Schreibfehler Kipphardts.

3.
Schreibt die Wahrheit

Frühe Aufsätze
zur Literatur und zum Theater

Die ersten Veröffentlichungen des Schriftstellers Heinar Kipphardt waren – neben einzelnen Gedichten und kleinen Erzählungen – Kritiken und Aufsätze zur Literatur und zum Theater. Noch im Jahr seiner Übersiedlung in die DDR, 1949, begann Kipphardt seine Mitarbeit am dortigen Rundfunk. Er sprach über zeitgenössische wie klassische Autoren und Werke. Auch für Zeitungen und Zeitschriften lieferte er in den folgenden Jahren wiederholt Beiträge, u. a. für «Theater der Zeit», «Neue Deutsche Literatur» und «Aufbau».

Kipphardt verstand seine Aufsätze und Kritiken als Broterwerb, und er nutzte sie zugleich zur Klärung ästhetisch-politischer Positionen. Seine Texte dieser Zeit haben oft einen volkserzieherischen Unterton, sind getragen vom hoffnungsvollen Pathos des Neuanfangs nach der Niederlage des Faschismus. Kipphardt war ein überzeugter Sozialist; 1953 wurde er Mitglied der SED (1959 ausgeschlossen wegen «parteischädigenden Verhaltens»).

Dabei plädierte er stets für eine breite sozialistische Kulturkonzeption. Kipphardt stritt vehement gegen borniert Verengungen des Realismusbegriffs. Der Literatur und dem Theater schrieb er eine betont kritische, die sozialen Widersprüche aufgreifende Rolle zu. Schon früh wurde er selbst des Formalismus bezichtigt; dies war ein gängiger, denunziatorisch gemeinter Vorwurf stalinistischer Kulturpolitiker.

1953, nach Stalins Tod und mit dem Einsetzen des «Tauwetters» im Ostblock, begann auch in der DDR als «Neuer Kurs» eine Phase verstärkter Selbstkritik und offener Auseinandersetzung. Kipphardts Auffassungen waren für einige Jahre gefragt; er wurde Nationalpreisträger, sein erstes Stück «Shakespeare dringend gesucht» (1953) machte ihn zu einem der meistgespielten Dramatiker.

[Über Anna Seghers,
«Die Toten bleiben jung»]*

Es gibt Kritiker, die es noch immer modisch finden, vom Antirealismus in der modernen Literatur als einer lobenswerten Tatsache zu sprechen. Es gibt Schriftsteller, die nicht ermüden, sich auf Valérys gefährliches Wort «die Optimisten schreiben schlecht» zu berufen, wenn es zu entschuldigen gilt, warum sie Valéry die Antwort schuldig bleiben.

Ich bitte Sie, sich dieser beiden Sätze zu erinnern, wenn Sie Anna Seghers' neuen Roman «Die Toten bleiben jung» zur Hand nehmen, den der Aufbau-Verlag in diesen Tagen vorgelegt hat. Es ist ein realistisches Buch, es ist ein optimistisches Buch, und ich scheue mich nicht, es einen der wichtigsten epischen Beiträge zur Wirklichkeit und zu den Aufgaben unsrer Zeit zu nennen. Was ist ein realistisches Buch? Was ist ein optimistisches Buch? Ich habe mir erlaubt, die Antwort vorweg zu nehmen: Wirklichkeit und Aufgabe. Realistisch zu schreiben heißt, die Richtung auf die der jeweiligen Zeit erreichbare höchstmögliche Wirklichkeit zu nehmen. Optimistisch zu schreiben heißt, aus eben jener erkannten und gestalteten Wirklichkeit die Aufgaben unserer Zeit abzuleiten und deren Verwirklichung zu wollen.

Aber ist die Tendenz zur Bewußtmachung von Wirklichkeit schon realistisch zu nennen? Bezieht sich die hartnäckige Legende, daß die Literatur unserer Zeit antirealistisch sein müßte, nicht vielmehr auf die Methode? Ist nicht sie das Kriterium, an dem sich die echten von den scheinbaren Realisten scheiden?

Wenn Sie so fragen, sind Sie mitten in jenem erfrischenden Briefwechsel, den Anna Seghers und Georg Lukács innerhalb der komplexen Diskussion um den Realismus miteinander führten und dessen Ergebnisse sich in beider Werk niederschlagen. Ich spreche gerne davon, weil dieser Briefwechsel zeigt, wie fruchtbar die Arbeit zwi-

* Titel und Zusätze in eckigen Klammern stammen vom Herausgeber des Bandes.

schen Kritiker und Schriftsteller sein kann. Und weil am Kontrast dieses Beispiels das sterile Mißverhältnis zwischen Kritik und Dichtung deutlich wird, die das Entstehen einer literarischen Atmosphäre im Nachkriegsdeutschland bisher verhinderte.

Unsere Frage hieß: Ist der Realismus eine literarische Anschauungsweise oder ist er eine Methode? Vielleicht spüren Sie an dieser Formulierung schon, daß die Frage falsch gestellt ist. Falsch, weil sie die Ganzheit des künstlerischen Prozesses auseinanderzureißen sucht, weil sie einen Arbeitsvorgang zu spalten trachtet, der getrennt nicht denkbar ist. Es ist eine armselige Vorstellung, Anschauung und Methode oder anders gesagt Inhalt und Form als voneinander unabhängige und beliebig zu kombinierende Elemente begreifen zu wollen.

Wenn ein Schriftsteller eine Wirklichkeit zu sehen imstande ist, muß er notwendig nach einer Methode suchen, die geeignet ist, eben diese Realität so präzise, so angemessen wie möglich darzustellen. Wenn ihm das gelingt, wird seine Methode eine realistische sein. Je umfassender die Anschauung einer Wirklichkeit bei ihm ist, je tiefer er in die Tatsache eindringt, daß alle Wirklichkeitssplitter, die er richtig erkennt, Teile des geschlossenen Zusammenhangs unserer gesellschaftlich-ökonomischen Realität sind, und je besser ihm deren Gestaltung gelingt, umso realistischer wird seine Methode sein.

Wenn Anna Seghers in ihrem neuen Roman versucht, den gesellschaftlichen Prozeß der Entwicklung Deutschlands von 1918 bis 1945 in seiner Komplexität zu gestalten, so ist das zweifellos ein gewaltiges realistisches Unternehmen, und zweifellos wird auch ihre Methode eine realistische sein müssen. Es ergibt sich zwangsläufig, daß sie die bestimmenden gesellschaftlichen Kräfte in typischen Gestalten aufsucht, um sie in typischen Situationen handelnd zu entwickeln. Sie muß deshalb eine Fabel ersinnen, die ihre fein differenzierten Gestalten verschiedener Klassen zur zwanglosen Entfaltung bringt und zugleich in einer Komposition zusammenhält. Denn es geht ihr ja um eine zusammenhängende Wirklichkeit, um die Totalität des deutschen Imperialismus in seiner Spätphase. Sie wird alles ausmerzen müssen, was nur beschreibt und nicht der Gestaltung dient, sie wird die Proportionen zu wahren haben, die sich aus dem Anteil jedes Wirklichkeitsfaktors an der ganzen Wirklichkeit ergeben.

Damit bekennt sich Anna Seghers ausdrücklich zu den Grundzügen der realistischen Epik, die sie mit einer in Deutschland selten anzutreffenden erzählerischen Diszipliniertheit und Reife handhabt. Aber das heißt beileibe nicht, daß sie sich einer feststehenden realistischen Technik bedient. Die realistische Methode ist kein Diwan, auf dem man sich zufrieden ausruhen konnte, weil man einen Schlüssel zu besitzen glaubte, dem sich die Türen der Wirklichkeit zu allen Zeiten mühelos öffnen. Gerade der Realismus verpflichtet den Schriftsteller zur immerwährenden Arbeit an seiner Darstellungsweise, er ist immerwährend gezwungen, seine konkreten Gestaltungsmittel der wachsenden Durchdringung der Wirklichkeit und der daraus resultierenden Zielsetzung anzupassen. Wir können den Prozeß dieses Wachstums bei Anna Seghers von Werk zu Werk verfolgen. An dem Reichtum ihrer Mittel wird die Kläglichkeit derer deutlich, die in mechanischer Anwendung realistischer Technik konfektionierte Fabeln benutzen, um Menschen als Leitartikel darin herumspazieren zu lassen, um sich in einem leeren, weil ungestalteten Optimismus zu ergehen. Gerade sie erweist in ihrem neuen Roman, daß es eine fixierte realistische Technik nicht gibt, nicht geben kann, weil es keine fixierte Wirklichkeit gibt. Die Souveränität und Kühnheit, mit der hier die realistische Methode fortentwickelt wird, um sie zum angemessenen Ausdruck ihres neuen inhaltlichen Anliegens zu machen, bestätigt, daß der Realismus keine bloß literarische Form ist, die mit einer bestimmten Zeit entsteht und mit ihr verschwindet, sondern daß er seine Beständigkeit aus seiner Wandlungsfähigkeit, aus seiner Identität mit dem künstlerischen Akt schlechthin herleitet.

Der Realismus ist offen und entwicklungsfähig, wie die Wirklichkeit und wie der Mensch offen und entwicklungsfähig ist. [...]

Typoskript im Nachlaß Kipphardts. Entstanden vermutlich 1949 für den DDR-Rundfunk. Der Schluß der Kritik fehlt.

Zum 175. Geburtstag des Dichters und Patrioten Heinrich von Kleist

Kein deutscher Dichter ist so gründlich mißverstanden worden wie Heinrich von Kleist. Kein Werk ist von den Ideologen des deutschen Imperialismus so schändlich mißbraucht, so grauenhaft mißhandelt worden wie sein Werk.

Aus seinen letzten Lebensjahren ist ein Bild erhalten. Das Bild eines noch jungen Mannes, klug, leidenschaftlich, kompromißlos wie auf früheren Bildern, verkrampft um Haltung bemüht und doch schon zerstört, zergrübelt von den furchtbaren Nächten der Todessehnsucht und des Todesgrauens, zerfurcht von Enttäuschungen, mißtrauisch, ratlos, verlassen – furchtbar allein.

Beim Anblick dieses Bildes begriff ich das Wort Friedrich Hebbels: ‹Mit Heinrich von Kleist können sich nur wenige an dichterischer Kraft messen, an Unglück keiner.› –

Sage mir niemand, daß ihn sein Charakter oder seine Melancholie zerstört habe – nein, Deutschland hat ihn zugrunde gerichtet; der quälende Zustand seines zerrissenen, von fremden Mächten besetzten Vaterlandes, das er wie kein anderer Dichter seiner Zeit liebte, hat ihn in den Tod getrieben. Die verworrenste Umwälzperiode der deutschen Geschichte hat das vielleicht reinste dramatische Talent der deutschen Literatur überhaupt vernichtet, ehe es sich vollenden konnte.

Worin besteht die Tragödie Heinrich von Kleists? Er entstammte einer altpreußischen Familie und gehörte politisch allezeit der altpreußischen Richtung an, obwohl er seinen Parteigängern als ein verkommener Literat galt, obwohl er sein Offiziersdasein haßte, obwohl er mit seinem Leben und seinem ganzen Werk gegen die kümmerliche Enge, den kleinlichen Despotismus des national versklavten Preußens unermüdlich protestierte. Gegen das ‹Joch der Fremden›, gegen Napoleon kämpfte der Dichter und der Politiker Kleist. Seine «Hermannsschlacht», 1808 in der Zeit des nationalen Verrates der königlich-preußischen Regierung geschrieben und erst drei Jahre nach Kleists Tode 1814 aufgeführt – ist das einzige Drama der Zeit, das der Befreiungssehnsucht der Deutschen radikalen Ausdruck verlieh.

Gegen das ‹fremde Joch› im eigenen Lande, gegen den reaktionären preußischen Feudalismus aber kämpfte nur der Dichter Kleist – ohne Kenntnis der Ursachen der deutschen Rückständigkeit und eigentlich gegen seine politischen Überzeugungen. Das gelingt nur sehr großen, sehr ehrlichen Dichtern, nur sehr bedeutenden Realisten. Selbst der junkerlichen Klasse angehörig, deckt Heinrich von Kleist im «Michael Kohlhaas» rücksichtslos die rohen Gaunereien der Junker, die völlige Rechtlosigkeit der Bauern auf und zerfetzt die Legende von der sozialen Idylle zwischen Junker und Leibeigenem in Preußen. Selbst preußischer Offizier, protestiert er in der Todesfurchtszene des «Prinzen von Homburg» gegen den konventionellen preußischen Heldenbegriff und entlarvt in einem der schönsten deutschen Lustspiele, im «Zerbrochenen Krug», die korrupte Gerichtsbarkeit des feudalen Preußens. Diese realistischen Durchbrüche, die sich in seinem Werk allerorten neben reaktionären Inhalten finden, gehören zu den wichtigsten Ergebnissen unserer deutschen Literatur. Heinrich von Kleist wurde von seiner Zeit nicht verstanden. Enttäuscht und ohne Hoffnung auf eine Befreiung der deutschen Nation, angeekelt von der Misere seines Vaterlandes schied der damals 34jährige im Jahre 1811 freiwillig aus dem Leben.

Es ist an uns, den Schutt der Verleumdung abzutragen, der uns das Werk Heinrich von Kleists noch immer verbirgt. Wir verehren ihn als einen der großartigsten Sprachkünstler der Weltliteratur, wir lieben ihn als einen der ehrlichsten, kühnsten Patrioten und Vorkämpfer der nationalen Unabhängigkeit.

Typoskript im Nachlaß Kipphardts. Entstanden wohl 1952.

Zur Frage des Typischen im Drama

Die Menschen im Drama handeln bekanntlich nicht nebeneinander, sondern füreinander oder gegeneinander. Die Handlung entwickelt sich aus den widerspruchsvollen Positionen verschiedener Charaktere, aus den kampfreichen Wechselwirkungen menschlicher Gedanken und Leidenschaften. Das Drama läßt uns direkt und kommentarlos an den Auseinandersetzungen des «Gestern» mit dem «Morgen» teilnehmen. Es ist in reinerer Form dialektisch als die lyrischen oder epischen Gattungen.

In unserer jungen zeitgenössischen Dramatik ist dieser Kampf des Alten mit dem Neuen in der Regel nicht eigentlich fesselnd. Der Lesende oder Schauende sieht von langer Hand, wie dieser Kampf ausgehen muß. Die Konflikte und die Gestalten sind häufig schematisch und allgemein bekannt. Sie folgen nicht zwangsläufig aus der Handlung und den Charakteren, sie wirken konstruiert und entsprechen nicht dem Konfliktreichtum im Leben des Zuschauers.

Das heißt also, unsere Dramatiker befinden sich in der Regel noch nicht einmal auf der Höhe der Konflikte unseres Alltagslebens. Für das Drama aber genügt diese Konflikthöhe nicht. Der Dramatiker muß die äußersten Konfliktmöglichkeiten unseres Lebens entdecken. Um die allgemeinen Probleme unserer Wirklichkeit aufzudekken, müssen in dem Zusammenstoß handelnder Charaktere auf der Bühne viele Alltagszusammenstöße konzentriert und ihrer verwirrenden Zufälligkeit entkleidet sein. Das ist in unseren Stücken auch ansatzweise nur selten zu bemerken, aber es hat wenig Sinn, über diese Schwächen unserer Dramatik zu jammern und tatenlos zu warten. Die Fehler unserer Dramatik werden nur überwunden, wenn man die Stücke unserer Dramatiker spielt und anschließend klug und tiefgreifend kritisiert.

Natürlich erklären sich die Fehler unserer Dramatiker zu einem Teil aus ihrem Leben. Es ist eine alte Wahrheit, daß jeder Fehler, jede Unwahrheit, jede faule Stelle in einem literarischen Werk einer Schwäche, einer Unwahrheit, einer faulen Stelle in der Weltanschauung und damit im Leben des Schriftstellers entspringen. Buffon meinte das, als er sagte: Le style c'est l'homme, und Lukács bewies in seiner Arbeit über den sozialistischen Realismus diesen Zusammenhang zwischen Literatur und Leben des Schriftstellers in unserer Zeit.

Es ist erfreulich, daß sich unsere jungen Dramatiker den Stoffen aus unserer Zeit zuwenden, daß sie mit dieser entschiedenen Stoffwahl sich der edlen Aufgabe der Erziehung des Menschen zum Sozialismus zuwenden. Es kann aber nicht übersehen werden, daß die Kenntnis unseres Lebens meist ungenügend ist, daß viele Schriftsteller zumindest nicht begreifen, was sie sehen, und infolgedessen bei ihrer Darstellung ganz an der Oberfläche unseres Lebens bleiben. Kunst aber ist nach einer schönen Formulierung Balzacs «konzentrierte Natur», und nur das tiefgehende Erlebnis der neuen Menschen, der neuen Situationen in unserer Zeit und die Fähigkeit zu ihrer Deutung mit der Methode des historisch-dialektischen Materialismus kann konzentrierte Situationen und konzentrierte Gestalten für die Bühne schaffen. Will man das Neue, das Zukünftige in unserer Wirklichkeit erkennen, erleben, so muß man es zu lieben verstehen. So muß man für die Zukunft Partei ergreifen. Liebt man das Gute, liebt man das Schöne, liebt man die Zukunft, so wird man das Böse hassen, so wird man das Häßliche hassen, so wird man die Vergangenheit hassen. Die Liebe bedingt den Haß. Der Haß bedingt die Liebe. Diese Liebe wird unseren Dramatikern helfen, den Reichtum, die Vielfalt, die Größe unseres neuen Lebens, unserer neuen Menschen zu erkennen und in ihrer unwechselbaren Besonderheit auf die Bühne zu bringen. Dieser Haß wird unseren Dramatikern helfen, das Schlechte, das Abgestorbene, das Häßliche, alles was unseren Weg zum Sozialismus erschwert, zu erkennen und mit den Mitteln der Satire dem schonungslosen Gelächter preiszugeben.

Mir scheint, daß diese leidenschaftliche Parteinahme, diese Liebe, dieser Haß bei unseren Dramatikern nicht stark genug ist. Ihre Gestalten sind nicht auf Tod und Leben mit einer Sache verbunden, ihre Konflikte sind gewöhnlich und matt, die Dispute alltäglich und langweilig. Die Auseinandersetzungen zwischen Spieler und Gegenspieler werden instinktiv vermieden, da der Gegenspieler meist ein vordergründiger Dummkopf oder primitiver Schädling ist und der Autor sich infolgedessen von dieser Auseinandersetzung keinen dramatischen Höhepunkt versprechen kann. Statt des starken und lebensvollen Charakters eines echten Volkstribunen zum Beispiel finden wir in unseren neuen Stücken die ewig rechthabenden, von keinem Konflikt auch nur berührten Parteifunktionäre, die fade und langweilig, wenn nicht wegen ihrer dozierenden Rechthaberei gar unsympathisch wirken. Wie fesselnd sind die positiven Helden Egmont oder Othello, wie reich, wie klug, wie einmalig. Wie einprägsam, wie einmalig aber sind auch ihre durchaus hassenswerten Gegenspieler Alba und Jago.

Je weiter die Positionen der Charaktere voneinander entfernt sind, je entschiedener die Charaktere zugespitzt und zu typischen Charakteren werden, desto größer ist die Spannweite ihrer Konfliktmöglichkeiten, desto dramatischer kann die Handlungsführung werden.

Unsere Dramatiker müssen begreifen, daß die Fragen des Konflikts im Drama, die Fragen der vertieften Charakterisierung der handelnden Personen, die Fragen der Spannungsbögen ihrer Handlungen eng verknüpft mit der Frage des Typischen sind. Die schöne Begriffsbestimmung des Typischen in der Literatur und Kunst des sozialistischen Realismus, die G. M. Malenkow in seinem großen Rechenschaftsbericht an den XIX. Parteitag der KPdSU (B) gab, wird unseren Dramatikern helfen, wenn sie die Begriffsbestimmung lebendig auf die Praxis ihrer Arbeiten anzuwenden verstehen. Wenn G. M. Malenkow sagt,

«daß das Typische nicht nur das ist, was am häufigsten vorkommt, sondern das, was am vollständigsten und am einprägsamsten das Wesen der gegebenen sozialen Kraft zum Ausdruck bringt. Nach marxistisch-leninistischer Auffassung bedeutet das Typische keineswegs irgendeinen statistischen Durchschnitt. Typisch ist, was dem Wesen der gegebenen sozialen und historischen Erscheinung entspricht, und ist nicht einfach das am häufigsten Verbreitete, oft Wiederkehrende, Gewöhnliche. Bewußte Übertreibung und Zuspitzung einer Gestalt schließt das Typische nicht aus, sondern offenbart und unterstreicht es vollständiger. Das Typische ist die Hauptsphäre für die Äußerung der Parteilichkeit in der realistischen Kunst. Das Problem des Typischen ist stets ein politisches Problem»,

so muß man sehen, daß die hervorragende Formulierung verbunden ist mit seiner Forderung, die «mittelmäßigen, farblosen und bisweilen einfach stümperhaften Werke, die die sowjetische Wirklichkeit entstellen», endgültig zu überwinden und das «vielseitige, sprühende Leben der Sowjetgesellschaft» ideenreich, fesselnd und mutig darzustellen. Man kann sagen, daß ein mattes, ideenloses, konfliktarmes Stück unmöglich die Forderung nach dem Typischen im Sinne Malenkows erfüllen kann – auch wenn es noch so brav den Alltag abzuschildern scheint.

Unsere Dramatiker können daraus lernen, daß es keineswegs schon genügt, unseren Alltag richtig zu beobachten und Alltagspersonen auf die Bühne zu stellen. Von unseren Dramatikern wird mit Recht gefordert, daß sie über die Beobachtung des Alltags hinaus die revolutionären Vorgänge unserer Epoche begreifen und an vielleicht einmalig typischen Situationen, an einmalig typischen Charakteren handelnd darstellen.

Der typische Charakter ist keineswegs etwa eine Verarmung auf die klassenmäßigen und soziologischen Bedingtheiten; ganz im Gegenteil setzt das Typische im Sinne obiger Definition den Reichtum, die Vielseitigkeit und das einmalig Fesselnde des ganzen Menschen voraus. In diesem Sinne ist Faust einer der typischsten Charaktere der dramatischen Literatur, obwohl der Durchschnittsgelehrte dieser Zeit sicherlich ganz anders ausgesehen hat und obwohl auch im 16. Jahrhundert Gelehrte nur selten Teufelspakte abschlossen. Er ist der umfassende, kommende, moderne Mensch, der alle typischen Situationen der kleinen und der großen Welt durchwandert. In diesem Sinne auch ist Don Quijote einer der typischsten Charaktere der Weltliteratur, obwohl es sicher nicht zu den Gepflogenheiten spanischer Ritter gehörte, gegen Windmühlenflügel zu reiten. In diesem Sinne auch ist Jegor Bulytschow ein typischer Charakter, obwohl kaum ein reicher Kaufmann der Zeit vor der Oktober-Revolution in dieser Klarheit den Niedergang seiner Klasse erlebt, erkannt und sogar gewünscht hat.

Es versteht sich von selbst, daß natürlich noch nichts erreicht ist, wenn der Dramatiker einen möglichst extremen Charakter in eine möglichst absonderliche Situation gebracht hat. Man muß beachten, daß «das Problem des Typischen stets ein *politisches* Problem» ist. Eine Zuspitzung und bewußte Übertreibung ist selbstverständlich sinnlos, wenn sie nicht gleichzeitig die großen Bewegungen einer Epoche zur Anschauung bringt.

Die Romantiker Chateaubriand und Kleist zum Beispiel haben ständig außergewöhnlich exzentrische Situationen und Charaktere erfunden, meist ohne daß diese typisch sind. Die Penthesilea von Kleist ist sicherlich ein extremer Charakter, vom Dichter in außergewöhnliche, nie dagewesene Situationen gebracht, aber sie ist keineswegs typisch, weil in der Gestalt wie im Stück «das Wesen der gegebenen sozialen Kraft» keineswegs zum Ausdruck kommt. Penthesilea ist vielmehr ein psychopathologischer Sonderfall. Sie ist Ausdruck einer privaten Problematik Kleists, sicherlich zwar ein Protest gegen die Öde des Kleist umgebenden Lebens, sicherlich Ausdruck seiner furchtbaren Vereinsamung, aber weder die wirklichen Klassenkämpfe noch sonst die großen Probleme der Epoche am typischen Beispiel darstellend.

Ein Charakter im Drama, ein Konflikt, ist also nur dann wirklich bedeutungsvoll und typisch, wenn es dem Dramatiker gelingt, in den individuellen Zeugen seiner Gestalten die sozialen und historischen Erscheinungen seiner Zeit sichtbar zu machen. Das kann in einer Liebesgeschichte geschehen – in «Romeo und Julia» zum Beispiel –, das kann in einer Schilderung des Kampfes um neue Arbeitsmethoden geschehen, das kann in der satirischen Geißelung eines Karrieristen oder eines sektiererischen Dorfdespoten geschehen. Dazu ist, nach einem Wort Voltaires, «jedes Genre erlaubt, außer dem langweiligen».

Bei der Frage nach dem Typischen muß man natürlich den Gesamtzusammenhang einer Dichtung, ihre Kompositionsart und ihr Genre berücksichtigen. Ein isoliert zu betrachtender typischer Charakter, eine isoliert zu betrachtende typische Situation existieren nicht. In einer Untersuchung danach zu fragen, ist sinnlos und verwirrend. Der sozialistische Realismus läßt dem Dramatiker natürlich die freie Wahl seiner künstlerischen Methode; die verschiedenen Stile können und sollen sich innerhalb des sozialistischen Realismus entfalten. Was er dagegen fordert, ist die *offensive Parteinahme* im Kampf des Neuen gegen das Alte in unserem Leben. Was er fordert, ist der Mut, «Menschen von neuem Typus in der ganzen Großartigkeit ihrer Menschenwürde» darzustellen. Was er fordert, ist der Mut, «alles Negative, Vermoderte, Abgestorbene, all das, was die Vorwärtsbewegung hemmt, aus dem Leben auszubrennen».

Aus: «Theater der Zeit», März 1953.

Bemerkungen zu einem Gedicht

Gedichte sollen die Herrschaft des Menschen zum Ziel haben, die Herstellung seiner Würde, seiner Schönheit, seiner unbegrenzten schöpferischen Möglichkeiten.

Die revolutionäre Diktatur des Proletariats zerschlägt die Bedingungen der Klassengesellschaft, unter denen der Mensch des Menschen Wolf sein mußte, und schafft die Bedingungen der klassenlosen Gesellschaft, unter denen der Mensch des Menschen Bruder sein kann.

Die grenzenlose Herrschaft des Menschen, die Verlegung des Himmels auf die Erde, die Verschmelzung der Schönheit mit der Wahrheit hört auf, utopisch zu sein. Der Traum der Dichter hat seine Strategie und Taktik bekommen. Im Dienste der fortdauernden Revolution wird die Dichtung zur materiellen Gewalt. Wahrheit und Nützlichkeit beginnen identisch zu werden.

Daraus ergibt sich die Parteilichkeit des Dichters. Indem er den ältesten poetischen Traum zu verwirklichen unternimmt, wird er zum aktiven Mitkämpfer des revolutionären Proletariats.

Daraus ergibt sich die Beantwortung der beiden Fragen, die Paul Wiens dem Gedichtschreiber zu stellen vorschlägt:

1. Wozu schreibe ich?
2. Für wen schreibe ich?

Ich würde antworten:
Ich schreibe, um die Herrschaft des Menschen herbeizuführen.
Ich schreibe für alle Kämpfer dieser Zielsetzung.
Zu meinem Gedicht:
Es schien mir nützlich, den Tod eines großen Sängers der künftigen Herrschaft des Menschen zu ehren.

Es schien mir nützlich, zu sagen, daß der Tod Paul Eluards für uns ein großer, schmerzender Verlust ist.

Es schien mir nützlich, zu sagen, daß wir nach diesem Verlust unsere Bemühungen um einen edleren Menschheitszustand verstärken müssen.

Ich ging von mir, von meiner Trauer aus. Ich glaube, ein Gedichtschreiber kann immer nur von sich ausgehen. Freilich darf er nicht bei sich stehen bleiben.

Paul Eluard ist für mich mit dem Himmel und mit dem Meer, den großen, ewig wechselnden, ewig sich wandelnden Landschaften verbunden. In der Natur liebe ich den Himmel und das Meer am meisten. Ich liebe sie zu jeder Tageszeit und zu jeder Jahreszeit. Auf Eluards Tod bezogen erinnerte ich mich nächtlicher Stürme am Meer. Ich dachte, daß ein Stück dunklen Nachthimmels, eine Wolkenwand, die vom Sturm in Horizontnähe abgerissen scheint, ein einprägsames und verstehbares Bild ist: «*Abgerissen ist der Himmel...*» Ich dachte auch, daß ein dunkel ruhender Horizont bei bewegtem Meer und wildem Himmel als verlassen und traurig empfunden werden kann: «*...von des Horizontes Trauer*». Ich dachte, daß viele Menschen gleich mir das plötzliche Abbrechen eines Sturmes, der soeben noch die Wogen und die Wolken emportrieb, wie einen Absturz des Meerwindes empfinden, ich dachte, daß ihnen dieser Absturz schrecklich scheint, und ich dachte mir, daß endlich die Verbindung zwischen dem Salz des Meeres, dem Salz der Tränen – also der Trauer des nächtlichen Meeres und meiner eigenen Trauer leicht herzustellen sei. «*Abgerissen stürzt der Meerwind in der Tränen weißes Salz*». Es ist ein wichtiges Mittel poetischer Produktion, daß sich der Gedichtschreiber mit dem, was er uns zeigt, identifiziert.

Leider ist mit diesem langen Absatz noch nichts über die vielen gedanklichen Querverbindungen der ersten vier Zeilen des Gedichtes gesagt. Ich gebe es auf. Ich bin der Meinung, daß man Gedichte nur mit sehr viel Kunstfertigkeit und sehr viel Papier erklären kann. Ich empfehle die Anordnung dazu als gelegentliche drakonische

Strafmaßnahme für Lyriker. Es kommt dem Vergnügen gleich, auf einem Billardtisch Auto zu fahren.

Ich sprach oben von meiner Absicht mit diesem achtzeiligen Gedicht. Die Wichtigkeit dieser Absicht wird von Paul Wiens nicht bestritten. Er bestreitet auch nicht, daß «eine Empfindung dichterisch mitgeteilt» wird. Er bestreitet lediglich, «daß die Übertragung auf einen größeren Kreis anderer» geglückt sei.

Damit hat Paul Wiens recht. Ich muß hinzufügen, daß ich schon beim Schreiben des Gedichtes gewußt habe, daß es nur die verhältnismäßig wenigen Menschen erreichen kann, die Eluard kennen und seinen Tod bedauern. Natürlich ist diese Einschränkung nicht gut, und natürlich auch wäre das Gedicht schöner und wertvoller, wenn es den gleichen Vorgang, die gleichen Gefühle, die gleichen Erlebnisse, die gleichen Gedanken jedem mitteilen könnte, der des Lesens kundig ist. Es tut mir leid, daß ich das nicht gekonnt habe, und selbstverständlich bin ich mit Gedichten nicht zufrieden, die so wenig Menschen erreichen.

Die schwere Verständlichkeit des Gedichtes liegt zum Teil an den starken Verkürzungen im zweiten Vierzeiler. Ich schreibe gewöhnlich zuerst viel mehr Verse, als ich später verwende. Dieses Gedicht zum Beispiel hat ursprünglich aus vier Vierzeilern bestanden. Bemüht, so dicht wie möglich zu schreiben, alle überflüssigen Worte und Gedankenverbindungen zu entfernen, alles Begriffliche ins Bild zu überführen, alles Fett wegzuschneiden, habe ich einige Muskeln, einige Brücken zum Verständnis ebenfalls entfernt. So ist der von Paul Wiens berechtigt bemängelten Zeile «Kauend, um die Nacht zu kürzen» ursprünglich eine andere Zeile vorausgegangen. Den Klang im Ohr, habe ich die Gerundiumform «kauend» auch in der verkürzten Fassung um des Wohlklangs willen erhalten. Ein Wohlklang aber, der den Sinn zerstört, ist sinnlos.

Es muß richtig heißen:

> *Weißes Salz, den Tod zu würzen. –*
> *Durchgebacken Totenbrot*
> *Kau' ich, um die Nacht zu kürzen,*
> *Die dem Flug des Kranichs droht.*

Es ist eine Frage, ob ich die Kenntnis, daß Salz und Brot noch heute – wenigstens in meiner Heimat – gebräuchliche Totengaben sind, und daß der Kranich vom Winter in den Sommer fliegt, voraussetzen durfte. Natürlich sollte das ein Gedichtschreiber wissen. Er sollte die Menschen, für die er schreibt, besser kennen als ich.

Die Redaktion der «Neuen Deutschen Literatur» sollte ein Gespräch über die Wege zu einer volkstümlichen Lyrik beginnen. Weder Gedichte dieser Art noch die gereimten Binsenwahrheiten und Binsengefühle, die unsere Lyrik zu beherrschen drohen, scheinen mir echte Wege zu sein.

Aus: «Neue Deutsche Literatur», Heft 6/1953. In Heft 3/1953 derselben Zeitschrift waren drei Gedichte Kipphardts erschienen, darunter sein dem Gedächtnis Paul Eluards gewidmetes «Nocturno». Dieses Gedicht war anschließend, wie die Redaktion der «N. D. L.» mitteilte, «in der Öffentlichkeit scharf kritisiert und als ‹reiner Formalismus› bezeichnet worden». Die Redaktion druckte neben Kipphardts hier wiederveröffentlicher Stellungnahme auch einen Beitrag von Paul Wiens. – Kipphardts Gedicht hatte folgenden Wortlaut:

Nocturno
Dem Gedächtnis Paul Eluards
(gestorben 18.11.1952, Paris)

Abgerissen ist der Himmel
Von des Horizontes Trauer.
Abgerissen stürzt der Meerwind
In der Tränen weißes Salz.

Weißes Salz, den Tod zu würzen –
Durchgebacken Totenbrot
Kauend, um die Nacht zu kürzen,
Die dem Flug des Kranichs droht.

Bemerkungen zu «Shakespeare dringend gesucht»

Der Traum der Dichter, den Himmel auf die Erde zu verlegen, die Schönheit mit der Wahrheit zu verschmelzen, hat mit der Verwirklichung des Sozialismus seine Strategie und seine Taktik bekommen.

Daraus ergibt sich die Parteilichkeit des Dichters: Indem er in unserer Zeit den ältesten poetischen Traum zu verwirklichen beginnt, indem er wirklich die Partei des Menschen, wirklich die Partei der Schönheit ergreift, wird er zum aktiven Mitkämpfer des revolutionären Proletariats.

Die Entscheidung des Schriftstellers wird notwendig zu einer politischen Entscheidung. Die Wahrheit seiner Arbeit muß sich den edelsten Ideen des Jahrhunderts, den Ideen des Kommunismus verbinden und wird nützlich im Klassenkampf.

Derartig parteinehmend, im Namen des Menschen, im Namen der Schönheit, im Namen der Zukunft den neuen sozialistischen Weltzustand begrüßend und fördernd, gerät der Satiriker in eine neue Lage.

Seine Aufmerksamkeit muß auf das Alte, Überlebte und Häßliche gerichtet sein, das er durch das Lachen zu zerstören unternimmt, weil es den neuen Weltzustand gefährdet. Gleichzeitig aber muß es ihm gelingen, das vernichtenswerte Alte mit dem Schönen und Zukünftigen zu konfrontieren. Der Weg in einen edlen, höheren Menschheitszustand darf von den Schatten der Vergangenheit nicht verdunkelt sein.

Daraus ergibt sich z. B., daß sich die negativen Figuren, die Objekte der Satire sind, in ihrer Umgebung nicht wohl fühlen. Der Intendant Schnell kann seine wirklichen Absichten und Überzeugungen nicht offen aussprechen.

Er ist ein hemmungsloser Karrierist. Alle seine Handlungen, seine Meinungen und Gedanken sind dem Wunsche voranzukommen untergeordnet. In unserer Gesellschaft muß er dieses Ziel hinter richtigen Ansichten, richtigen Argumenten verstecken. Er entwertet diese Ansichten zu Phrasen und Schlagworten und handelt fortwährend gegen sie. Er wird zum opportunistischen Schwätzer. Er preist Kritik und Selbstkritik und handelt gegenüber seinen Untergebenen als Despot, den höheren Dienststellen gegenüber als Schmeichler. Er fordert Kühnheit, er fordert Mut, Verantwortlichkeit und Eigeninitiative bei Entscheidungen und gibt jede Entscheidung auf, wenn er merkt, daß die getroffene Entscheidung unvorteilhaft für ihn sein könnte. Seine Lust zu organisieren führt nicht zu wirklicher Arbeit, sondern soll den vorgesetzten Dienststellen Arbeit vortäuschen. Er ist ein Oblomow der Tätigkeit. Dauernd bemüht, die offizielle Meinung von übermorgen zu erfahren, ist seine Loyalität opportunistisch und egoistisch. Seine Heuchelei zeigt sich auf verschiedene Weise. Manchmal ist er sich der Heuchelei selbst nicht bewußt, oftmals heuchelt er bewußt, in die Enge getrieben, lügt er offenkundig.

Derartigen Menschen gegenüber muß der Satiriker unversöhnlich sein. Sie sind nicht entwicklungsfähig. Das Lachen über Schnell soll unsere Menschen erziehen, gegen die Schnells in unserem Leben aufzutreten. Das Lachen soll unsere Menschen gegenüber Opportunisten und Karrieristen unduldsam machen und ihnen helfen, sie zu entmachten.

Auch im Falle des «kleinen Mannes» Färbel ist der Satiriker in einer neuen Lage. Es kann sich bei Färbel weder um den «kleinen Mann» handeln, den Gogol und Ostrowski so leidenschaftlich liebten, der gegen alle Unbill der Verhältnisse das Gute will und das Glück sucht und dessen komische Tragödien uns weinen machen, noch um den «kleinen Mann» Chaplin, der sich im komplizierten Dschungel der späten Bürgerwelt nicht mehr zurechtfindet, traurig umherirrt, scheitert und noch zugrunde gehend die zerfetzte Fahne unzerstörbaren Menschentums beschwörend hochhält. Um diesen «kleinen Mann» kann es sich heute nicht handeln, weil die Bedingungen des Sozialismus, die Bedingungen des neuen Weltzustandes dem «kleinen Mann» nicht feindlich, sondern freundlich sind. Sie ermöglichen ihm in immer stärkerem Maße die Entfaltung seiner schöpferischen Fähigkeiten. Die Komik beruht darauf, daß Färbel diesen Umstand noch nicht in vollem Umfange bemerkt hat. Er bejaht den neuen Weltzustand, er schwärmt von dieser endlichen Befreiung aller Menschen, er setzt alle Kräfte für diese Bemühung ein, aber nach seinen bisherigen kapitalistischen Erfahrungen kommt man nur auf Umwegen vorwärts. Er hat kein Zutrauen, die Wahrheit und das Glück auf legalem Wege zu erreichen. Er ist dem Leben und dem Menschen gegenüber nicht aufmerksam genug. Das führt zu seltsamen Verkennungen. Er weiß nicht, daß er gegen die alten Zustände, gegen die Rückständigkeit, die Morschheit, den Bürokratismus viele Verbündete hat. Seine Einsamkeit ist nicht mehr erzwungen, sondern selbst gewählt, und er verschuldet einen Teil der Widrigkeiten, weil er für seine Ziele untaugliche Mittel wählt. Der «kleine Mann» von früher handelte mit einer gewitzten Schläue, die von schlechten Erfahrungen diktiert war. Der «kleine Mann» Färbel handelt aus mangelnder Einsicht, aus mangelnder Klassenverbundenheit und aus mangelndem Vertrauen. Der Zuschauer soll mit seinen Zielen, seiner Hilfsbereitschaft, seiner Selbstlosigkeit, seiner menschlichen Zartheit sympathisieren, gleichzeitig aber die untauglichen Mittel, mit denen er sein Ziel erreichen will, kritisieren. Er soll wünschen, daß Färbel die Reste seines alten Bewußtsein verliert, um besser mit allen Menschen für unsere Gesellschaft zu arbeiten.

Färbel ist also keine rundum positive Gestalt. Er ist ein Held mit Fehlern, ein Held mit Schwächen, aber doch ein ehrlicher, liebenswerter Mensch, mit dem wir leiden, dem wir die Überwindung seiner Schwächen und Fehler wünschen. Ich glaube, daß der «kleine Mann» Färbel, der sich mit unseren Zielen ideell identifiziert, der für uns Partei nimmt und der sich aus mangelnder Klassenverbundenheit im täglichen Kampf distanziert und isoliert, häufig anzutreffen ist. Der Zuschauer soll ermuntert werden, den Färbel in sich zu überwinden und dem Färbel in seiner Umgebung zu helfen.

Neue Menschen sind Raban und seine Frau. Raban ist ein Dichter unserer Zeit, er weiß, daß das Schreiben beim Leben, bei der Kultur des Lebens, bei der Kenntnis des Lebens, bei der Kunst zu erleben beginnt. Er steht den Autoren (vor allem Monhaupt) gegenüber, die bewußt oder unbewußt eine morsche Auffassung von der Funktion des Schriftstellers in der Gesellschaft haben. Neben Raban und seiner Frau, neben Frau Mellin und bedingt auch Fräulein Glück ist die eigentlich positive Gestalt des Stücks der junge Fridolin. Sein Bewußtsein ist sozialistisch. Für ihn ist es natürlich, daß er sich frei entwickeln kann und daß er verantwortlich für alle Entscheidungen ist. Er bemerkt die getarnte Feindlichkeit Schnells und nicht minder die Schwächen seines Freundes Färbel. Er kennt den richtigen Weg und wird später weder ein Färbel noch ein Schnell werden. Er wird der allseitig gebildete, Wahrheit und Tätigkeit verbindende neue Mensch sein in einer Welt, die die Herrschaft des Menschen verwirklicht hat.

Beitrag Kipphardts im Programmheft zur Uraufführung seines ersten Stückes «Shakespeare dringend gesucht», Deutsches Theater Berlin, Heft 8 der Spielzeit 1952/53. Mit dem Stück wurde Kipphardt zu einem international bekannten Schriftsteller, in der DDR erhielt er für seine Satire den Nationalpreis für das Jahr 1953.

«Der Dämpfer»
von Paul Herbert Freyer

In unserer jungen zeitgenössischen Dramatik gehört Paul Herbert Freyer zu den erfolgreichsten Autoren. Nach seinem «Pfad der Irrenden» wurde «Der verlorene Posten», der das Schicksal deutscher Fremdenlegionäre in Vietnam behandelt, mehr als tausendmal in der Deutschen Demokratischen Republik, in Volkspolen und der Tschechoslowakischen Republik gespielt. Beide Stücke behandelten wichtige Fragen der Gegenwart außerhalb Deutschlands. Es ist richtig, daß Paul Herbert Freyer mit seinem Stück «Der Dämpfer» einen Stoff aus der Gegenwart, einen Stoff aus dem wirtschaftlichen Aufbau der Deutschen Demokratischen Republik nimmt. Er wendet sich damit der schwersten Aufgabe zu, die es für die junge deutsche Dramatik gibt, und wir wollen diesen Umstand in der kommenden kritischen Wertung seines neuen Stücks nicht vergessen. Freyer hat einige Jahre als Dramaturg am Theater gearbeitet und widmet sich jetzt ausschließlich seiner eigenen dramatischen Produktion. «Der Dämpfer» ist das erste Ergebnis seiner Arbeit als freier Schriftsteller.

Die *Fabel* des Stücks ist mit wenigen Sätzen zu erzählen. Im Wettbewerb liegt die Spinnerei einer Textilfabrik mit 32 Prozent vor der Zwirnerei. Unter Anleitung der Sekretärin der Betriebsparteileitung entschließen sich die Arbeiter der Zwirnerei, eine Brigade zu bilden und eine Vergrößerung des Garndämpfers vorzunehmen, um den Vorsprung der Spinnerei aufzuholen. Der Gewerkschaftssekretär und ein alter Arbeiter sind dagegen. In einer Gewerkschaftssitzung wird einem Gewerkschaftsfunktionär seine falsche Arbeitsweise und seine falsche Einstellung zu dem neuen Verbesserungsvorschlag klargemacht. Er revidiert sich, und die ganze Abteilung widmet sich der Durchführung des Verbesserungsvorschlages, der zum endlichen Sieg im Wettbewerb über die Spinnerei führt.

Zweifellos eine Fabel zu einem wichtigen Thema. Zweifellos ist es verdienstvoll, die revolutionären Vorgänge zu zeigen, die sich in unserer Produktion und im Bewußtsein unserer Arbeiter abspielen. Ich möchte sogar sagen, daß es eins der wichtigsten Themen unserer Gegenwart ist.

Es ist deshalb richtig, daß sich die Städtischen Bühnen in Gera

«Der Dämpfer» 75

dieses Stückes angenommen haben. Es ist richtig, daß sie das Stück mit dem Autor Freyer zusammen entwickelten und sorgfältig vorbereiteten. Ich meine auch, daß sich weitere Theater, besonders in den Textilgebieten, bereit finden sollten, dieses Stück aufzuführen.

Die Wichtigkeit des Themas darf uns aber nicht über den Umstand hinwegtäuschen, daß diese Fabel nicht genügend Substanz hat, um die wirklichen revolutionären Vorgänge zu gestalten und an einprägsamen, handelnden Charakteren zu erweisen. Es ist gut, wenn man eine Fabel in wenigen Sätzen erzählen kann, es ist aber schlecht, wenn jedermann nach dem ersten Satz den Fortgang der Fabel kennt und aus eigener Überlegung die Fabel vollenden kann. Mit einem Wort, es handelt sich um eine *schematische* Fabel aus diesem Themenkreis. Sie ist mir von vielen Versuchen zeitgenössischer Autoren bekannt, und ist eine Variation auf «Brigade Karhan». Man darf aber nicht vergessen, daß auch «Brigade Karhan» erst einen Anfang in der Bewältigung dieser Problematik darstellt und keineswegs ein Vorbild für Stücke aus unserer neuen Arbeitswelt sein kann. Eine derartige Fabel hat ihre Ursachen in einer flachen Aufmerksamkeit gegenüber den schweren Kämpfen innerhalb unserer Produktion, eine derartig phantasiearme Fabel kann allenfalls eine gewisse agitatorische Bedeutung haben, aber niemals das Gerüst zu einem wirklichen Drama sein. Freyer hat meiner Meinung nach, und damit macht er den Fehler vieler junger Dramatiker, der Entwicklung der Fabel zu wenig Beachtung geschenkt. Die Entwicklung der Fabel aber ist die wichtigste Aufgabe bei der dramatischen Arbeit. Ohne eine einprägsame und besondere Fabel kann es niemals gelingen, ein Stück zu schreiben, das tiefe Erlebnisse und Erkenntnisse vermittelt. Ein Stück mit einer schematischen Fabel kann sich niemals dem Theaterbesucher einprägen, denn sie ist ungeeignet, typische Charaktere *handeln* zu lassen. Zwischen der Fabel eines Stücks und den handelnden Charakteren bestehen innige Zusammenhänge. Besonders im Lustspiel sind interessante und vielseitige Charaktere die Voraussetzung für eine Fabel. Umgekehrt können sich die Charaktere ohne wirkliche Fabel nicht vielseitig entfalten.

Wie ist Paul Herbert Freyer mit der Schwierigkeit fertiggeworden, die dünne Handlung zu einem immerhin leidlich bühnenwirksamen Stück zu machen? Wie kommt es, daß die Textilarbeiter in Gera das Stück mit Vergnügen sahen?

Freyer hat es sich sehr einfach gemacht: Was an Substanz, was an

Konflikten, was an Charakterzeichnung fehlt, hat er durch lustige Episoden, durch humorige kleine Beobachtungen des Alltags aufgeputzt. So beginnt das Stück mit einer mehr als sechs Seiten umfassenden Episode vor der Werkskantine. In dieser Episode unterhalten sich verschiedene Arbeiter und Arbeiterinnen über saure Kartoffelstückchen, die es zu Mittag gibt. Es werden viele hübsche kleine Witzchen gemacht, aber auf den wirklichen Vorgang, auf die Exposition des Stückes kommt der Autor dabei nicht. Diese sechs Seiten sind aber fast ein Sechstel des Stücks, die Freyer mühelos vergeben kann, da ja die Fabel, die er sich vorgenommen hat, wirklich in drei kleinen Szenen abzuhandeln ist. Freyer hat es verstanden, den kleinen Alltag der Arbeiter einer Textilfabrik zu beobachten, aber man muß ihm sagen, daß dies keinesfalls genügt. Man muß ihm sagen, daß es ein ganz und gar falscher Weg in der Dramatik ist, eine arme Fabel mit hübschen Beobachtungen und Witzen aufzuputzen; man muß ihm sagen, daß es im Drama *nur handlunggebundene* Situationen geben darf.

Aus der Schwäche der Fabel folgt eine weitere Schwäche des Stücks: da sie die Entwicklung typischer Charaktere nicht erlaubt, rettet sich Freyer in bekannte «Volkstypen». Da ist der Vielfraß, da ist die dicke Köchin Schmuddl mit dem «goldenen Herzen», da wird der trockene Handlungskern in viele Witzchen verpackt, und während der Aufführung wird sich der Zuschauer der thematischen Leere des ganzen Stücks nicht bewußt. Freyer behandelt diese Episoden sehr geschickt. Er sammelt zweifellos derartige Beobachtungen, um sie später in Stücken zu verwenden. Ich glaube auch, daß Freyer talentiert ist. Gerade weil ich glaube, daß sein Talent mehr erreichen kann, kritisiere ich seine falsche Produktionsweise und seine Leichtfertigkeit bei der Behandlung dieses wichtigen Themas.

Die Ideenarmut des Stücks zeigt sich ganz folgerichtig auch in der Sprache. Auch hier ist Freyer bemüht, gewisse Redensarten, gewisse Schlagworte und Witze dem Alltag zu entnehmen, um das Stück damit «gefälliger» zu machen. Es gelingt ihm aber nicht, dem Stück einen wirklichen Sprachleib zu geben. Es gelingt ihm nicht, seine Gestalten mit ihrer Sprechweise zu *charakterisieren*. Auch hier beschreitet Freyer den Weg einer *falschen* Volkstümlichkeit. Es ist gut, auf die Sprache unserer Arbeiter zu achten; es ist gut, Sprichwörter, volkstümliche Redewendungen zu registrieren; aber es genügt nicht, sie einfach zu übernehmen. Der Dramatiker muß den

Sprachschatz des Volkes sehr gut kennen, er muß ihn aber in seiner eigenen Sprache weiterbilden. Er darf nur so viel an Umgangssprache verwenden, wie zur *Charakterisierung notwendig* ist. Darüber hinaus darf die Charakterisierung der Personen die dem Autor eigene Sprache nicht verwischen, sondern muß sie in ihrer ganzen Vielfalt zeigen. Freyer gibt seinen Charakteren gewisse stehende Redewendungen, wie «Ich bin dagegen» oder «Das habe ich alles genau berechnet». Eine unverwechselbare, nur diesem Charakter eigene Sprache haben die Gestalten damit nicht. Sie können auch keine eigene Sprache haben, da sie *keine intellektuelle Physiognomie* haben. Der Autor hat sich selbst nicht die Mühe gemacht, die besonderen Gedanken seiner Figuren nachzudenken. Der Autor kommt bei jeder Figur mit ganz wenigen Charaktereigentümlichkeiten aus. Das alles sind Kriterien des Schematismus, auf deren Gefahr ich Freyer hinweisen möchte, um ihm bei seinen kommenden Arbeiten zu helfen.

Schematisch auch ist zum Beispiel die Wandlung des Gewerkschaftsfunktionärs Ewald Müller, eines Mannes, der, mit vielen Funktionen belastet, keine einzige richtig ausfüllt, dem wir als eine Art Alleinherrscher im Betrieb begegnen und der in der Gewerkschaftssitzung auf Grund einiger Argumente und auf Grund der Tatsache, daß der alte Arbeiter, der immer dagegen war, nun mitmacht, zu einem ganz anderen Menschen, zu einem positiven Helden wird. Diese «Entwicklung» ist völlig unglaubwürdig. Auch hier folgt Freyer der falschen Einstellung vieler junger Dramatiker, die glauben, daß die Entwicklung eines Charakters in der durch richtige *Argumentation* hervorgerufenen völligen Wandlung des Charakters bestehe. Im Drama kann sich aber ein Mensch nur in einschneidenden, seine Existenz bedrohenden *Handlungen* wandeln. Unter der Entwicklung eines Charakters im Drama möchte ich vielmehr verstehen, daß die Gesamtheit seiner Charakteranlage allmählich durch den Gang der Handlung freigelegt wird, daß der Zuschauer immer mehr Seiten des Charakters kennenlernt. Niemals kann sich *auf der Bühne* ein Charakter durch bloße Einsicht in bessere Argumente entscheidend verändern.

Ich bin der Meinung, daß alle künstlerischen Schwächen und Fehler letztlich Schwächen und Fehler im Leben und damit in der Weltanschauung des Autors sind. Jeder Autor – wenn er die Argumente des Kritikers anerkennt – muß sich also fragen: Wo liegen diese Fehler in meiner Weltanschauung? Wenn Freyer in diesem

Stück seine Vorliebe für die idyllische kleine Episode bekräftigt, so wird er wahrscheinlich die großen Klassenkampffronten in unserer Zeit, die konfliktreichen Auseinandersetzungen, die sich allerorten in unserem Leben vollziehen, entweder nicht aufmerksam genug beobachten, oder er weicht den großen Konflikten aus, weil er fürchtet, sie nicht zu bewältigen. Das ist aber die Grundlage zu einer *Theorie der Konfliktlosigkeit*, die Freyer sich mit dem «Dämpfer» unbewußt zu eigen gemacht hat. Es muß auf die Gefahren einer derartigen Theorie hingewiesen werden, weil mir das dramatische Talent Paul Herbert Freyers ernsthaft gefährdet scheint. Er muß mutiger und ernsthafter an sich und an seinen Stücken arbeiten. Er darf den Konflikten nicht ausweichen, sondern muß sie gestalten, auch wenn sie unbequem oder schwierig sind.

Die Aufführung, in der Inszenierung von Hans Alva, war sorgfältig und mit dem Ernst vorbereitet, den ein zeitgenössisches dramatisches Werk von den Bühnen unserer Deutschen Demokratischen Republik fordern kann. Es ist verdienstvoll, das Stück trotz seiner Schwächen aufzuführen, zumal Gera ja ein Schwerpunkt unserer Textilindustrie ist. Hans Alva ist den richtigen Weg gegangen, wenn er das Stück von den lustigen Episoden her tragfähig zu machen versucht. Er vermied gleichzeitig die Gefahr, sich in humorige Einzelheiten zu verlieren und die dünne Handlung zu verdecken. Die leichte und natürliche Spielweise war dem Charakter des Stücks angemessen. Ich wünschte, daß sich in der Deutschen Demokratischen Republik viele Spielleiter mit so viel Mühe eines zeitgenössischen Autors annähmen!

Ich wünschte, daß eine so schöne Verbindung zwischen Theater und Autor, wie sie offenbar in Gera zwischen Freyer und dem Theater unter dem Intendanten Karl Eggstein besteht, an den Bühnen unserer Republik zur Regel würde.

Besonders gut gelungen scheint mir die Gestalt des alten Arbeiters Willi Böstels. Der Schauspieler Fredy Roth macht sie zu einer interessanten Gestalt. Seine zurückhaltenden Ausdrucksmittel, seine richtigen physischen Handlungen, die richtige Bühnengefühle erzeugten, ließen mich einen alten, mißtrauisch gewordenen Arbeiter sehen, dessen Vertrauen zwar schwer zu gewinnen ist, um den es sich aber zu kämpfen lohnt. Das war die beste schauspielerische Leistung des Abends.

Der Sorgfalt der regielichen Arbeit entsprach das Bühnenbild von

Theo Hug nicht. Theo Hug ist es nicht gelungen, den Raum eines besonderen Betriebes zu schaffen, der, mit einem besonderen künstlerischen Temperament gesehen, die neue Arbeit in unserer Republik charakterisieren könnte. Er hat irgendeinen farblosen Betrieb geschaffen, den man vielleicht häufig antrifft, der aber die Schönheit der neuen Arbeitswelt nicht charakterisierte und eine Funktion im Stück nicht behaupten konnte. Erschwerend für den Bühnenbildner mag die völlig unzureichende Beleuchtungsanlage sein, die den Prospekt nur ahnen ließ. Ich habe mir die Beleuchtungsanlage angesehen und festgestellt, daß sie nicht entfernt den Anforderungen entspricht, die wir heute an eine Beleuchtungsanlage stellen. Das ist keine technische Frage, das ist eine Frage des künstlerischen Realismus. Die Beleuchtung hat einen wichtigen Anteil an unseren Theatervorführungen, und es ist nach meiner Meinung nicht zu verantworten, ein wichtiges Theater wie Gera weiterhin mit so unzureichender Beleuchtung ausgestattet zu lassen. Welche Möglichkeiten gibt es, hier zu helfen?

Die Aufnahme des Stücks bei den Textilarbeitern in Gera bewies, daß das Stück bei all seinen Schwächen in unserer Zeit eine Funktion erfüllen kann. Eine sorgfältige Aufführung kann das Stück auch an anderen Bühnen nützlich machen.

Aus: «Theater der Zeit», Juni 1953.

Schreibt die Wahrheit

Ich kenne keine bedeutende Epoche in der Geschichte des Theaters, die nicht zugleich eine bedeutende Epoche in der Geschichte des Dramas gewesen wäre. Es gibt keine derartige Epoche, und es wird nie eine solche geben. Das Theater lebt vom Drama seiner Zeit. Große Schauspielkunst, große Regiekunst, wirkliche Ensemblebildungen und besondere Stile der Darstellungskunst entwickeln sich vor allem an den Dramen der Gegenwart. Indem sich ein Theater entschließt, den Stücken seiner Zeit zu entsagen, entschließt es sich, die Nahrung zu verweigern, entschließt es sich zu sterben, ist es tot, wie wunderbar jugendlich und künstlich es sich auch noch eine Zeit zu bewegen vortäuschen mag. Es gleicht einem Mann, dessen jugendliches Aussehen, dessen Charme, dessen rosige Haut, dessen Lachen, dessen ebenmäßige Zähne, dessen kräftiger Haarwuchs plötzlich schaudern macht, da man bei nahem Zusehen die Schminke, die Perücke und das künstliche Gebiß gewahrt, mit denen sich ein Greis verjüngte. Das ist die Situation des artistischen Theaters um des Theaters willen in der späten, imperialistischen Bürgerwelt, das sich dem Leben zu entziehen sucht und mit allen Mitteln der Verschönerungskunst die Gräber übertüncht und die Barbarei entschuldigt. Es ist ein unfruchtbares, es ist ein totes Theater. Aber es ist einleuchtend, daß die Herrschenden seine Jugendkraft loben. Es ist natürlich, daß die Toten im Parkett den Toten auf der Bühne Blumen zuwerfen.

Eine derartige Situation gibt es bei uns im Theater nicht mehr. Bei uns im Parkett sitzen nur noch verhältnismäßig wenige Tote, bei uns im Parkett sitzen junge Holzfäller, die ihre Axt an die Wurzeln des Todes gelegt haben. Bei uns im Parkett sitzen junge Zimmerleute, die entschlossen sind, die Erde bewohnbar und den Menschen menschlich zu machen. Sie wollen von dem Theater wissen, wie man das macht. Sie wollen von dem Theater wissen, wie die Welt, wie der Mensch heute beschaffen sein soll, um richtig handeln zu können. Sie wollen die Wahrheit wissen, ausschließlich die Wahrheit, ohne Beschönigung, ohne Kompromisse, die harte Wahrheit über den Menschen, den einzigen Gegenstand des Dramas. Das ist die Forderung des Volkes an die Dramatiker: «Schreibt die Wahrheit». Das antwortete Stalin den Schriftstellern, die ihn fragten, was sozialistischer Realismus sei. Ein einfaches Programm, das schwer zu erfüllen ist.

In dieser Lage kann niemand daran zweifeln, daß die Entwicklung unserer Gegenwartsdramatik die wichtigste Aufgabe unserer Theater ist, in ihrem eigenen, vitalen Interesse. Es ist nicht die einzige Aufgabe, aber es ist die wichtigste Aufgabe. Es gibt auch keinen Theaterleiter, der in einer Rede oder in einem Aufsatz daran zweifelte. In den Reden und in den Aufsätzen ist bei uns alles in bester Ordnung. Leider nicht in den Spielplänen, leider nicht in der praktischen Arbeit. Es gibt bei uns Theaterleiter, die in der Gegenwartsdramatik so etwas wie ein notwendiges Übel, so etwas wie ein illegitim gezeugtes Kind sehen, das man in Gottes Namen irgendwann und möglichst unauffällig unterbringen muß. Sie vergessen dabei, daß sie, daß die Theater, von diesem Kind ernährt werden. Sie vergessen, daß dieses Kind ein Riese werden muß, wenn wir von einer neuen Theaterkultur sprechen wollen. Es ist nicht klug, das Kind zu vernachlässigen, weil Goethe, Shakespeare und Kleist bessere Stücke geschrieben haben, und es ist dumm, das Kind zu vernachlässigen, weil der denkfaule Teil unserer Zuschauer bei Blumenthal und Kadelburg, bei Müller-Schlösser, bei «3 × Casanova» und der «Frau ohne Kuß» versichert sein will, nicht denken zu müssen.

Diese Theaterleiter scheinen anzunehmen, daß ein reicher, vielseitiger Spielplan mit einem unverbindlichen Spielplan identisch sei. Diese Theaterleiter scheinen anzunehmen, daß uns der Klassenkampf nach Erklärung der Politik des neuen Kurses den Gefallen tut einzuschlafen, und daß der Sozialismus eines schönen Tages – spontan entstanden – auf dem Frühstückstisch liegt. Das ist ein Irrtum. Der Klassenkampf muß geführt werden, und die Politik des neuen Kurses verlangt lediglich, daß er klüger und daß er im Theater mit den unbegrenzten schöpferischen Mitteln der Kunst geführt wird. Unser Repertoire soll so vielseitig wie möglich sein, es gilt, noch viel mehr Verbündete in allen Ländern und in allen Zeiten für unser Repertoire zu entdecken, es gilt, jede Kühnheit, jedes Experiment in dieser Hinsicht zu unterstützen.

Aber seit wann sind belanglose und unwahre Nichtigkeiten Experimente? Seit wann gehören sie zu unseren Verbündeten? Seit wann ist ein kompromißbereiter Opportunismus ein kluges Mittel im Klassenkampf? Wäre es nicht klüger, wenn sich unsere Bühnen zum Beispiel des talentvoll geschriebenen Stückes «Katzgraben» von Erwin Strittmatter annähmen? Wäre es nicht kühner, wenn sich unsere Bühnen der satirischen Komödien von Slatan Dudow erinnerten, die meines Wissens von den Spielplänen unserer Bühnen ganz verschwunden sind, obwohl die Uraufführung der Komödie «Der Feigling» im Deutschen Theater einen bedeutenden Erfolg erzielte. Sowohl Strittmatter wie Dudow stellen die Regisseure und die Schauspieler vor schwierige und interessante Aufgaben. Sollten es etwa gerade die Schwierigkeiten sein, die unsere Theaterleiter davon abhalten, diese Stücke zu spielen?

Nichtsdestoweniger bleibt: eine Reihe von Theaterleitern zieht die parfümierten Schaumspeisen gängiger Belanglosigkeiten den meisten Stücken unserer Gegenwartsdramatiker vor, und die Klassenrapporte scheinen ihre Entscheidung gutzuheißen. Meines Wissens ist mein satirisches Lustspiel «Shakespeare dringend gesucht» zur Zeit das einzige Gegenwartsstück, das an vielen Bühnen der

Deutschen Demokratischen Republik gespielt wird. Ich verstehe nicht, warum sich andere echte Theatererfolge, wie z. B. «Der Teufelskreis» von Hedda Zinner, so langsam auf die Spielpläne unserer Bühnen auswirken. Auch wenn es sich, wie hier, um ein technisch und besetzungsmäßig anspruchsvolles Stück handelt, verstehe ich das nicht. Warum werden die wirkungsvollen Stücke von Friedrich Wolf, warum werden die hervorragenden Stücke von Bertolt Brecht so selten gespielt? Warum kümmert sich niemand um das dramatische Werk von Arnold Zweig und Lion Feuchtwanger? Warum prüfen wir nicht ernsthaft die dramatischen Werke von Weisenborn, Zuckmayer, Bruckner, Ulrich Becher und anderen zeitgenössischen Autoren, um die unheilvolle Teilung der dramatischen deutschen Literatur zu beseitigen?

Zweifellos nutzen unsere Theaterleiter nicht die Möglichkeiten, die ihnen unsere zeitgenössische Dramatik bietet, zweifellos fehlt es ihnen dabei an echtem Interesse, an Entdeckerfreude und Experimentierlust.

Nichtsdestoweniger bleibt: viele unserer Zuschauer sind von den Stücken unserer Gegenwartsdramatik enttäuscht. Es wäre ein wenig lächerlich, wenn wir Dramatiker diese Lage allein den Theaterleitern oder gar den Zuschauern ankreiden wollten. Es ist wahr, daß unsere Dramatik in den letzten beiden Jahren vorwärtsgekommen ist, es ist wahr, daß einige Stücke der Forderung unserer Menschen: «Schreibt die Wahrheit!» nähergekommen sind, und es ist wahr, daß einige Theaterleiter dieses Vorwärtsgehen kaum bemerkt und infolgedessen nicht genügend unterstützt haben. Wir sind noch nicht weit genug vorwärtsgekommen, wir haben es noch nicht mit einer Front junger dramatischer Talente zu tun, die man bemerken muß, sondern mit einzelnen gelungenen Stücken in verschiedenen Genres, die Anfänge sind, die aber unsere Theatertheoretiker, unsere Kritiker und vor allem uns selbst veranlassen sollten, über die Theorie unseres Dramas zu denken und zu schreiben. Es fehlt nicht an Aufsätzen, die mehr oder minder prinzipiell und meistens recht wortreich allgemeine Forderungen erheben und Zensuren erteilen, aber es fehlt uns an Aufsätzen, die genau und detailliert Schwächen und Vorzüge einzelner Stücke analysieren, um daraus kluge Schlüsse für die Theorie unseres Dramas zu ziehen. Es ist unwichtig, ob diese Aufsätze von Kritikern oder Dramaturgen, von Regisseuren, Schauspielern, Dramatikern oder anderen Schriftstellern geschrieben werden. Alle zusammen machen die Kritik aus, und wir sollten bei dem Stand der Dinge das unfruchtbare Spezialistentum aufgeben. Das betrifft Theaterstücke, und das betrifft Theateraufführungen.

Die folgenden Bemerkungen werden dieser Forderung nicht Rechnung tragen. Sie beabsichtigen lediglich, auf eine falsche Einstellung aufmerksam zu machen, die meiner Meinung nach zu vielen Schwächen in unseren Stücken geführt hat.

Was mißfällt unseren Zuschauern an vielen unserer Stücke? Es mißfällt ihnen, daß sie nicht wahr und daß sie nicht interessant sind. Woran liegt das? Es liegt daran, daß wir unser Leben, unsere Menschen, uns selbst nicht gut genug kennen, es liegt daran, daß wir nicht tief genug erleben, daß wir nicht mit den Augen des Schriftstellers, nicht mit den Augen des Entdeckers erleben. Infolgedessen entdecken wir so selten etwas, infolgedessen gibt es in unseren Stücken so selten besondere, einprägsame, unvergeßliche Menschen, infolgedessen liegen der Fabel unserer Stücke so selten erzählenswerte, bewegende, beweiskräftige Geschichten zugrunde. Die meisten ihrer Geschichten würden unsere Dramatiker als besonderes Erlebnis ihren Freunden oder Nachbarn nicht zu erzählen wagen, denn als Privatleute wissen sie, daß man seine Mitmenschen nicht mit Alltäglichkeiten langweilen kann. Auf der Bühne wissen sie das nicht. Für die Bühne scheint es ihnen zureichend, sich in einem Werk, einer Produktionsgenossenschaft oder wo immer über die Lebens- und Arbeitsbedingungen informiert zu haben, um darauf eine alltägliche Geschichte oder eine armselige Handlungskonstruktion zu ersinnen, die sie mit uninteressanten Personen, die dem jeweiligen Stellenplan des Werkes oder der Produktionsgenossenschaft entsprechen, mehr oder minder zäh und sprachlich ebensowenig originell herunterschreiben. Dabei lernt der Zuschauer in der Regel den Arbeitsgang eines Eisenhüttenwerkes oder einer Konservenfabrik recht gut kennen. Dabei erfährt er auch etwas über bestimmte Wettbewerbsformen und Neuerermethoden, aber er erfährt leider recht wenig über die Menschen unserer Zeit und hätte wahrscheinlich mit größerem Gewinn die entsprechende Fachzeitschrift gelesen. Der Mensch aber ist der einzige Gegenstand des Dramas, und der Schriftsteller ist kein Ingenieur schlechthin, sondern ein «Ingenieur der menschlichen Seele».

Ich habe Stücke gelesen, die ich nicht verstand, weil ich die Fachausdrücke und die Abkürzungen nicht kenne und infolgedessen den langen Fachgesprächen nicht folgen konnte. Diese Dramatiker, die wahrscheinlich sehr stolz auf ihre Betriebskenntnisse sind, würden vermutlich lachen, wenn ich ihnen von einem Stück erzählte, das mir unlängst zugeschickt wurde und dessen zentrale Szene von einer Fernschachpartie und einem anschließenden Fachgespräch über die Behandlungsmöglichkeiten der Lues beherrscht wurde. In Wirklichkeit sind ihre Stücke auf einem ähnlichen, wenn auch nicht ganz so kuriosen Wege. Noch einmal: uns interessieren im Theater weder technische noch wissenschaftliche noch kunstästhetische Spezialfragen, uns interessiert einzig und allein die Wahrheit über den Menschen unserer Zeit, seine Konflikte, seine Auseinandersetzungen, seine Psychologie, seine neuen Charakterzüge, die der Dramatiker zu entdecken hat. Natürlich ist es nützlich, Lebens- und Arbeitsbedingungen der Menschen zu kennen, bei gewissen Arbeitsvorhaben ist es sogar notwendig; aber die schriftstellerische Neugierde, die schriftstellerische Erlebnisbereitschaft kann sich nicht damit begnügen. Aus einer oberflächlichen, statistischen Kenntnis unserer Menschen können nur oberflächliche Stücke entstehen. Wenn irgendein Sonderling in tausend Jahren auf den Einfall kommen sollte, sich unsere Menschen, unser Leben nach diesen Stücken vorzustellen, so wird er die niedrigen Zahlen unserer Selbstmordstatistiken für gefälscht halten. Er wird es nicht für möglich halten, daß so viele Menschen ein so langweiliges Leben ertragen haben. Er wird nicht ahnen können, daß bei uns, in diesen Tagen, in diesen Jahren der erste rühmenswerte Feldzug geführt wird, der Feldzug gegen die Dummheit, gegen die Armut, gegen die Ungerechtigkeit. Er wird nichts von den erbitterten, die ganze menschliche Existenz ergreifenden Kämpfen in den Herzen und in den Gehirnen, in den Fabriken und in den Schlafkammern, in den Universitäten und in den Bauernversammlungen erfahren und annehmen, daß sich die Menschen unserer Zeit auf verzweifelte Weise ähnlich waren, und er wird keine Lust haben, sie kennenzulernen.

Zum Glück sind die sogenannten Produktions- und Landwirtschaftsstücke mit ihren stereotypen Fabeln und ihren stereotypen Besetzungen in reiner Form selten geworden. Aber die Grundfehler finden sich immer noch in vielen unserer Stücke. Wie selten begegnet uns in unseren Stücken ein Mensch, den wir nicht vergessen, der etwas Neues, nie vorher Bemerktes bemerkbar macht, der unverwechselbar ist und gleichzeitig zum Typus geworden ist. Das aber gerade ist die Aufgabe von uns Dramatikern.

Es ist üblich, daß wir unsere Mitmenschen durch Gestalten aus der dramatischen Literatur charakterisieren. Wir sprechen von anderen Menschen als von einem Gretchen, von einem Shylock, von einem Hamlet, von einem Faust, von einem Tartüff, aber es ist nicht möglich, den dramatischen Helden X zu behalten, der zwar ein ordentlicher und arbeitsamer Mensch ist, der seine Frau gut behandelt und tüchtig in der Betriebsgewerkschaftsleitung arbeitet, jedoch leider kein Charakter im dramatischen Sinne ist und den man über den stärkeren Eindrücken des Lebens unmittelbar nach einer Theateraufführung vergißt.

Unsere Dramatiker leben nicht mit ihren Helden, gehen nicht sorgfältig genug mit ihnen um. Sie interessieren sich nicht für ihre Gefühle, ihre Gedanken, ihre Besonderheiten; deshalb haben ihre Helden keine Psychologie; deshalb wieder scheinen die Handlungen dieser Helden zufällig, unmotiviert. Sie sind einzig auf die Welt gekommen, um die Absichten des Dichters durchzuführen und seine Sentenzen zu sprechen.

Dieser Mangel an Psychologie zeigt sich zum Beispiel darin, daß unsere Dramatiker so gut wie überhaupt nicht den Monolog verwenden. Der Monolog aber, wenn er vor schweren Entscheidungen der Charaktere steht, vor Handlungshöhepunkten, ist eines der besten Mittel, die inneren Vorgänge der Charaktere klarzumachen. Die Charaktere sind nicht Transportmittel für die Gedanken des Autors, sondern die Gedanken des Autors sind dazu da, um die Gestalten zu charakterisieren. Ein dramatischer Gedanke ist keine Sentenz, ein dramatischer Gedanke muß aus der konfliktreichen Handlung aller Gestalten hervortreten.

Gerade den Konflikten aber weichen unsere Dramatiker in der Regel aus. Die Konflikte des alltäglichen Lebens sind meist heftiger als die Konflikte in unseren Dramen. Das Drama kommt aber mit der Konflikthöhe des alltäglichen Lebens nicht aus. Die Konflikte im Drama müssen heftiger, extremer, leidenschaftlicher als die Konflikte im Leben sein.

Die meisten unserer Dramatiker haben schon begriffen, daß eine bloße Abschilderung im Drama nicht viel nützt, sie richten ihre Aufmerksamkeit auf das Schöne, Gute und Neue in unserem Leben. Sie wählen bei ihren Charakteren die Charaktereigenschaften aus und reservieren ihrem Helden alles Gute, Schöne und Neue. Das aber gerade macht ihre Charaktere so langweilig, so unwahr und so konfliktlos. Unsere Dramatiker haben eine Tendenz zur

«Verschönerung» unseres Lebens, und wenn sie tatsächlich im Verlauf des Dramas auf einen Konflikt gestoßen sind, so tragen sie ihn nicht aus, weil sie ihren Helden nicht belasten wollen. Von dieser Schonung sind besonders die sogenannten positiven Helden betroffen.

Diese Autoren verwechseln den positiven Helden im Drama, den neuen Menschen, der es unternimmt, die Welt menschlich zu machen, und den es zu gestalten gilt, mit einer allseitig geglätteten, lächelnden, alles wissenden Idealfigur und lassen sie bei jeder passenden und unpassenden Gelegenheit wunderbare Belehrungen oder Zensuren verteilen. Derartige Menschen sind schon im Leben sehr lästig, auf der Bühne aber unerträglich. Sie werden auch nicht erträglicher, wenn unsere Dramatiker ihre idealen Helden Parteiarbeiter sein lassen.

Fürchten diese Dramatiker, die Autorität der Partei anzutasten, wenn sie Parteiarbeiter in Konflikten zeigen? Hat es bei uns nicht gute, tüchtige Parteiarbeiter gegeben, gibt es sie nicht heute noch, die, besten Willens, in schweren persönlichen Entscheidungen folgenschwere Fehler machen? Eine Partei, deren Entwicklungsgesetz Kritik und Selbstkritik ist, kann die Lebenswahrheit nicht fürchten. Sie fürchtet ganz im Gegenteil gerade die oben beschriebenen Helden aus Marzipan. Schönfärberei ist im Drama so schädlich wie in der Politik.

Diese positiven Helden sind auch um nichts gebessert, wenn ihnen der Dramatiker «kleine Mängel» gibt, die sie im Verlaufe des Stückes dann gewöhnlich in wortreichen Reueszenen ablegen. Eine religiöse Art von Reue ist aber durchaus nicht identisch mit Selbstkritik, Rührseligkeit nicht mit einer dramatischen Auflösung. Kleine Mängel führen im Drama nicht zu Konfliktlagen, sondern zu Meinungsverschiedenheiten, die wie ein schon vorher abgesprochener Boxkampf im Verlauf des Stückes ausgetragen werden.

Die negativen Helden haben in diesen Stücken meist ebensowenig eine intellektuelle Physiognomie wie die positiven. Sie finden sich in der Regel vereinsamt zwischen lauter guten Menschen und tun alles, was in ihren Kräften steht, um dem positiven Helden zu seinem Sieg und dem Stück zu einem glücklichen Ende zu verhelfen. Im offenkundigen Gegensatz zur Lebenswahrheit kämpfen sie keineswegs, und manchmal schrecken die Dramatiker nicht davor zurück, auch ihren negativen Helden eine Wandlung zukommen zu lassen. Der Bequemlichkeit halber – es ist für den Dramatiker bequem – wandeln sie sich in der «verdeckten Handlung», das heißt hinter der Szene. Da weder die positiven Helden noch die negativen auf der Höhe der Philosophie ihrer Zeit stehen, da es beiden an Originalität gebricht, kommt es auch nicht zu tiefen Auseinandersetzungen. Was aber um Gottes willen soll ein positiver Held denn tun, wie soll er seine Bedeutung denn zeigen, wenn ihm die negativen Charaktere so lebensunwahr entgegenkommen und alle Schattenseiten unseres Lebens vom Dramatiker rosenrot verschönt sind?

Die Tendenzen einiger Dramatiker, das Leben in ihren Stücken so lange zu polieren, bis es einem Farbfoto für eine Familienillustrierte gleicht, hat – wie alle Fehler in der Kunst – ihren Ursprung im Leben, in der Weltanschauung des Künstlers. Mir scheint, daß sich in diesen konfliktarmen Stücken, wo sich das Gute mit dem Besseren und das Bessere mit dem Besten streitet, die opportunistische Ansicht ausdrückt, daß sich der Sozialismus von selbst zu höheren Formen entwickelt, wenn einmal die ökonomischen Voraussetzungen geschaffen sind, und daß der Klassenkampf zumindest in der Kunst keinen Platz habe. Diese Ansicht ermöglicht kein wirkliches Drama, diese Ansicht, die bei uns von einer scholastisch kleinlichen Kritik gefördert wurde, die den Dramatikern den Mut nahm, führt zu dauernden Verstößen gegen die Lebenswahrheit im Drama, verhindert die Kühnheit dramatischer Zuspitzungen und macht unsere Stücke uninteressant.

Es kommt aber darauf an, kompromißlos und mit der Rücksichtslosigkeit schriftstellerischer Verantwortung die Wahrheit, nichts als die Wahrheit zu schreiben.

Aus: «Theater der Zeit», Mai 1954.

Theaterstück und Theateraufführung

Wenn ein Schriftsteller daran denkt, ein Theaterstück zu schreiben, sollte er sich überlegen, ob er nicht auf andere Weise sagen kann, was er Neues vom Menschen weiß, was er für wahr, für schön, für lächerlich, für grausam oder für traurig hält und was zu wissen wichtig wäre für andere. Denn indem sich ein Schriftsteller für das Theater zu schreiben entscheidet, entscheidet er sich, andere, Theaterleute sehr eigener und keinesfalls leicht berechenbarer Art, zu Mitarbeitern seiner Gedanken, seiner Liebe, seines Hasses, seiner Beweisführungen zu machen. Anders als bei einem Stück Prosa oder einem Poem. Ein Theaterstück hat nicht begonnen, wenn sein Autor die erste Szene schreibt, und ein Theaterstück ist nicht zu Ende, wenn sein Autor «Vorhang» schreibt. Ein Theaterstück ist heute zwar der wichtigste Faktor einer Theateraufführung, aber es ist nur *ein* Faktor, und es gab Zeiten, wo es nicht einmal der wichtigste war.

Eine Theateraufführung ist die gemeinsame Arbeit vieler Kunstdisziplinen und einiger Wissenschaft. Es arbeiten an ihr die Schauspieler, die Maler, die Musiker, die Tänzer, es arbeiten an ihr die Maskenbildner und die Kostümbildner, die Beleuchter, die Requisiteure, die Tischler, die Kascheure und die Toningenieure, die Vergolder und die Vorhangzieher, die kleine Tänzerin, die fünf schnelle Schritte über einen Platz zu machen hat, und der Regisseur, der nach zwei Monaten täglicher Probenarbeit von der Vergeblichkeit seiner Bemühungen überzeugt ist. Sie alle arbeiten an der schwierigen Partitur einer Theateraufführung, die mehr als der Text des Stückes ist und die häufig etwas anderes als der Text des Stückes ist. Die Vielfalt der Kunstmittel zur Einheit zu bringen, das ist das Risiko des Theaters, das einzuschränken, aber nicht aufzuheben ist. Die Einheit aber des Vielfältigen ist es, die in seltenen glücklichen Fällen die Schönheit des Theaters ausmacht, die aufregender, kräftiger und genußvoller ist als das geschriebene Wort.

Auch in unserem wissenschaftlichen Zeitalter behält das Theater etwas riskant Abenteuerliches, das der Stückeschreiber zu berechnen und in seinem Risiko einzuschränken versucht. Der Text eines Theaterstückes soll gleichzeitig die Partitur einer Theateraufführung sein. Der dramatische Dialog muß nicht nur zu lesen, sondern auch zu spielen sein. Er muß die gestische Phantasie des Schauspielers anregen und gleichzeitig seine Spielweise zu bestimmen suchen. Er muß die szenische Phantasie des Regisseurs und aller anderen Beteiligten anregen und gleichzeitig die Einheit des Vielfältigen, den Stil einer Aufführung, die Pausen, die Tempoabläufe zu bestimmen suchen. Das ist eine zusätzliche Schwierigkeit des Schreibens, und in der Regel wird sie der Schriftsteller nur bewältigen, wenn er das Theater, wenn er die an einer Aufführung beteiligten Künste in ihren Wirkungsmöglichkeiten kennt. Natürlich will sie ein Dramatiker nicht kennenlernen, um sich der Routine eines möglicherweise verkommenen Theaters zu unterwerfen, sondern um die Theaterkunst für seine hoffentlich ein wenig neuen Absichten zu nutzen, möglicherweise umzubauen und weiterzuentwickeln. Es gibt viele Arten, das Theater kennenzulernen, die einfachste ist, ein Mann des Theaters zu werden oder doch eine Zeit in einem Theater zu arbeiten.

Wenn ich ein Stück schreibe, überlege ich mir, meistenteils schon während der Vorarbeit am Stoff, bei der Arbeit an der Fabel und den Charakteren, mit welchen Schauspielern die wesentlichen Rollen vollkommen zu besetzen wären. Dabei denke ich nicht nur an Schauspieler, die mir bei einer Aufführung zur Verfügung stehen könnten, sondern an alle Schauspieler der Welt, die ich von ihren Arbeiten her kenne, und die sich mir eingeprägt haben. Diese Orientierung an einem idealen Schauspieler engt meine Phantasie nicht ein, sondern konkretisiert sie. Indem ich beim Schreiben an einen Schauspieler denke, taucht ein neuer Faktor in der Arbeit auf: das Vergnügen, die szenische Situation von einem großen Schauspieler gespielt zu sehen. Dabei sehe ich die Szene zwangsläufig mit den Augen eines Schauspielers, und ich prüfe ihre mimische Ergiebigkeit.

Als ich an «Shakespeare dringend gesucht» arbeitete, das war Ende 1951/52, war der Einfluß eines Schauspielers auf meine Arbeit noch bedeutender, als ich es soeben beschrieben habe.

Auf einer Reise nach Wien hatte Wolfgang Langhoff den jungen Schauspieler *Rudolf Wessely* engagiert. Da wir ihn nicht kannten und da er ungeduldig auf seine Berliner Chance wartete, improvisierte er eines Nachmittags eine Reihe komischer Rollen vor den Mitgliedern der Theaterleitung auf leerer Bühne. Der Erfolg war unerwartet stark, das Auditorium von sechs oder sieben nicht besonders reaktionsfreudigen Fachleuten lachte anhaltend wie an einem hinreißend komischen Theaterabend. Ich sah auf den linkischen, unscheinbaren jungen Mann, der als Sosias mit seinem Doppelgänger, dem Gott Merkur, um seinen Namen, sein Menschsein, seine Existenz kämpfte, erschütternd tragisch und gleich darauf bauernschlau komisch kämpfte und gleich darauf dasaß, des Namens beraubt durch Prügel, des Menschseins beraubt von den Göttern, Sosias und ein moderner Mensch, dem nach zwei Weltkriegen der Zusammenhang der Welt undurchschaubar geworden ist. Ich sah diesen Schauspieler ohne Pause in einen amerikanischen Schwank übergehen, einen in sich versponnenen Menschen darstellend, der in seiner Einbildung ständig von einem überlebensgroßen Hasen begleitet ist, den zuerst niemand anderes sieht, und dessen Imaginationskraft so groß ist, daß ihn schließlich alle, sogar die Nervenärzte, sehen. Ein belangloser Schwank bekam Bedeutung, bekam Tiefe, war auf die Lage des Menschen in der absurden, neurotisch gewordenen späten Bürgerwelt beziehbar. Die Komik Wesselys hatte in ihrer Art manches Chaplineske, und sie ließ gleichzeitig in ihrer resignanten Wehmut an die Schule der Wiener Volkskomiker denken, aber da war für mich auch etwas unübersehbar Neues, Heutiges. Sie hatte an den persönlichsten Stellen einerseits noch die philosophische Skepsis des modernen Menschen und wußte andererseits bereits, daß der Mensch nicht zu zerstören ist, daß der Mensch die Erde bewohnbar machen kann. Er war ein Moralist in seiner Komik, er hatte einen starken ethischen Fundus, der ihn über der komischen Situation nie den ganzen Charakter, den ganzen Menschen vergessen ließ. Ich hatte das Gefühl, die erste Wegstrecke eines bedeutenden komischen Talentes, eines bedeutenden Menschendarstellers zu sehen. Nach dieser ersten Begegnung wurden wir miteinander bekannt, und später wurden wir in vielen gemeinsamen Arbeiten Freunde.

Schon bei meinem ersten Plan zu «Shakespeare dringend gesucht» wußte ich, daß die Hauptfigur, den Amadeus Färbel, der in Berlin noch so gut wie unbekannte junge Rudolf Wessely spielen würde. Ich entwickelte ihm meinen Plan, und ich denke mit Vergnügen an den klugen Fanatismus, mit dem Wessely über ein Jahr hin meine Arbeit verfolgte und an ihr teilnahm. Es verging kaum eine Nacht, ohne daß er mich am Telefon über den Fortgang meiner Arbeit verhörte, es verging kaum ein Nachmittag, an dem wir nicht über ein szenisches Detail oder über ein Paar alte Schuhe für Färbel oder über eine theoretische Frage des Komischen in unserer Zeit gesprochen hätten. Wessely arbeitete an der Rolle, lange bevor das Stück fertig war, lange bevor man wußte, daß das Deutsche Theater ein Stück annehmen würde, das einen Angriff auf eine Reihe von Borniertheiten unternahm, die in der damaligen Phase des sozialistischen Aufbaus verbreitet waren. Er arbeitete mit seiner ganzen Person daran, und mir schien, daß er sich sogar in seinem Alltag ein bißchen wie Färbel verhielt.

Als wenige Tage nach dem konterrevolutionären Putschversuch

des 17. Juni die vorgesehene abendliche Generalprobe unversehens zu einer Abendvorstellung vor einem zusammengewürfelten Publikum wurde, als tags darauf die Premiere stattfand, wurde die Uraufführung zu einem Triumph für den kleinen Mann Amadeus Färbel, für Rudolf Wessely, einen Schauspieler, wie wir jungen Dramatiker ihn brauchen.

Aus: Deutsches Theater. Bericht über 10 Jahre. Henschelverlag, Berlin (DDR) 1957.

Zu einigen Fragen des heutigen Theaters

Vor einiger Zeit verglich Fritz Erpenbeck im «Neuen Deutschland» die Aufführung von «Viel Lärm um Nichts» des Moskauer Wachtangow-Theaters mit der Inszenierung des «König Lear» im Deutschen Theater. Fritz Erpenbeck zog in dieser Kritik – erschienen unter dem Titel «Blutarmes Theater» – Schlußfolgerungen, die alle Theaterleute, die ein neues, ein sozialistisches Theater machen wollen, verwirren müssen. Ich werde zu beweisen suchen, daß Fritz Erpenbeck in dieser Kritik ein in allen Zügen herkömmliches bürgerliches Theater vorschwebt, und daß er die kunstästhetischen Maßstäbe dieses herkömmlichen Theaters in seiner Kritik anlegt.

Zu den kunstästhetischen Kriterien von Fritz Erpenbeck: Er sieht in der Aufführung von «Viel Lärm um Nichts» seine kunstästhetischen Ideale erfüllt. Er findet die Aufführung blutvoll, leidenschaftlich, gesund, komödiantisch. Er findet, daß die russischen Schauspieler aus sich herausgehen, daß sie keine Angst vor dem Theater haben, und daß sie großes Pathos mit großen Gesten geben, da es sich um Verse handle und da sich großes Pathos mit großen Gesten bei Versen eben gehöre. Er geht bei seiner Kritik nicht von künstlerischen Absichten aus. Er verzichtet darauf, irgendeine künstlerische Absicht zu finden. Keine Beweisführung, keine Konzeption. Fritz Erpenbeck vermißt beides nicht. Es genügt ihm, daß blutvoll, leidenschaftlich und komödiantisch gespielt wird. Was da interpretiert wird, was da gespielt wird, erfahren wir nicht.

Beim «König Lear», den Wolfgang Langhoff inszenierte, wendet Erpenbeck die nämlichen Kriterien an. Erpenbeck findet, daß nicht blutvoll, nicht komödiantisch, nicht gesund gespielt werde. Es mißfällt ihm, daß sachlich, nüchtern, modern gespielt werde. Er vermißt Wildheit, Pathos und Erschütterung. Er fordert, daß «der Zuschauer von dem leidenschaftlichen Spiel, von dem großen, zutiefst ehrlichen komödiantischen Theater erschüttert werde». Auch hier untersucht Erpenbeck nicht, was das Theater wollte, welche Fabel erzählt wurde, welche Konzeption, welche Beweisführung das Theater anstrebte.

Er verzichtet also in beiden Fällen zu untersuchen, zu welchen Zwecken die Mittel des Theaters und die Mittel der Schauspielkunst eingesetzt werden. Er fordert Theater an sich, Leidenschaften an sich, Pathos an sich, Blut und Gesundheit an sich. Wir haben es mit einer formalen, jeder inhaltlichen Kritik entsagenden Rezension zu tun. Sie fordert die Theaterleute auf, eben keine Angst vor dem Theater zu haben und nur mit genügend Selbstvertrauen blutvoll, leidenschaftlich, komödiantisch und pathetisch erschütterndes Theater zu machen. In der Konsequenz fordert er damit die Theaterleute auf, im alten Trott des herkömmlichen bürgerlichen Theaters fortzufahren.

Bürgerliches Theater und gesellschaftliches Abbild

Eine solche Forderung ist absurd, denn das herkömmliche Theater mit seinen herkömmlichen Darstellungsweisen kann der neuen revolutionären Klasse, dem Proletariat, nicht die Erkenntnisse liefern, die es für den Umbau der Gesellschaft braucht. Das herkömmliche bürgerliche Theater aller Spielarten ist bisher nicht imstande gewesen, richtige Abbilder gesellschaftlicher Vorgänge zu bieten. Es hat großartige Ergebnisse aufzuweisen, besonders was die Schilderung von Leidenschaften und seelischer Zustände angeht, aber es hat in der Darstellung auf dem Theater die Leidenschaften und die innerseelischen Zustände gleichzeitig zu den Triebkräften für die Entwicklung der Welt gemacht. Es hat keine Methode entwickelt oder doch nur sehr ungenügende, die Ursachen von Leidenschaften darzustellen, und es hat sich um die soziologischen Sachverhalte so gut wie überhaupt nicht gekümmert. Das herkömmliche Theater wendet weder in seiner Dramaturgie noch in den übrigen Künsten des Theaters die materialistische Dialektik an.

Das Bürgertum hat zwar im Verlauf seiner Herrschaft die modernen Wissenschaften entwickeln müssen, aber es vermeidet am Ende seiner Herrschaft, daß die Verhältnisse in der Bürgerwelt der wissenschaftlichen Betrachtung unterworfen werden. Es vermeidet die wissenschaftliche Betrachtung, weil sie das Ende der Herrschaft des Bürgertums begünstigen würde. Wir erfahren im bürgerlichen Theater einiges über die Struktur der Gesellschaft, bezeichnenderweise aber auch darüber um so weniger, je geringer die revolutionären Qualitäten des Bürgertums wurden. Die Kunst des bürgerlichen Theaters vom Ausgang des 19. Jahrhunderts bis zum heutigen Tage verwendet immer mehr Mühe darauf, Leidenschaften ohne Ursache und ohne Folgen darzustellen. Sie ist immer stärker bemüht, die Leidenschaften als ewig, den Menschen und die gesellschaftlichen Zustände als unveränderbar zu behaupten. Das herkömmliche Theater hat das Gefühl dem Wissen gegenübergestellt, als wenn da Gegensätze wären.

Was steht hinter den Leidenschaften?

Gerade die Sachverhalte aber, die das herkömmliche bürgerliche Theater nicht darstellt und mit seinen herkömmlichen Methoden auch nicht darstellen kann, interessieren die neue Klasse, interessieren das Proletariat. Die Aufgabe eines sozialistischen Theaters ist es daher, das herkömmliche Theater so zu verändern, daß es dem Proletariat nützliche Sachverhalte über die Menschen und über die Welt liefert. Es muß Methoden ersinnen, die zeigen, daß die Konflikte der Leidenschaften Zusammenhänge mit den Konflikten der Klassen haben; es muß die Widersprüche in den Verhaltensweisen der Menschen zeigen, die gesellschaftlichen Widersprüche, es muß zeigen, daß da Ursachen sind für Gefühle, Ursachen, die von Verhältnissen abhängen, die von Menschen gemacht sind und die durch Menschen geändert werden können. Es muß die großen Klassenschlachten zeigen, die hinter den Leidenschaften stehen, es muß dem Proletariat Material liefern, wie es in den Klassenschlachten siegen kann.

Dabei wird sich das sozialistische Theater natürlich der Ergebnisse des bürgerlichen Theaters bedienen, es wird natürlich nicht darauf verzichten, Leidenschaften und Seelenzustände zu schildern, aber es wird sich nicht damit begnügen können. Es wird die Leidenschaften als historisch und materiell bedingt zeigen. Es wird den

Menschen als ein veränderbares Wesen zeigen, und es wird dem Zuschauer Mut machen müssen, die schwierige, aber auch vergnügliche Veränderung des Menschen und der Gesellschaft ins Werk zu setzen. Anders gesagt: Das herkömmliche bürgerliche Theater hat entweder die gesellschaftlichen Vorgänge ausgeklammert, oder es ist zu falschen Abbildungen gesellschaftlicher Vorgänge gekommen. Das trifft auf den gehobenen Klassikerstil so gut zu wie auf den Naturalismus. Das trifft auf den Expressionismus so gut zu wie auf die verschiedenen neuen Stilrichtungen, die einen Augen- und Ohrenschmaus statt der gesellschaftlichen Wahrheit geben.

Die Versuche, zu neuen Methoden zu kommen, die dem Proletariat endlich richtige Abbildungen gesellschaftlicher Vorgänge geben, müssen auf breiter Front vorgenommen werden. Es wäre meiner Meinung nach unklug, eine bestimmte Richtung für die einzig richtige oder mögliche zu halten. Die Ergebnisse werden beweisen müssen, welche Methoden am besten geeignet sind, die skizzierten Aufgaben zu lösen. Auf jeden Fall aber muß es in dieser Phase in unserer Entwicklung falsch sein, die Autoren auf das Einmaleins der Ibsen-Dramaturgie zu verweisen. Auf jeden Fall muß es in unserer Phase der Entwicklung falsch sein, die Künstler des Theaters aufzufordern, sich «blutvoll», «komödiantisch» und «gesund» dem herkömmlichen Theater hinzugeben. Die Geschichte hat erwiesen, daß die herkömmliche Dramaturgie und die herkömmliche Theaterkunst zwar für manche Aufgaben benutzbar sind, aber daß sie gleichzeitig für die Bedürfnisse einer neuen Klasse nicht ausreichen.

Das sozialistische Theater braucht neue Maßstäbe

Ich bin davon überzeugt, daß Fritz Erpenbeck so entschieden wie ich ein sozialistisches Theater, ein Theater der richtigen Abbildung gesellschaftlicher Vorgänge will, aber er ist gleichzeitig der Meinung, daß dies mit herkömmlichen, alten Theatermitteln zu machen sei. Das ist der Irrtum, den Fritz Erpenbeck in seinen Kritiken immer wieder begeht, das ist der Grund, warum Fritz Erpenbeck die Theaterbemühungen Brechts nicht verstanden hat, das ist der Grund, warum Fritz Erpenbeck jeden methodischen Versuch, die Grenzen des herkömmlichen Theaters zu durchbrechen, mit Unbehagen betrachtet. Wir Theaterleute brauchen aber eine Kritik, die uns nicht dauernd in den Rücken fällt, indem sie Maßstäbe des bürgerlichen Theaters anlegt, wir brauchen eine Kritik, die endlich beginnt, die Bemühungen um neue Methoden, die zu einem sozialistischen Theater führen können, mit Sachkenntnis zu begünstigen. Ein Theater, das auf die Darstellung neuer Sachverhalte aus ist, braucht kluge Gedanken, braucht eine strenge, kompromißlose Beweisführung. Es muß die erdachten alten und neuen Geschichten, die Fabeln auf neue Weise mit den Kenntnissen und mit den Augen unserer Zeit berichten. Es muß dies sauber, deutlich und exakt tun. Es versteht sich von selbst, daß auf der Grundlage eines richtigen Fabelberichtes alle Mittel des Theaters, der Phantasie und der Schauspielkunst eingesetzt werden müssen, um das Erkennen neuer Sachverhalte vergnüglich und unterhaltsam zu machen. Wir wollen das Vergnügen auf dem Theater nicht einschränken, sondern größer machen. Wir wollen den Vergnügungen des Theaters neue, dem Bürgertum nicht bekannte Vergnügungen hinzufügen. Das Theater wird kein Turnsaal bleiben, in dem Seelengymnastik getrieben wird, das Theater wird kein Treibhaus «ewiger» Kleinbürgergefühle bleiben, das Theater in unserer Zeit wird die Vergnügungen des Wissens vermitteln. Das sind größere, phantasievollere, aktivere Gefühle, als das bürgerliche Theater liefern konnte.

Aus: «Neues Deutschland», 14. Juli 1957. Vorausgegangen war am 30. Mai 1957 ein Artikel von Fritz Erpenbeck; am 25. Juli folgte eine Erwiderung auf Kipphardts Beitrag von Henryk Keisch. – Erpenbeck gehörte (neben dem Kritiker Walther Pollatschek) zu den schärfsten Widersachern Kipphardts in den kulturpolitischen Kontroversen der fünfziger Jahre. 1962 dann schrieb Erpenbeck in einer Kritik von Kipphardts Stück «Der Hund des Generals», dieses Werk sei ein «Kotau vor der herrschenden Klasse Westdeutschlands», Kipphardt habe sein «scheinmarxistisches ideologisches Mäntelchen» endlich abgeworfen («Theaterdienst», 31. März 1962).

4.
Ein Volkstheater

Aus der dramaturgischen Arbeit

Während seiner Dramaturgen-Zeit am Deutschen Theater schrieb Heinar Kipphardt etliche Beiträge für die Programmhefte der Bühne und für deren Zeitschrift «Neue Blätter». Mehr als zwei Dutzend solcher Aufsätze entstanden, die meisten davon in der ersten Hälfte der fünfziger Jahre. Kipphardt begründete Spielplan-Entscheidungen, er führte in die Ästhetik der gespielten Stücke ein, erläuterte sozialgeschichtliche Hintergründe. Im folgenden drucken wir eine Auswahl seiner Artikel.

Die Texte zeigen Kipphardts Position als Befürworter eines breiten Repertoires. Vor allem bei klassischen Werken arbeitete er pointiert die gesellschaftskritischen Implikationen heraus. Zugleich bekannte er sich zum Konzept der Werktreue und zu einer engen Verbindung von Autor und Bühne.

Sein besonderes Augenmerk galt der sozialistischen Gegenwartsdramatik. Aber Zeitstücke von literarischer Qualität waren in den frühen Jahren der DDR schwer zu finden; Kipphardts satirisches Stück «Shakespeare dringend gesucht» (1953) gibt darüber beredt Auskunft. Gegen platte Belehrung auf dem Theater wandte Kipphardt sich stets; «ein schlechtes sozialistisches Stück wirkt antisozialistisch», lautete seine Überzeugung. Seine Unterstützung gab er dramatischen Talenten wie Alfred Matusche, den er gegen die Vertreter doktrinärer Kulturpolitik und Ästhetik verteidigte.

Theaterarbeit war für Kipphardt stets nur als kollektiver Prozeß denkbar. Mit Kollegen wie dem Bühnenbildner Heinrich Kilger und den Schauspielern Rudolf Wessely und Ernst Busch entstanden in diesen Jahren Freundschaften, an denen Kipphardt lebenslang festhalten sollte.

Von 1945 bis 1953

So bedeutend die Impulse sind, die von diesem Hause in die Welt gingen, so umfassend war die Katastrophe zu Ende der Barbarei. Wir standen vor einer verehrungswürdigen, verpflichtenden Vergangenheit und wußten doch, daß wir neu beginnen, daß unser Theater die Forderung unserer Tage zu erfüllen habe, wenn es sich seiner Geschichte wert zeigen wollte.

Wir schauten uns um. Da war Otto Brahm, der Entdecker Hauptmanns und Ibsens. Da war der Gedanke verwirklicht, daß ein Theater zuerst und vor allem dem Dichter zu dienen habe, dem Dichter freilich, der die neuen Landschaften der Geschichte, der den neuen Auftrag des Menschen seiner Zeit am entschiedensten begreift und für andere greifbar macht. Da war der Gedanke, daß das Werk eben dieses Dichters nur mit einer Gemeinschaft zu erarbeiten sei, die sich mit den Absichten des Dichters verbinden kann, da war der Gedanke des Ensembles, und da war der Gedanke, daß dieses Ensemble ein Publikum ergreifen müsse, das seine Hoffnungen, seine Wünsche, seinen Willen zur Veränderung der Welt vom Dichter ausgesprochen fand und lebendig verbreitete. An diese Werktreue anknüpfend, nahmen wir uns vor, ein Theater des Autors zu werden. Wir sahen auf Max Reinhardt, und uns bestach die Poesie seiner Aufführungen. Uns bestach die Vollkommenheit, mit der er das Werk eines Dichters weiterdichtete, uns bestach der Reichtum, mit dem er alle Künste in den Dienst des Dichters stellte. Da war der Glanz, da war die Fülle des Theaters als Gesamtkunstwerk. Da waren die immer neuen Entdeckungen theatralischer Möglichkeiten, da war die beglückende und manchmal entrückende Partitur des Theaters geschrieben. Da war aber auch die Gefahr des Theaters um des Theaters willen, und da waren – nach dem Abschied Max Reinhardts – in den dunkelsten Jahren der deutschen Vergangenheit glanzvolle Aufführungen, während Blut über die Straßen lief.

Wir begriffen, daß man nicht Theater spielen kann, ohne Partei zu nehmen. Partei für das Leben, Partei für den Menschen, Partei für die Zukunft. Wir begrüßten den neuen Weltzustand, den die Oktoberrevolution 1917 eingeleitet hat, und spielten für das Volk, beabsichtigend, diesen neuen, höheren Weltzustand zu begünstigen, beabsichtigend, der Wahrheit, der Schönheit, der Menschlichkeit zu dienen. Wir nahmen uns vor, die guten Traditionen unseres Hauses mit unseren neuen Kenntnissen und mit der Arbeit des großen realistischen Theaters Stanislawskis und Nemirowitsch-Dantschenkos zu verbinden.

Wir nahmen uns vor, ein Volkstheater zu werden.

Aus: 70 Jahre Deutsches Theater. Berlin (DDR) 1953.

Dr. Wilhelm Krey – oder die zeitdeutsche Revolution im Hause des Imperialismus

«Ich wies euch unsere durch Geschichte bestätigten Tugenden, und welche neuen Tüchtigkeiten der Zeitdeutsche durch Assimilierung annektierter Stämme hinzugewonnen hat... Mit Bewußtsein forschen wir nach unserem Wesentlichen, heben die neue deutsche Idee, die jede Seele im Vaterland mit gleicher Sorge umfaßt, hoch über den verwaschenen Zeitgeist... Und es erhellt: die eigenen Eigenschaften und Ziele eines großen Volkes schlafen noch!» Dies schreibt Dr. Wilhelm Krey, Sekretär Christian Maskes von Buchow, an die Geschäftsleitung des Jungnationalen Verbandes Berlin. – 1913: Wie fern: «...die Ziele eines großen Volkes schlafen noch.» Wie fern... Wie nah, als sie erwachten. «Deutschland erwache!» «Juda verrecke!» 1913 bis 1945. Quälend nah, bis unter die Haut gegenwärtig. «Machttaumel! Menschen bewältigen! Recht so! Das ist Rasse!» kommentiert Christian Maske von Buchow.

Die Briefe und Reden Kreys könnten einer faschistischen Fibel entnommen sein. 1913 wurde im Hause des Imperialismus die

Ideologie des deutschen Faschismus zusammengebraut. Der «eherne Durchbruch der deutschen Idee», die Revolution von rechts, hieß Krieg, hieß zweimal Weltkrieg.

Die Flugschriften schrieb Dr. Wilhelm Krey, der gebildete Sekretär, der «Revolutionär», mit freundlicher Erlaubnis, ja unter Assistenz des Bosses Christian Maske von Buchow. Wilhelm Krey, der abstrakte Eiferer gegen «internationale Geldwirtschaft» und gleichzeitig ihr Nutznießer, der Idealist, der muffige «Aristokrat des Geistes», der lächerliche Mirabeau, der intellektuelle Kleinbürger.

Der Irrweg des bürgerlichen deutschen Intellektuellen, der niemals zum Citoyen im Sinne des kämpfenden französischen Bürgertums wurde, sondern zum Bourgeois, zum Bohémien oder zum metaphysischen Trommler entartete, ist von Sternheim in der Gestalt Wilhelm Kreys eindringlich vorausgesehen.

Deshalb – nicht nur deshalb – ist dieses Stück so aktuell, deshalb spielen wir es heute. Ohne 1913 kein 1945. Ohne Wilhelm Krey kein Nadler, kein Kolbenheyer, kein Jünger, kein Rosenberg.

Wilhelm Krey hat Vorfahren, in der «Hose» den Schmierentenor Scarron und den schwachbrüstigen Friseur Mandelstam, deren Reden aus simplifiziertem Nietzsche und aufgedonnertem Wagner zusammengebacken sind. Nicht zufällig läßt sie Sternheim schon bei der Zeugung des Imperialisten Christian Maske zumindest mittelbar beteiligt sein. Ihr geistiger Sprößling Wilhelm Krey ist Maskes offener Helfer, wohnt im Hause, haßt aus verdrängten Komplexen und bittet geziemend um Hilfe beim revolutionären Entwurf, der seinen Feuergeist unsterblich machen soll.

Eine aggressivere Satire auf die dienstbare, vom Volk isolierte Intelligenz ist niemals geschrieben worden. Gogols Stadthauptmann fragt die Lacher: «Was lacht ihr? Ihr lacht über euch selbst!» Fragen wir uns, fragen wir bei uns in Deutschland! Die Ideologen des neuen Durchbruchs, des antibolschewistischen Kreuzzuges heißen abermals Krey. Dr. Wilhelm Krey, Sekretär Christian Maskes von Buchow.

Beitrag zu Carl Sternheims Stück «1913». Aus: «Neue Blätter des Deutschen Theaters und der Kammerspiele», Heft 1/1950.

Die Aufgabe des Theaters

Herzen und Hirne zu entnebeln, unverfälschte, ganze Wirklichkeit mit den Mitteln der Bühne erkennbar zu machen, um durch diese Erkenntnis richtiges Handeln zu ermöglichen, diese Aufgabe war und ist eine politische. Unsere Sache wird behandelt, unsere Fragen, Hoffnungen und Zweifel, unsere Wirklichkeit wird untersucht, und der Zuschauer wird aufgefordert, an diesem Unternehmen mitzuarbeiten. Sie als Zuschauer sind das Wichtigste bei dieser Zusammenarbeit, der theatralische Vorgang wird Ihretwegen angestellt, zu Ihrem Nutzen, um Ihnen Klarheit zu verschaffen. Das Theater ist Parteigänger der Wirklichkeit, es bekennt sich zu den menschlichen und politischen Folgerungen, die aus der vollen Wirklichkeitserkenntnis resultieren. Es kämpft für den geschichtlichen Fortschritt.

Augenfälliger als andere Künste ist das Theater eine gesellschaftsgebundene Kunst, das seine vollen Möglichkeiten zudem nur in Gemeinschaft von Autor, Schauspieler, Zuschauer, Regisseur, Bühnenbildner und technischem Personal entfalten kann. Soll das Theater seinen Aufgaben gewachsen sein, so braucht es vor allem die Verbindung zu den geschichtsbildenden Kräften der Zeit, in unserem Falle zu den werktätigen Menschen unserer demokratischen Republik. Sie müssen die Zuschauer unserer Theater sein, mit ihnen müssen wir ins Gespräch kommen, mit ihnen unsere gemeinsamen Anliegen entwickeln.

Wie ist das zu machen? Wie können wir den Wachstumsprozeß des Menschen in unserer neuen Gesellschaft begünstigen, beschleunigen?

Unsere Diskussionen zum Spielplan, zum Zeitstück, zu Sternheims «1913» besonders haben einerseits gezeigt, wie groß das Bedürfnis ist, an Theaterfragen teilzunehmen, auf welch gutem Niveau die Analyse eines Stückes wie «1913» zum Beispiel schon heute bei uns angefaßt werden kann, andererseits wie groß die Unterschiede in der Bewußtseinsreife unserer Zuschauer sind und wie viele Mißverständnisse dringend aufgeklärt werden müssen.

Wir sind durch die Anteilnahme ermutigt worden, jedes unserer Stücke wenigstens einmal, alle schwierigen Stücke mehrmals nach der Vorstellung zu diskutieren. Vor der Pressevorstellung werden wir regelmäßig eine Vorauffführung mit Betriebsgruppen, Studenten, Gewerkschaften, Jugendverbänden, Volksbühnenmitgliedern und anderen Interessenten haben. Wir erhoffen uns davon eine ständige Verbindung und dadurch die Möglichkeit, Erfahrungen und Anregungen besser als bisher auswerten zu können.

Darüber hinaus bemühen wir uns, theaterinteressierte Gruppen in den Betrieben zu organisieren, mit denen Mitglieder unseres Ensembles bestimmte Themen und Stücke besprechen. Die regelmäßig erscheinenden «Neuen Blätter» sollen das Verständnis der Stücke erleichtern, das Wissen um geschichtliche Zusammenhänge vertiefen, in allgemeine Theaterfragen einführen und zum Selbststudium anregen. Wir bitten um Ihre kritische Stellungnahme und Anregung, um mit Ihnen eine uns gemäße Zeitschrift zu schaffen. Die Vorbereitung unserer Premieren in Presse und Funk wird gründlicher als bisher sein. Wir sind insbesondere beim Rundfunk auf gutes Verständnis und Initiative gestoßen.

Unsere neuen Theateraufgaben erfordern auch darstellerisch angemessene Methoden. Ein Versuch ist unser tschechisches Zeitstück «Brigade Karhan», das wir in enger Zusammenarbeit mit unserem Patenbetrieb Bergmann-Borsig und einem anderen Fachbetrieb zu entwickeln trachten. Außer der Arbeit im Betrieb zogen wir Facharbeiter als Probenberater hinzu, spielten einzelne Probeszenen vor Arbeitern im Werk und wollen mit diesem Stück häufige Gastspiele in den Betrieben der Deutschen Demokratischen Republik durchführen.

Um die Verbindung mit der jungen deutschen Dramatik zu intensivieren, laden wir regelmäßig eine Reihe junger Autoren zu unseren Hauptproben, diskutieren die dramaturgische Technik der Stücke und hoffen, daß aus dieser gemeinsamen Bemühung ein leistungsfähiger Arbeitskreis werden könnte.

Alle Versuche und Ansätze, die vom Theater ausgehen, können aber erst wirksam werden, wenn es uns gelingt, Sie, unseren Zuschauer, zur Mitarbeit zu bringen.

Aus: «Neue Blätter», Heft 2 / 1950.

«Der eingebildete Kranke»

ist das Schlußstück einer großen Serie von Charakterkomödien, die Molière zum ersten Komödienschreiber seiner Zeit machten. Seine bescheidenen Stoffe und seine einfachen Handlungen entlehnte er häufig von Plautus, Terenz oder Straparola; viele Figuren entstammen der commedia dell'arte. Und doch ist die Distanz vom schematischen Lustspiel zu den großen Komödien Molières eine gewaltige. Was machte Molière so groß, wodurch wirkten seine Komödien sprengstoffartig? Einfach durch die Tatsache, daß er die volkstümlichen Figuren des Stegreifspiels mit der heißen Aktualität des Tages anfüllte, so daß sie beziehungsreiche Charaktere aus seiner Zeit wurden, die sein Zuschauer kritisch zu sehen lernte. Molière traf genau die neuralgischen Punkte seiner Zeit. Er ließ sich nicht verblüffen, stellte präzise Fragen und gab präzise Antworten. Seine Satire war rücksichtslos, seine Anklage durchdacht, sein Gelächter durchschlagend. Aus manchem Vor- und Zwischenspiel, das Ludwig XIV. schmeichelte, um die Aufführung zu garantieren, ersehen wir, daß er sich zudem darauf verstand, die Wahrheit listig zu verbreiten. So wurden seine Komödien die gefährlichste geistige Waffe im damaligen Frankreich. Ihre Inhalte kursierten unter dem Volk wie Geheimzeitungen, ihre Charaktere wurden zu politischen Schlagworten. Der Tartuffe zum Beispiel, der rigoroseste Angriff gegen religiöse Intoleranz und die Heuchelei der Jansenisten, war im Volk eine Kampfparole gegen den verhaßten hohen Klerus, obwohl das Stück von der Zensur sofort verboten wurde und kaum jemals zur Aufführung kam. Als Molière nach vielen Jahren einen neuen Aufführungsversuch unternahm, wurde von der hohen Geistlichkeit ein Hirtenbrief erlassen, der sogar Ludwig XIV. zum neuerlichen Absetzen des Stückes zwang. Der Pfarrer Roullé stellte damals den Antrag, den Freigeist Molière, diese «Schule der Gottlosigkeit, zum irdischen und höllischen Feuer zu verdammen». Wie immer antwortete Molière mit einem Stück, «Le Festin de Pierre», einer neuen schrecklichen «Vergiftung der Seelen», dem «Le Misanthrope» folgte, ein massiver Angriff auf die bestehenden Rechtsverhältnisse, auf die korrumpierende Welt der Lüge, die das Frankreich seiner Tage war. Seine Gegner begeiferten und verleumdeten ihn, schmiedeten Ränke, fädelten böse Intrigen ein und waren damit doch nur glänzende Propagandisten des grenzenlos populären

Theatermannes Molière. Er wich niemals der Forderung des Tages aus und schrieb niemals reine Lesestücke. Die Dichtung, die nicht wirken konnte, interessierte ihn nicht, und die größte, direkteste Wirkung hatte das Theater. Seine Stücke wollten gespielt sein, durch Gelächter, durch saftige Theatersituation, die er mit letzter Kennerschaft auf ihre komischen Möglichkeiten hin auspreßte, Erkenntnis erzwingen. Zug um Zug nahm er sich die Widersprüche und Mißstände der Zeit vor, verurteilte und forderte zur Veränderung auf.

Wen beabsichtigte Molière mit dem «Eingebildeten Kranken» zu treffen? Wie ist die große Wirkung zu erklären, die das Stück in Frankreich hatte, obwohl es von der Molièrschen Truppe nur viermal gespielt werden konnte? Wer ist dieser eingebildete Kranke Argan?

Zum ersten ein Mensch, der nicht arbeitet, der über Kapital verfügt, der andere für sich arbeiten läßt. Er gehört also zu jener sich neu bildenden Schicht des Industrie- und Handelskapitals, die teils aus Adligen, größtenteils aus Bürgern bestand und feudale Privilegien in Anspruch nahm. Aus ihr entstand das spätere französische Bankenkapital, das unter Necker zur bürgerlichen Stütze der Feudalherrschaft und der finstersten Reaktion wurde. Wie zeigte uns Molière einen Vertreter dieser ökonomisch mächtigen Schicht, die den Januskopf des bürgerlichen Kapitalismus so früh enthüllte? Er zeigt uns einen Menschen, der, jeder schöpferischen Produktion entfremdet, gesellschaftlich unnütz und aufgabenlos dahinvegetiert. Ein starker und gesunder Mann verwendet seinen Reichtum einzig darauf, den an sich intakten Körper krank zu machen. Ein enger Hausdespot sieht die Welt durch die Brille seines körperlichen Wohlbefindens, das heißt, er fühlt sich wohl, wenn er gehörig krank ist. Alle Menschen, sogar seine Kinder und Freunde haben diesem absurden Interesse zu dienen. Die ganze Welt, sogar die Heirat der Tochter, muß seiner Krankheit nützlich sein. Argan, der in weinerlicher Gier alle zu mißbrauchen, alle zu betrügen sucht, betrügt sich damit in gigantischer Weise um sein eigenes Leben. Besser kann man den Widersinn seines Daseins und in ihm den Widersinn des auf betrügerischem Mehrwert basierenden Kapitalismus nicht kennzeichnen. Das hat die Dichte der Sinnbilder, die Gorki in seinen Grotesken für den Imperialismus fand. So eindeutig und so stark ist die Parabel, daß wir kaum der Gegenspieler bedürfen, die Molière in Berald und Toinette vor uns hingestellt hat. Die wirklichen Vertreter des Bürgertums und des Volkes. So sicher wir sind, daß Berald mit den Ideen der Erfahrungsphilosophie und der unvoreingenommenen Vernünftigkeit ein Jahrhundert später zum Aufklärer wurde, so sicher wissen wir, daß Toinette unter dem Volk war, das die Bastille stürmte und die Pariser Kommune ausrief.

Purgieren, Klistieren, zur Ader lassen

Die Angriffe Molières sind nicht gegen die medizinische Wissenschaft und die Ärzte schlechthin, sondern gegen zeitlich bedingte Entartungen der Medizin gerichtet, die zu Mißbräuchen und Quacksalbertum in der ärztlichen Praxis geführt hatten. Der schwer lungenkranke Molière, der schlimme Erfahrungen mit dieser seltsamen Wissenschaft gemacht hatte, stellt im «Eingebildeten Kranken» vielmehr eine medizinische Naturwissenschaft den Spitzfindigkeiten gegenüber, die von der Scholastik in die Medizin getragen worden waren und die Praxis der meisten Ärzte bestimmten. Die medizinische Scholastik war eine Mesalliance von Wissen und Glauben. Ihre Hauptsitze waren die Universitäten von Bologna, Padua, späterhin auch Paris. Literarisch stützte sie sich auf die Viersäftelehre des Galenus und auf die kabbalistischen Spekulationen der arabischen Medizin, deren bedeutsamster Vertreter Ibn Sina war. Eine Flut von Ausdeutern griechischer und arabischer Schriften spreizte sich in pfauenhafter Gelehrsamkeit mit Autoritäten, statt empirisch die Natur zu erforschen und praktische Behandlungsergebnisse zu gewinnen. Die sieben gewaltigen Bücher medizinischer Sermones von Falcucci beherrschten auch nach Erfindung des Buchdruckes die Fachliteratur. Sie waren ergänzt durch Harntraktätchen, Aderlaßvorschriften und Spekulationen über das Abführen der verschiedenen Säfte an astrologisch bestimmten Tagen. Die klinische Ausbildung am Krankenbett und die Untersuchungstechnik blieben vernachlässigt. Der Arzt beschränkte sich auf das Fühlen des Pulses und die Harnschau.

Seine Behandlung bestand im Ausschreiben kunstvoller Rezepte, in mechanischem Abführen, Klistieren, zur Ader lassen. Die Fülle von Aderlaßtafeln, die damals kursierten, sind Zeichen dieses therapeutischen Unsinns. Der große Reformer Paracelsus hat eine eigene

Streitschrift gegen die «Irrungen der Lasszettelarzet» geschrieben. Mit ihm erwachte die Kritik an der Scholastik und an den Renaissanceideen in der Medizin. Er befreite sich von dem über zwei Jahrtausende herrschenden Grundirrtum in der Medizin, nämlich der Säftelehre, und begründete eine Krankheitslehre, die von der Erfahrung und Beobachtung der Natur und des Körpers ausging.

Unter seinem Einfluß wurden endlich Krankheiten exakt beschrieben, die Ursachen erforscht und eine spezifische Krankheitsbehandlung in die Medizin eingeführt. Eine gründliche Kenntnis der Botanik und der Metalle bereitete neue Behandlungsmethoden vor. Die vernachlässigte Untersuchungskunst rückte in das Zentrum ärztlicher Betätigung.

Die Reform der Anatomie wurde von dem Holländer Vesalius und dem Italiener Eustacchi durchgeführt. In der Chirurgie und Geburtshilfe feierte die Technik des französischen Barbier-Chirurgen Paré Triumphe. Zu dieser Zeit auch wurden die ersten Stoffwechseluntersuchungen und Messungen der Körpertemperatur durchgeführt. Unter dem Einfluß der Erfahrungsphilosophie Francis Bacons (1561 bis 1626) und den Gedanken des Vaters der neueren Philosophie René Descartes (1596 bis 1650) begannen sich die physikalisch-mechanischen Naturwissenschaften durchzusetzen. Die biologische Seite wurde vorerst auch in den Wissenschaften noch vernachlässigt. Es ist das Verdienst des großen Arztes William Harvey, in jahrzehntelanger exakter Naturforschung und mit zahllosen Experimenten den Grundstein für eine neue Physiologie (Lehre von den Lebensvorgängen) gelegt zu haben. Sein schlüssiger Beweis eines Blutkreislaufes, der auch heute noch in wesentlichen Zügen Geltung hat, ermöglichte neue Untersuchungs- und Behandlungsmethoden. Ergänzt wurden seine Forschungen durch Stensen (1638 bis 1683), der die feineren Verhältnisse am Herzen untersuchte, Friedrich Ruysch (1638 bis 1731), der die ersten Einspritzungen in die Blutbahn vornahm, und durch die Zelluntersuchungen des Knochengewebes und der Kapillaren, wie sie nach Entdeckung des Mikroskops vorgenommen wurden. Alle diese Forschungsergebnisse sind der Ausgangspunkt der modernen Medizin. Von ihnen, insbesondere von der Blutkreislehre, wird im «Eingebildeten Kranken» gesprochen, und sämtliche Ärzte stehen in dummer Opposition zu dieser Lehre. Molière bezieht also die Position der fortschrittlichen medizinischen Erfahrungswissenschaft und sucht mit seinen Mitteln die Einführung dieser bahnbrechenden Lehren in die Krankenbehandlung zu begünstigen. Diese Lehren nämlich hatten zu Molières Zeiten in Frankreich nur den Rang interessanter Theorien. Der Schlachtruf der Ärzte bestand nach wie vor aus: Purgieren, Klistieren, zur Ader lassen. Es war dem Arzt nicht angemessen, einen Kranken zu untersuchen, vielmehr versteckte sich unter hochtrabenden Gelehrsamkeiten ein Heer von Pfuschern und Scharlatanen schlimmster Sorte. Steinschneider, Bruchoperateure, Starstecher, Astrologen übten ihren Beruf oft im Herumreisen und dienten nicht so sehr dem Kranken als ihrem Geldbeutel. Die Kommerzialisierung des Arztwesens ließ die ärztliche Ethik verfallen, der Kranke wurde zu einer dauernd zu melkenden Kuh. Seine einzige Chance bestand in der Befreiung vom Arzt.

Die von Molière aufgeworfene Frage, ob sich ein wirklich dem Kranken dienendes Arzttum auf der Basis privatwirtschaftlich-kapitalistischer Verhältnisse gründen läßt, ist in unseren Tagen neu und dringlich gestellt.

Beide Beiträge aus: Programmhefte des Deutschen Theaters, Nr. 2 der Spielzeit 1951/52.

«Die einen läßt man sich stählen, während die anderen stehlen»

In seinen «Universitätsjahren» geriet Gorki in einen Vortrag über Shakespeare. Der Lektor sagte: «Die Literatur ist da für die Erholung der Seele.» Der Gelegenheitsarbeiter Gorki schrieb in sein Tagebuch: «Er schwindelt.» Jahre später ergänzte er: «Man muß dem Menschen einen Igel unter die Schädeldecke setzen, damit der sich nie beruhige.» Das ist eine Seite seines Programms, seine bittere Unerbittlichkeit, mit der er allen Schmutz, alle Bosheit, alle Lüge, alle Barbarei «auf dieser vielgeprüften Erde sichtbar zu machen und in das Grab der Vergangenheit zu fegen» unternahm. Er vermochte die Schönheit des Menschengesichts durch alle Krusten und Verkrüppelungen zu schauen, weil er die Ordnung durchschaute, die den Menschen verkrüppelte. «Der Mensch – das ist die Wahrheit!... Verstehst du? Das ist das Große! Das ist der Anfang und das

Ende von allem. Alles im Menschen, alles für den Menschen! Nur der Mensch existiert, alles übrige ist das Werk seiner Hände und seines Hirns! Der Mensch! Das ist das Großartige!» («Nachtasyl».) Das ist die andere Seite seines Programms. Beide Seiten bedingen sich, vereinigen sich und rufen zur Zerstörung all dessen auf, was die unbegrenzten schöpferischen Möglichkeiten des Menschen fesselt.

Gorkis Drama «Jegor Bulytschow» (1932) ist vielleicht das reifste seiner siebzehn Bühnenstücke. Er beabsichtigte, mit «Jegor Bulytschow» eine Dramenreihe der russischen Revolution einzuleiten. Am Schicksal der weitverzweigten Familie des reichen Kaufherrn Jegor Bulytschow sollten die Wege Rußlands seit 1917 sichtbar werden. «Dostigajew und die anderen» ist das zweite Stück dieser Reihe. Gorkis vorzeitiger Tod ließ den Zyklenplan unvollendet bleiben.

In unserem Stück geht der Kriegswinter 1916 zu Ende. Der Februar steht vor der Tür. Kriegsgewinne, Korruption, Luftgeschäfte, Börsenspekulationen haben die Wirtschaft aufgebläht. Der Rubel vermehrt sich so schnell wie die Läuse in den Lumpen der scharenweise desertierenden Soldaten. Die Börsenkurse schnellen in die Höhe wie die Verluste an Menschenleben. «Die einen läßt man sich stählen, während die anderen stehlen.» Gerüchte über den Zaren laufen um, über Rasputin, über revolutionäre Umtriebe, Weltuntergang und göttliche Strafgerichte. Geldgier, Aberglaube, Mißtrauen, Intrigen, Furcht, Haß machen das Leben zur Qual. Jeder kämpft gegen jeden, jeder betrügt jeden, jeder beargwöhnt jeden. Alles ist zur Ware geworden. Liebe, Vertrauen, Freundschaft, Religion, Familienabende werden zu Mitteln neuer Spekulationsmethoden. Unternehmer, Schieber, Staatsbeamte, Popen, Generäle wärmen sich die Hände an der brennenden Welt.

Der russische Kapitalismus, der schon altersschwach zur Welt gekommen ist, der mit allen möglichen feudalen Überbleibseln, wie Kulakentum, Klöstern und asiatischem Despotismus, ausgestattet blieb und nun in die Kombinationen des internationalen Bankkapitals hineinzuwachsen trachtet, enthüllt seine unüberbrückbaren Widersprüche stärker als andere kapitalistische Länder.

Wir erleben seinen Totentanz im Hause Bulytschows. In seiner Jugend war er ein Flößerknecht. Sein beweglicher Verstand hat ihn die Möglichkeiten des in die russische Provinz einbrechenden Kapitalismus schnell nutzen lassen. Er ist Kaufmann, Schiffsbesitzer, Grundbesitzer, Spekulant geworden. Eine glänzende Karriere, sein

Kapital kann in Kriegszeiten Millionen machen. Da geschieht das Furchtbare. An Leberkrebs erkrankt, dem Tode gegenüber, beginnt er sehend zu werden, durchschaut er das Widerwärtige und Sinnlose seines Lebens, durchschaut, daß er in der falschen Straße gewohnt, daß er am wirklichen Leben vorbeigelebt hat. Er ist ein Sterbender, der nicht sterben will und doch weiß, daß er stirbt, wie seine Klasse stirbt, die er zu verabscheuen beginnt, ohne ihr wirklich entrinnen zu können. Die Verwandten warten auf seinen Tod, auf sein Geld, belauern ihn, jagen sich die Erbschaft gegenseitig ab, während Bulytschow vor Schmerz das Haus zusammenschreit. Er sieht sich allein in der furchtbaren Welt, die alles zur Ware gemacht hat. Alle bestehlen ihn. Alle stehlen wie er. «Stehlen ist eine gesetzliche Sache. Und nicht du stiehlst, sondern der Rubel stiehlt. Er ist an und für sich der Hauptdieb.» Das ist eine genaue Formulierung des Warenfetischismus, eine Schärfe des Denkens, die alle Verwandten erschrecken muß. Zwar fühlen sie dumpf, daß man so nicht weiterleben kann, daß große Veränderungen kommen, zwar fürchten sie alle den großen Zusammenbruch, aber sie wollen nicht denken. Sie fürchten die Wahrheiten Bulytschows, möchten ihn für geisteskrank erklären und entmündigen lassen. Bulytschow zu demütigen, zu verwirren, zur Gottesfurcht zurückzubringen, führen sie eine abgerichtete klägliche Meute von Kurpfuschern, Gesundbläsern und heiligen Dorfblödeln ins Feld. Bulytschow durchschaut alle, sieht ihre Anstifter, sieht bis zu den Ursachen hin. Mit dem bittern Hohn der Verzweiflung wirft er die Jammergestalten, die Teufelsbeschwörer, Weltuntergangsbläser und Zaubersprucfplärrer, all die armselig entarteten Ideologen einer sterbenden Zeit hinaus. Er spürt, daß sein Tod mit dem Ende der Welt zusammenfallen wird, und er weiß, daß dieses Ende die Revolution ist. Er sympathisiert nicht mit ihr, das übersteigt seine Möglichkeiten, er bleibt in seiner Klasse, aber er weiß, «daß man die Sonne nicht aufhalten kann». Er weiß, daß Schura, Laptjew, Glafira über ihn hinweg mit der Revolution weitergehen werden. Hellere Menschen in einer helleren Welt.

Aus: Programmhefte des Deutschen Theaters, Heft 7 der Spielzeit 1951/52.

[«Androklus und der Löwe»]

Shaw nennt «Androklus und der Löwe» ein Märchenspiel. Ein modernes, ein aufklärerisches Märchen freilich, aber ein Märchenspiel immerhin, dessen volkstümliche Geschichte, dessen märchenhafter Wunsch die Verbrüderung aller Leidenden ist, die Verbrüderung des griechischen Schneiders Androklus mit dem gefangenen Löwen, der ihn eigentlich auffressen sollte, die Verbrüderung aller Kreatur, auf daß keine Sklaverei und kein Käfig mehr sei.

Es schien uns, daß dieser Grundgedanke das Stück beherrschen sollte, und wir bemühten uns um eine Darstellung, die der schlanken Beweisführung Shaws entsprach.

Was beweist Shaw? Er beweist, daß eine in realen Klassenkämpfen entstandene, die Befreiung des Menschen begünstigende Idee, die einmal die Köpfe in Brand gesteckt hat, nicht getötet werden kann. Man erstickt sie nicht, indem man die Anhänger dieser Idee den Löwen vorwirft oder besticht oder in Gefängnisse sperrt oder auf dem elektrischen Stuhl sterben läßt. Shaw beweist, daß eine solche Idee vielmehr in diesen Kämpfen stark wird und daß sie wendiger und listiger die gesellschaftlichen Veränderungen herbeiführt, die herbeizuführen sie erdacht wurde.

Shaw beweist das am Beispiel des Christentums, eine den sozialen Revolutionen der jüngeren Geschichte nicht eben holde Idee, in jenen ersten nachchristlichen Jahrhunderten aber die ideologisch stärkste Waffe der Unterklassen gegen die Sklavenhaltergesellschaft des römischen Imperiums. Shaw nimmt die frühchristliche Bewegung innerhalb der Unterklasse ernst. Er sympathisiert mit dieser neuen Idee, mit dem Christentum der Bergpredigt und mit den Menschen, die aus den verschiedensten Motiven zum Christentum gekommen sind und zweifellos auch sehr verschiedenes darunter verstehen. Da ist der Saulus Ferrovius, der ein kleiner Paulus geworden ist und durch die Kraft seiner Fäuste wunderbare Bekehrungen erzielt. Ein vulkanisches Temperament, ein primitiver, unduldsamer Dogmatiker, der an den schönen Satz «Und willst du nicht mein Bruder sein, so hau ich dir den Schädel ein» denken läßt und dessen gewaltsamen Bekehrungen wir doch mit einigem Vergnügen folgen, weil seine Herausforderer die ungewöhnlichen Bekehrungen verdienen. «Kein Musterchrist, wie es scheint», sagt der römische Hauptmann, aber doch christlicher als Spintho, die Ruine eines ehemals hübschen Wüstlings, den an der christlichen Lehre einzig besticht, daß das Martyrium alle Schuld tilgt, etwas wenig, um dem Tod ins Auge zu sehen, wie sich zeigt, aber doch genug, um als Renegat vom Löwen gefressen zu werden, gerade als er dem Tod entrinnen will. Christlicher wohl auch als Lavinia, die hübsche Patriziertochter, die zu den christlichen Gemeinden gestoßen ist, weil sie die Barbarei vor ihren Augen nicht ertragen will, weil sie ohne Sinn nicht leben kann. Ungläubig und illusionslos, was die Zukunft jenseits des Todes angeht, aber bereit, mit ihrem Tod gegen die Ungerechtigkeit zu protestieren, bereit, mit ihrem Protest die Geburt einer menschlicheren Welt zu begünstigen. Keine Musterchristin, wie es scheint, eine Atheistin eher, hinter deren Ansichten gelegentlich Shaw selbst steckt.

So bleibt Androklus übrig, der Freund der Menschen und der Tiere, ein gewöhnlicher, kleiner Mann, ein Schwärmer von der Beseeltheit aller Natur, ein Phantast der Gewaltlosigkeit, ein unscheinbarer Franz von Assisi, dessen Liebe, dessen heitere Sanftmut, dessen Selbstlosigkeit erreicht, daß wütende Bestien mit ihm Walzer tanzen und Cäsaren zittern.

Soviel von den Christen, soviel von der Sympathie einer ehemals empörerischen Idee, deren Grenzen uns Shaw gleichzeitig sehen läßt. Unter den damaligen Bedingungen mag der Wunsch nach jenseitiger Erlösung der greifbarste Ausweg gewesen sein. Gleichzeitig war er den Herrschenden aller Zeiten natürlich erträglicher als der organisierte Kampf um eine diesseitige Befreiung. Das Christentum verzichtete darauf. Dieser Verzicht ließ es wenige hundert Jahre später zur Staatsreligion werden und machte die Bergpredigt zu einer schönen Formalität und kostete vielen tausend Ketzern, die die Bergpredigt ernst nahmen, das Leben. Wir ahnen etwas von der Intoleranz der künftigen Staatsreligion, wenn Ferrovius den Tod des Opportunisten Spintho mit dem Satz kommentiert: «Der Abtrünnige ist krepiert, es lebe Gottes Gerechtigkeit.» Wir lernen den Kernsatz der künftigen Staatsreligion: «Gib dem Kaiser, was des Kaisers ist» kennen, wenn Ferrovius von seiner Natur überwältigt in die Prätorianergarde eintritt. Ein historisches Stück also? Doch nicht so ganz, wenn ein Löwe, ein sehr menschlicher freilich, im Urwald und im Kolosseum ausgerechnet Walzer tanzt. Doch nicht so ganz, wenn die Christen Heilsarmeelieder singen, wenn ein römischer Soldatenkaiser rechte Weisheiten faschistischer Diktatoren zum Besten gibt, wenn der Spielleiter wie ein Boxmanager und der

Centurio wie ein Stabsfeldwebel spricht. Ein Spiel mit der Historie viel eher, eine bewußte Verschiebung der Zeiten, ein Märchenspiel, um die Torheit recht lächerlich zu machen, mit der die Herrschenden aller Zeiten den kommenden Tag zu töten versuchen, statt auf die Uhr zu sehen.

Aus: Programmhefte des Deutschen Theaters, Heft 5 der Spielzeit 1953/54.

Zur Aufführung von «Viel Lärm um nichts»

Über Shakespeares Lustspiele gibt es so etwas wie eine Legende. Das mißverstandene Wort des gelehrten Milton vom «süßen Shakespeare, der, ein Kind der Laune, die ihm angeborenen wilden Waldgesänge wirbeln läßt», die rechtverstandene Legende von F. Guizot von Shakespeares Lustspielen als «Zufluchtsort ergötzlicher Unwahrscheinlichkeiten, welche die Phantasie aus Trägheit oder Laune nur an einem dünnen Faden zusammenreiht, um daraus allerlei bunte Verknüpfungen zu bilden» und «in bunter Schmetterlingslaune von Blume zu Blume zu gaukeln, selten den Boden der Wirklichkeit berührend». Die Legende von den «leicht zusammengewürfelten Gebilden aus Duft, Schönheit, Grazie und anmutiger Neckerei, die heiter und harmlos an uns vorübertanzen». Tausendundeine Legende, wie gemacht für die Verzuckerungen, in denen uns Shakespeares Lustspiele für gewöhnlich auf der Bühne geboten werden.

Shakespeares Lustspiele unterscheiden sich von den verwickelten Mantel- und Degenstücken der Spanier, von den Sitten- und Charakterkomödien des Aristophanes, des Plautus, des Molière nicht dadurch, daß «sie sich von den Realitäten lossagen» und ein zeitloses «phantastisches und romantisches Geisteswerk» werden, wie die Legenden fabeln, sondern einzig und allein dadurch, daß sie sich nicht mit Teilwahrheiten begnügen, sondern die ganze Wahrheit zu erfassen suchen. Die ganze, tiefere Wahrheit der Welt in ihrer Zeit, die ganze, tiefere Wahrheit des Menschen in ihrer Zeit, die «Totalität des Objekts», von der Hegel als einem Kriterium der Poesie spricht.

Daraus folgt die neue Dramaturgie seiner Lustspiele, die kaum überschaubare Fülle seiner Gestalten, die über sozial bestimmte

Typen hinaus zu lebendigen Charakteren der englischen Renaissance geworden sind, daraus folgt die bis zu Shakespeare ungekannte Meisterschaft szenischer Dialektik, die den Stoff, der anderen zu einem Lebenswerk gereicht hätte, in ein einziges Stück zwingt. Das ist die Form, die er für seine Inhalte braucht. Das Süße steht neben dem Gräßlichen, damit es süßer scheine. Das Zarte neben dem Groben, damit es zarter scheine. Die Wahrheit neben der Lüge, das Komische neben dem Tragischen, das Menschliche neben dem Unmenschlichen, damit man die ganze Wahrheit habe. Er läßt sie auseinander hervorgehen, ohne die Genres zu klittern, ohne im Lustspiel die Tragödie befürchten zu lassen, ohne in der Tragödie die Komödie befürchten zu lassen.

Shakespeare ist weder in seinen Tragödien noch in seinen Lustspielen abstrakt und unbestimmt, sondern immer konkret und umfassend. Sollte man nicht bemerken, daß sich in seinen Tragödien kaum ein Charakter, kaum eine Situation, kaum eine Leidenschaft, kaum ein Laster finden, die nicht in seinen Komödien vorgebildet wären? Ist nicht der griesgrämige Bastard Don Juan in «Viel Lärm» der Lustspielbruder des gräßlichen Edmund in «König Lear»? Steckt nicht schon Jago in beiden? Ist nicht die Macht der Verleumdung, die Hero zu töten droht, die nämliche Macht der Verleumdung, die Desdemona wirklich tötet? Nur daß sie einmal rechtzeitig, einmal zu spät entdeckt wird. Nur daß sie einmal im Klima des Lustspiels, einmal im Klima der Tragödie wirkt. Und diese Macht der Verleumdung sollte zufälliges Produkt launiger Phantasie sein, sollte nicht in der Wirklichkeit des elisabethanischen England erfahren sein? Dann waren Benedikt und Beatrice ebenfalls nur «aus Schmetterlingslaune» ersonnen und würden sich ganz von ungefähr vom Grunde einer Zeit abheben, von der Beatrice sagt: «Aber Mannheit ist in Zeremonien und Höflichkeiten zerschmolzen, Tapferkeit in Komplimente; die Männer sind ganz Zungen geworden, und noch dazu sehr gezierte.» Dann wären auch Holzapfel und Schlehwein nur launige Spaßmacher, die keineswegs auf den Zustand der englischen Justiz zielen? Und launig auch hätte Shakespeare aus dem Lostopf seiner Phantasie die ernste, fast tragische Claudio-Herohandlung mit der heiteren Benedikt-Beatricehandlung zusammen erwischt? Nur weil er nicht ahnte, was jeder mittlere Komödienschreiber weiß, daß sich Lachen und Tod nicht eben gut verbacken lassen? O holde Schmetterlingslaune, die du mit so wenig Aufwand so gar nichts erklärst!

Ich glaube, man muß die Legenden nicht widerlegen, aber man muß einen Stil finden, der es erlaubt, die heitere und die ernste Handlung nebeneinander zu stellen, die eine aus der anderen folgen zu lassen. Man muß das Stück und nicht den Titel inszenieren. Man muß eine Form finden, in der die heitere Handlung von der ernsten bedingt ist und die ernste von der heiteren. Es versteht sich, daß man dabei des Klimas im Lustspiel gedenken muß.

Für den Bühnenbildner ergab sich die Aufgabe, eine Lösung zu finden, die der beweglichen Logik Shakespearescher Szenenführung entsprach und die Schönheit seiner Verse nicht gefährdete, sondern förderte. Er entschied sich für einen einheitlichen Schauplatz mit historisch genauen Details aus der englischen Renaissance und adoptierte einige Elemente der elisabethanischen Bühne, die ihm den Geist des Lustspiels zu fördern schienen. Zum Beispiel die Galerie und die Ortsbezeichnungen. Er baute einen Raum, in dem eine englische Schauspielertruppe sehr wohl das Stück gespielt haben könnte. Einen Raum, der klare und schöne Arrangements verlangt, Poesie des Wortes und Wahrhaftigkeit des Vorgangs verbindend.

Shakespeare ist süß, nicht süßlich. Shakespeare ist poetisch, nicht launig. Shakespeare ist der bedeutendste Realist der Renaissance und kein romantischer Zuckerbäcker.

Wir wollten den ganzen Shakespeare, ohne den Sacharin des Boulevards und ohne den Bombast des bürgerlichen Schautheaters. Wir wollten, daß die Wahrheit nicht auf Kosten der Schönheit gehe und nicht die Schönheit auf Kosten der Wahrheit.

Aus: Programmhefte des Deutschen Theaters, Heft 2 der Spielzeit 1954/55.

Hanswurst, Kasperl, Staberl

Wenn im feudalen Barockdrama die hoheitsvollen Gestalten der Götter und Kaiser und Fürsten, der Helden und Prinzen und Prinzessinnen das Große in Größe erlebt, das Edle edel verkündet hatten, wenn auch in den Logen die Glieder steif wurden vor soviel prunkender Repräsentation, vor soviel pathetischer Erhabenheit, da kamen in den Zwischenakten die «Agierer» heraus, um in ihren komischen Zwischenspielen zu sagen, daß die Heuchelei, der Geiz, die Feigheit, die Gefräßigkeit, der Geschlechtstrieb, die Armut, die Ungerechtigkeit und die Dummheit noch nicht gänzlich ausgestorben seien. Sie nahmen die Unwahrheit zurück, das falsche Pathos, den überspannten seelischen Anspruch der Haupt- und Staatsaktionen des höfischen Barockdramas mit seinen Triumphzügen, seinen Schlachten zu Wasser und zu Lande, seinen Götter- und Heldenballetten. Die komischen Zwischenspiele waren nicht geschrieben, sie wurden von «Agierern» improvisiert, und es war den «Agierern» sogar in der Oper erlaubt, in der Landessprache zu improvisieren. Soeben war der edle Feldherr mit den Worten «Blut und Ehre» entsagungsvoll gestorben, da sprang der italienische Harlequin auf die Bühne oder der englische Pickelhäring oder der deutsche Hanswurst und rief, die edeltriefende Gebärde übertreibend, «Quark und Speck». Die Parodie war da, der entlarvende Verstand, wenn auch in seiner primitivsten Form. Der Witz des Volkes sprang mit der lustigen Person auf die Bühne, das Leben sprang auf die Bühne, soziale Typen bevölkerten die Szene, Beutelschneider, Pfaffen, Fresser, Parasiten, pfiffig-dumme Diener, Henker, Geizhälse, Diebe, Doktoren, Soldaten und Bauern. Die grobkomischen Zwischenspiele hatten von Anfang an einen realistischen Zug und eine deutliche Tendenz zur sozialen Satire hin. Aus ihnen wurde die zweite, die komische Handlung in der späteren komischen Oper, aus ihnen entwickelte sich die spätere Volkskomödie. Dabei war der erste Schritt, daß der Schöpfer des wienerischen Hanswurst, der Komiker und Dramatiker Stranitzky, damals gängige Barockopern für seine Truppe bearbeitete. Aus pompösen Vers-Opern wurden Prosa-Stücke mit spärlichen Gesangseinlagen und einer dazuerfundenen komischen Handlung, deren volkstümliche Drastik und deren Lebensnähe die pathetisch-erhabene Handlung mehr und mehr durchdrangen. Stranitzky schuf ein ganzes Arsenal von komischen Grundsituationen um den kindlich-naiven, grobschlächtig-rührenden Bauernburschen Hanswurst, die erste Volksgestalt auf der deutschsprachigen Bühne. Freilich handelte es sich, wie bei dem späteren Kasperl der Burleske noch, durchaus um eine Typenkomik, die locker Situation an Situation reiht. Aber von diesen Gestalten, von diesen Situationen konnte das Wiener Volkstheater ausgehen. Von dieser Position aus konnte der Possendichter Gleich seine Volksgestalten schaffen, von dieser Position her entstand das Wiener Lokalstück mit seinen Lampenputzern, Kaffeehaussiedern, Hausknechten, Näherinnen, Amtsdienern, Handwerkern und Marktleuten, von dieser Position aus schrieb Karl Meisel seine mythologischen Karikaturen, seine Travestien auf den griechischen Götterhimmel, wo uns Pluto als ausgekochter Wucherer und Vulkan als bedrängter Rüstungskaufmann, der um die Bestellung von Donnerkeilen bangt, begegnen. Die Weltherrschaft der Götter gleicht der K. u. k. Bürokratie der Nach-Kongreßzeit. Die Götter verwalten verdrießlich ihre Ressorts, schieben die Akten von Kompetenz zu Kompetenz und kümmern sich um ein üppiges Frühstück leidenschaftlicher als um den Gang der Welt. Diese Aufhebung der Distanz, in unserem Fall zwischen Göttern und Menschen, ist ein Wesenszug bereits in der Hanswurst-Komik. In dieser Posse spielte der kleine, etwas verwachsene Komiker Ignaz Schuster den Götterkönig mit Podagra und Rheumatismus, dem seine Frau das Essen sperrt und die Kleider versteckt, weil sie ein festes Verhältnis mit dem armen Harfenisten Orpheus hat. Das ist der gleiche Ignaz Schuster, der bald darauf als Parapluiemacher Staberl in Bäuerles Posse «Bürger in Wien» den entscheidenden Schritt von der Typenkomik zur Charakterkomik machte. Der schusselige, gutherzige, dummpfiffige und redselige Staberl in seiner komisch-liebenswürdigen Unzulänglichkeit ist die erste wirklich reiche Charakterfigur aus dem Volke. Staberl, das ist ein Stück Wien. Es ist die Bewährungsrolle für die nachfolgenden großen Komiker Korntheuer und Raimund, Wenzel Scholz und Nestroy. Mit dem Staberl hat die große Zeit der Wiener Volkskomödie begonnen. Ihr Vollender ist Johann Nestroy. Dank Stranitzkys Hanswurst, dank Laroches Kasperl, dank I. Schusters Staberl.

Aus: Programmhefte des Deutschen Theaters, Heft 5 der Spielzeit 1954/55 (zu Nestroys «Theaterg'schichten»).

[«Kabale und Liebe»]
Bemerkungen zur Aufführung

In «Kabale und Liebe» erreicht das bürgerliche Trauerspiel seinen höchsten künstlerischen Ausdruck. Die Emanzipationsbewegung des Bürgertums als Klasse hat in England, Frankreich und Deutschland eine Reihe von Stücken mit ähnlichen Grundkonflikten, ähnlichen Charakteren und ähnlich tragischem Ausgang hervorgebracht. Keines von ihnen, nicht einmal Lessings «Emilia Galotti», hatte die revolutionäre Höhe, die Schiller in «Kabale und Liebe» erreichte. Nie vorher war der geschichtliche Klassenkampf in seinen dramatischen Möglichkeiten so klar, so umfassend, so vorbehaltlos auf die Bühne gekommen, und nie vorher war der dramatische Konflikt so rücksichtslos unversöhnlich durchgeführt worden.

«Kabale und Liebe» ist ein politisch deutsches Tendenzdrama und die künstlerische Vollendung des bürgerlichen Trauerspiels dazu. Der heutige Interpret sollte beides bedenken, um beides zu verbinden.

Das politische Tendenzdrama fordert vom Darsteller, daß er die Tendenzen der Zeit, daß er die Gedanken und Gefühle der Zeit kennt, versteht, sich aneignet. Das politische Tendenzdrama fordert, daß der Darsteller Partei nimmt, daß des Autors leidenschaftlicher Wille zur Veränderung der Gesellschaft sein eigener Wille wird, daß des Autors pamphletistischer Zorn gegen die Ungeheuerlichkeiten der absolutistischen Despotie im damaligen Deutschland sein eigener Zorn wird. Das politische Tendenzdrama fordert eine leidenschaftliche, direkte und große Spielweise, fordert ein Pathos, das aus der Wahrhaftigkeit historisch bestimmter Gefühle, historisch bestimmter Gedanken kommt. Ein Pathos also, das die formale Rhetorik der Hoftheaterschulen ebenso bestimmt verschmäht, wie es die spätbürgerliche Mode des Unterspielens aus Angst vor Gefühlen und Bekenntnissen vermeidet.

Nun ist es nicht so sehr die Leidenschaft des Bekenntnisses, die Schillers «Kabale und Liebe» von den aufklärerischen Dramen ähnlicher Thematik unterscheidet, sondern es ist der poetische Rang, es ist die dramatische Bewältigung des Stoffes, eben die Vollendung des bürgerlichen Trauerspiels. Es geht deshalb nicht wohl an, Schillers «Kabale und Liebe» mit der übersteigerten Hitze eines Sturm-

und-Drang-Dramas zu spielen. Die weitgespannte dramatische Handlung, die poetische Klarheit, mit der Schiller Handlung und Gegenhandlung, These und Antithese gegeneinander führt, die Logik seiner Komposition verlangen ein großräumiges, spannungsvolles Arrangement. Schiller schreibt nicht Bilder, sondern Akte. Sein dramatischer Dialog ist rhythmisch wechselnd, aber immer geformt, voll steigernder Wiederholungen, oftmals bis zum Vers, bis zum verdeckten Jambus führend. Die Haltungen, die Bewegungen, die inneren Handlungen findet der Schauspieler in der Sprache vorgebildet. Die vorrangige Bedeutung der Worthandlung ist unübersehbar.

Eine naheliegende Gefahr für einen heutigen Interpreten ist die Überzeichnung der Gegenfiguren Präsident, Wurm und Kalb. Die Karikatur schien uns in diesem Stück ein ganz und gar untaugliches Kunstmittel. Wir bemühten uns im Gegenteil, die Handlungsmotive des Präsidenten und des Sekretärs Wurm so klar wie möglich zu machen. Indem wir die väterliche Liebe des Präsidenten zu seinem Sohn betonten, bei seiner gleichzeitigen Unfähigkeit, den Sohn zu verstehen, betonten wir die Menschenfeindlichkeit des feudalabsolutistischen Systems. Gleichzeitig gewannen wir eine Gegenüberstellung des Zustandes der Familie im feudalen und im bürgerlichen Bereich.

Wir hielten es nicht für einen zufälligen Zug, daß der Präsident, Wurm und Kalb Opfer ihrer eigenen Kabale werden. Ihre gescheiterte Kabale schien uns die Ratlosigkeit einer Klasse vor ihrem Untergang, vor der bürgerlichen Revolution zu charakterisieren.

Wurm: «Arm in Arm mit dir zum Blutgerüst! Arm in Arm mit dir zur Hölle!»

Was den Sekretär Wurm betrifft, so haben wir es vermieden, der Gestalt die romantischen Züge einer abstrakten Dämonie zu geben. Uns interessierte nicht so sehr der mißgestaltete Teufel eines Lakaien wie der Klassenverräter, dessen berechnender Haß sich entzündet, als das Bürgermädchen Luise seine Liebe verschmäht, und dessen Haß an dem Widerstand Luises bis zur Besinnungslosigkeit, bis zur Vernichtung des geliebten Gegenstandes und seiner selbst gerät.

In der Behandlung der negativen Charaktere fanden wir uns mit Schiller einig, wenn er in der Vorrede zu den «Räubern» schreibt: «Wenn es mir darum zu tun ist, ganze Menschen hinzustellen, so muß ich auch ihre Vollkommenheiten mitnehmen, die auch dem

Bösesten nie ganz fehlen. Wenn ich vor dem Tiger gewarnt haben will, so darf ich seine schöne, blendende Fleckenhaut nicht übergehen, damit man nicht den Tiger beim Tiger vermisse. Auch ist ein Mensch, der ganz Bosheit ist, schlechterdings kein Gegenstand der Kunst und äußert eine zurückstoßende Kraft, statt daß er die Aufmerksamkeit der Leser fesseln sollte.»

Aus: Programmhefte des Deutschen Theaters, Heft 8 der Spielzeit 1954/55.

Wohin führt «Die Dorfstraße»?

Die Chemie kennt Stoffe, die bei bestimmten chemischen Prozessen anwesend sein müssen, im Endprodukt aber nicht erscheinen. In der Literatur gibt es Anlässe, Bücher, Theaterstücke, Filme, die nicht unähnlich eben diesen chemischen Stoffen wirken. Sie lösen überraschend kräftige Reaktionen aus, klären die Situation der Literatur, klären die Situation der Literaturkritik und führen unvermutet über den Gegenstand hinaus zu betrachtenswerten Ergebnissen. Ein solcher Anlaß scheint mir die Uraufführung des Schauspiels «Die Dorfstraße» von Alfred Matusche in den Kammerspielen des Deutschen Theaters gewesen zu sein. Die Kritiker unserer wesentlichen Tageszeitungen begrüßten den Mut des Autors, den Mut zum heißen Stoff, den Mut zum Konflikt. Sie lobten Matusches Wirklichkeitssinn, sie lobten die Wahrhaftigkeit seiner dramatischen Charaktere und fanden ziemlich übereinstimmend, daß es sich bei der «Dorfstraße» um die verheißungsvolle Talentprobe eines neuen Dramatikers handle. Sie lobten das Schauspiel insonderheit im Vergleich mit einer Reihe von agitatorischen Gebrauchsstücken, die allgemein bekannte Sachverhalte dramatisch zurechtgemacht auf der Bühne bestätigen. Dabei konstatierten einige Kritiker, nach meiner Meinung zu Recht, daß in dem Stück «Die Dorfstraße» die Einheit des poetischen Gegenstandes häufig beeinträchtigt sei, daß sich die Haupthandlung in Nebenhandlungen verliere, daß die zentrale Idee nicht stark genug durchgeführt sei, daß der Autor über die harte Zustandsschilderung zuwenig hinauskomme. Sie meinten die Gefahren einer naturalistischen Schreibweise, da Matusches Stück

«Die Dorfstraße» 119

zwar ziemlich exakt unterrichte, wie die Wirklichkeit beschaffen gewesen sei, daß der Autor aber über die Ursachen dieser Wirklichkeit, über den Prozeß der Entwicklung zu wenig aussage.

Es ist klar, daß die formalen Mängel in der Arbeit eines talentierten Autors ihre Ursachen letztlich in seiner Welterfahrung, in seiner Weltanschauung, in seiner philosophischen Position haben.

Immerhin fand die Kritik, daß der schriftstellerische Mut Matusches, die poetische Kraft seines humanistischen Anliegens die offenkundigen formalen und inhaltlichen Schwächen in den Hintergrund treten lassen. Das Theater durfte sich mit der Kritik, mit dem Zuschauer in der Überzeugung einig wissen, daß es tunlich ist, die Phase der flachen agitatorischen Gebrauchsstücke auf unseren Bühnen zu beenden, daß es seine Aufgabe ist, dramatische *Literatur* zu fördern und zu spielen.

Durfte es sich einig wissen? Wie sich bald zeigte, nicht. Mit wem nicht? Mit den Wortführern des agitatorischen Gebrauchsstückes nicht. Mit dem Kritiker Dr. Walther Pollatschek nicht, mit dem Dramatiker Karl Grünberg nicht, mit dem Theaterbesucher Lothar Grünewald nicht. (Siehe «Sonntag» Nr. 22)

Was mißfiel Pollatschek? Alles. Daß im Stück auf einer Kirchweih im April 1945 in der Lausitz zweierlei Bier getrunken wird, mißfiel ihm beispielsweise, daß polnische Soldaten von den Flüchtlingen nicht freudig willkommen geheißen werden, daß ein Junker mit einem Ponywagen abends auf sein Gut fährt und daß dort, wie überall übrigens in Deutschland, im Frühjahr Futtergras geschnitten wird, das mißfiel ihm. Wo bleibt die Treue des Details, ruft er aus, wie sie Friedrich Engels für den Realismus gefordert hat? Blanker Unsinn, wie man sieht, da erstens diese Details nicht falsch und zweitens lächerlich unwesentlich sind. Man denke sich zu seinem Vergnügen aus, die Stücke des großen Shakespeare oder irgendeines anderen Dramatikers der Weltliteratur würden von Pollatschek auf diese Art von Detailtreue hin untersucht. Es will mir nicht einleuchten, warum ausgerechnet Friedrich Engels die kritischen Donquichotterien Pollatscheks decken soll.

Was empfiehlt Pollatschek dem Theater, statt der verschmähten «Dorfstraße» zu spielen? Er empfiehlt eine Anzahl ausgeprägt agitatorischer Gebrauchsstücke, die in einem Preisausschreiben der Staatlichen Kunstkommission vor zwei Jahren anerkennend genannt, aber auch damals nicht mit einem Preis ausgezeichnet wurden.

Was empfiehlt Grünberg? Die Beachtung seiner Stücke und Maßnahmen, die verhindern, daß sich die Theater unter dem Vorwand, Zeitstücke zu spielen, dramatische *Literatur* für ihren Spielplan aussuchen.

Was empfiehlt der Theaterbesucher Grünewald? Das Stück «Die Dorfstraße» abzusetzen und statt dessen die nämlichen agitatorischen Gebrauchsstücke zu spielen.

Das sind deutliche Positionen. Das ist die sektiererische Position einer glücklich überwundenen falschen Kulturpolitik.

Die junge deutsche Dramatik hat in den letzten beiden Jahren beträchtliche Fortschritte gemacht. Es kommt darauf an, daß diese Fortschritte zu Anfängen einer bedeutenden dramatischen *Literatur* werden. Der Stand unserer Theaterkunst in der nächsten Zeit, der Nutzen unserer Theaterkunst wird davon abhängen.

Aus: «Neue Deutsche Literatur», Heft 7 / 1955. In einem anderen Beitrag, veröffentlicht in «Theater der Zeit» Nr. 1 / 1955, hatte Kipphardt die intensive Zusammenarbeit des Deutschen Theaters mit dem Autor Alfred Matusche ausführlich dargestellt.

Das Theater und seine Zeit

Das Abenteuer einer Seereise, die Unruhe, das Ungebärdige des Anfangs vergißt der Reisende in der Regel am dritten oder vierten Reisetag. Das Schlingern des Schiffes, daß ihn noch kürzlich zu unangenehmer Aufmerksamkeit gezwungen hat, nimmt er nicht mehr wahr. Den Gang der Schiffsmaschinen, die ihn noch kürzlich nicht schlafen ließen, er hört ihn nicht mehr. Er empfindet den einförmigen Tagesablauf, wie ihn die räumlichen Einschränkungen eines Schiffes mit sich bringen, er lebt im Rhythmus der Mahlzeiten und schläft länger als daheim. Er schläft und überquert den Ozean.

Die Abenteuer des Theaters in unserer Zeit sind erregender als die Abenteuer einer Seereise, und das Gestrüpp der Vorurteile und die Wüsten der Gewohnheiten, die vor den Entdeckungen der Kultur einer neuen Klasse liegen, sind schwerer zu durchqueren als ein

Ozean. Es bleibt die Gefahr, in die Lage eines Reisenden am dritten Reisetag zu verfallen.

So werden viele einen ungewöhnlichen, theatergeschichtlich bedeutsamen Vorgang nicht begriffen haben, der sich abspielte, als das Deutsche Theater am Ende des Jahres 1950 das Stück «Brigade Karhan» von Vašek Kaňa aufführte. Der Reisende mag registriert haben, daß ein rohes, unbeholfen gebautes Theaterstück mit einer der Bühne bisher fremden, ja unpassenden Thematik durch eine gute Aufführung zu einem unerwarteten Erfolg geführt wurde.

Was war wirklich geschehen? Ein Theater, in dessen Tradition Max Reinhardt, der faszinierende «Vermittler zwischen Traum und Wirklichkeit», die süßesten Früchte spätbürgerlicher Kultur über die Welt verschwendet hatte, war mit der Aufführung des Stücks eines unbekannten tschechischen Arbeiters von der Bühne auf die Straße gegangen, auf die Straße der Auseinandersetzungen um eine anders einzurichtende Welt, die für den Reisenden unschön, unbequem und unpoetisch ist. Ein Theater hatte durch die graue Schale eines Stücks hindurch das Rohmaterial gesehen, das für die Epoche einer neuen Klassenkultur von Belang ist. Ein Theater bot seinem neuen Zuschauer, dem Arbeiter, der die Grundlagen zu einer neuen sozialistischen Wirtschaft in harten Kämpfen zu schaffen begann, ein Stück Schwarzbrot, das ihn nähren konnte. Zu einem Zeitpunkt, als die meisten Fabriken bereits den Arbeitern gehörten, das Verhältnis des Arbeiters zu seiner Arbeit aber noch durchaus bestimmt war von der Haltung des Ausgebeuteten zu seinem Ausbeuter, war es für die Entwicklung des Sozialismus wichtig, daß der Arbeiter zur Arbeit in seiner Fabrik ein anderes, ein schöpferisches Verhältnis bekommt. Es waren harte, revolutionäre Kämpfe, die in jeder Fabrik, die im Kopfe eines jeden Arbeiters vor sich gingen. Zu diesem Zeitpunkt spielte das Deutsche Theater vor den Arbeitern von Bergmann-Borsig die deutsche Erstaufführung von «Brigade Karhan», das erste Stück, das die Konflikte, die jeden Arbeiter bewegten, auf die Bühne brachte, ein Stück, das diese Konflikte zu klären suchte, ein Stück, das – weit davon entfernt, fertige dramatische Literatur zu sein – dramatisch wirkte wie wenige andere Stücke der gleichen Zeit.

Schauspieler des Deutschen Theaters probierten im Eßraum eines Berliner Großbetriebes, Schauspieler gingen in die Werkhallen und ließen sich Arbeitsvorgänge erklären, die sie auf der Bühne brauchten, und Arbeiter stritten nach den Aufführungen mit den Schauspielern über die Fragen des Stücks, die Fragen ihres Alltags waren. Ein ungewöhnlicher Vorgang in einer ungewöhnlichen Zeit. Nichts für Reisende.

Aus: Deutsches Theater. Bericht über 10 Jahre. Henschelverlag, Berlin (DDR) 1957.

5.
Im Westen wenig Neues

Notizen von einer Reise
nach Westdeutschland

Die Illustrierte meiner Nachbarin im FD-Zug Berlin–Köln bietet die bedeutenden Physiognomien der bedeutendsten Staatsmänner der allerfreisten freien Welt auf einer Seite vereint für 30 Pfennig. Sie sind nicht nur bedeutend, sondern auch liebenswürdig, bescheiden, von einwandfreiem Lebenswandel und von unglaublicher Arbeitskraft. Sie lieben allesamt die Kinder, die Familie, die Hunde und die Kunst. Manche kochen gerne, manche malen gerne Landschaften, die fast von Sisley sind, manche angeln, manche züchten Rosen, manche rauchen gerne Zigarren. In ihrer Freizeit verzehren sie sich für den Weltfrieden, den allgemeinen Wohlstand und weniger allgemeine Aufsichtsratsposten. Liebe alte Männer allesamt. Wenn diese verdammten Russen nicht damit angefangen hätten, diktatorisch den Bauern ihr Land und den Arbeitern ihre Fabriken aufzuzwingen, wäre die Welt schön und vergnüglich. Für die lieben alten Männer. Dank den lieben alten Männern, die alle Zeit ihr Bestes für die abendländische Kultur und die Verblödung ihrer Untertanen hergegeben haben.

Die katholische US-Universität Georgetown weiß das zu schätzen. Sie hat Konrad Adenauer, «diesem ausgezeichneten Staatsmann und frommen Sohn der katholischen Kirche, dem hervorragenden Führer, Vorkämpfer und Verteidiger der Freiheit», – «wegen seiner einmaligen Verdienste und des Adels seiner Gesinnung», wie es in der lateinisch abgefaßten Urkunde heißt, den 6. Ehrendoktortitel verliehen. Die Urkunde wurde den höheren Schülern Westdeutschlands als Übersetzungsübung empfohlen.

Aus der Illustrierten blickt Dr. Adenauer verträumt und altersweise über gezüchtete Rosen hinweg auf eine ganzseitige Reklame von General Motors. Mir fällt ein Vers von Majakowski ein:

>   Maler
>   malen
>   die Wilsons,
>   Lloyd Georges
>   und Clémenceaus –
>   Lauter Fratzen, behaart oder kahl –
>   Doch völlig ergebnislos:
>   Sie sind nämlich
>   alle egal.

Ich schreibe den Vers auf. Meine Nachbarin wird die Notizen eines Mannes, der kommunistische Zeitungen liest, auch entziffern, wenn sie stenographiert wären.

Sie schlägt die Illustrierte zu und geht auf den Gang. Sie scheut weder Geld noch Mühe und schleppt wenig später ihre Koffer in ein Abteil erster Klasse. Ich hätte Lust, den Bridge-Dialog aufzuschreiben, der sich an ihre Erzählung, wie sie einem Sowjetagenten entkam, anschließen wird. Sie hat den natürlichen Liebreiz einer bei Pinkerton Milwaukee erstklassig hergerichteten Leiche, im Spiegel des gepolsterten Sarges betrachtet, und vereinigt die Gerüche aller Parfümerien der Welt. Ich öffne das Fenster, der Zug fährt langsamer.

Unweit der Zonengrenze wartet er vier Stunden, weil es ein ganz besonders schneller Zug ist.

Auf der Straße in K. sehe ich einen rotwangigen fetten Mann aus seinem Wagen steigen. Alle Karikaturisten der Welt scheinen nach ihm zu arbeiten, wenn sie Börsenjobber zeichnen. Zigarre, Hornbrille, Glatze, Bauch, Brillantring, Aktentasche als Gehirnersatz, nur die goldene Uhrkette fehlt. Das gibt es also. Ich betrachte ihn sorgfältig. Da werde ich von ihm begrüßt. Ich bin mit ihm zur Schule gegangen. Ich erkundige mich nach Schulkameraden. Es war eine uninteressante Klasse. Salzlose Söhne wohlhabender Eltern zumeist, bestimmt, die Vorrechte und Borniertheiten ihrer Eltern zu vervollkommnen. Er ist auf dem Gipfel angelangt. Was ist aus den anderen geworden? Er erzählt. Sie handeln mit Stoffen, Autos, Tabak, Socken, Bonbons oder lassen in erbten Unternehmen andere für sich arbeiten. «Was du ererbt von deinen Vätern hast, erwirb es, um es zu besitzen», sage ich. «Ja, ja», sagt er, seine Augen haben den verträumten Blick eines Kalbes, das abgestochen wird, «Goethe, schöne Zeit, die Schulzeit, man kommt nicht mehr dazu.» – Wenige Menschen, die einen Beruf, viele, die einen Job haben. Viele auch, die weder Beruf noch Job haben.

Seltsam, daß gerade die Klassen, die so lange, so phantasievoll und so trickreich von einem komplizierten System um die Ergebnisse ihrer Arbeit gebracht werden, daß sie es nicht mehr ungewöhnlich finden, seltsam, daß gerade sie, die Arbeiter, ihre Arbeit so hartnäckig lieben, auch wenn ihr Lohn nur für die Ernährung reicht, auch wenn sie 20 Jahre früher sterben, auch wenn die Welt, für die sie arbeiten und in der sie die Mehrheit sind, ihre Körper, ihre Gehirne, ihre Gefühle mißbraucht, verdummt, zertritt. Auch wenn sie ihre Kinder hindert, Menschen zu werden, schön und groß und klug.

Gute Gesichter, gute Hände, geeignet, die Erde bewohnbar zu machen. Gute Gesichter, gute Hände, arbeitend für einen Kopf, der einen stetig an zugehöriges Sauerkraut, Erbspüree und Lorbeerblätter denken läßt. Wir verabschiedeten uns freundlich.

«Deutschland wählt Adenauer.» Von einem ganzseitigen Farbfoto versucht ein alter Mann mit durchschnittlichem Talent wie ein englischer Lord auszusehen. Es ergibt sich das Bild eines Lords aus Köln nach den Erschöpfungen einer dreistündigen Fronleichnamsprozession.

Am nächsten Tag trägt der Lord auf dem Plakat einen schön getuschten Hitler-Schnurrbart und eine Hitler-Tolle. Mit diesen Retuschen findet das Bild Interesse. Als das Plakat weiß überklebt wird, sind nur noch das Bärtchen und die Schrift zu sehen: «Deutschland wählt Adenauer.»

Wenige Stunden später ist unter dem Plakat ein Illustrierten-Ausschnitt angebracht: Karl Mathias Kruchen,
                              Ich spreche Hitler frei.

Das liebe Bonn ist eine wundervolle Residenz für den Kanzlertraum vom pfäffischen Karolinger-Reich mit Dollar-Subventionen. «Die bonn'schen Philister wollten wallfahren gehen», ein Studentenlied, das Adenauer ohne Zweifel oft gesungen hat.

Neben ihm klebt ein Herr, der die Skatkarten vergessen hat und dessen Gesicht nur Fotoapparate behalten können. «Ollenhauer nicht Adenauer.» Bemerkenswert der Gedanke des SPD-Führers, daß kein Programm schon deshalb wirksam sein müsse, weil es niemanden verletzen kann.

Fox tönende Wochenschau zeigt bei heiteren Weisen einen neuen amerikanischen Langstreckenbomber, der ein Düsenjagdflugzeug ausklinken kann, das eine Atombombe «ans Ziel tragen kann». «Nach erledigter Mission» wird es von dem Bomber wieder aufgenommen. Bonbonlutschend wird das schöne Spielzeug von den unzweifelhaft ersten Opfern «dieser Mission» betrachtet.

Auffallend, daß in den Schaufenstern der Buchhandlungen keine Bücher ausgestellt sind: Burnham, Eisenhower, Rommel, Kesselring, Papen. In Papens Memoiren ist zu lesen, wie der Gute den Nazis zugesetzt hat – als Vizekanzler und Gesandter. Man liest, daß die deutsche Widerstandsbewegung recht eigentlich im Herrenclub zu Hause war. Der Herrenclub ist nach Papen ein geselliger Verein, der sich rein gesellschaftlich, gleichsam als liebenswürdiges Hobby, mit politischen Fragen beschäftigte. Politische Einflüsse? Lächerlich! «Die politische Unreife gewisser Kreise des deutschen Volkes kann sich kaum plastischer zeigen als in den Menschen, die sich um diesen Club gerankt haben.» Was ein «Herr» sei? Graf Alvensleben: «Der Begriff Herr ist rein eine Frage der Persönlichkeit, und nur sie entscheidet darüber, ob der Arbeiter wie der Fürst ein Herr ist.» Deshalb waren so viele Arbeiter im Herrenclub. Unverständlich für Herrn von Papen, «daß das Mutterland allen Clublebens, England, sich so weit von unseren Kommunisten und Sozialisten düpieren ließ», den Herren in der Verordnung Nr. 31 der britischen Militärregierung vom 30.5.46 das Wählbarkeitsrecht abzusprechen. Es versteht sich, daß diese Ungerechtigkeit längst revidiert ist. Es lebe der Herrenclub, der Hitler und den zweiten Weltkrieg finanzierte. Der Hanf in Deutschland will nicht gedeihen. Der Hopfen gedeiht gut.

Wirkliche Bücher wirklicher Schriftsteller haben kleine Auflagen und sind so teuer, daß sie von der Intelligenz und der arbeitenden Bevölkerung nicht gekauft werden können. Auflagen von ein- bis dreitausend Exemplaren sind häufig. Auflagen über 5000 Exemplare sind selten. Eine Ausnahme bilden billige broschierte Serien von Rowohlt und S. Fischer. Wenn es auch verblüfft, mitten im Buch nach der ersten Novelle auf eine Reklameseite amerikanischen Stils zu stoßen: «Bevor man sein Augenmerk und Interesse auf eine neue Frau richtet, sollte man jede andere Frau aus seinen Gedanken entfernen. (Dies war der Rat Casanovas.) Einen ähnlichen Rat will diese Seite dem Leser vermitteln, indem sie als Zwischenblatt zwischen zwei Frauengeschichten – von sehr verschiedenen Frauen! – zu einer kleinen Rauchpause rät. Dazu empfiehlt sie: Die Fox – eine Zigarette, die ganz besonders gut ist...» – so sind doch in diesen Serien eine Anzahl verdienstvoller Bücher publiziert worden. Zu den sonstigen Buchpreisen nur ein Beispiel. Der Roman von Robert Musil «Der Mann ohne Eigenschaften», erschienen im Rowohlt-Verlag, kostet 39 DM. Ein Roman gleichen Umfanges und gleicher Ausstattung würde bei uns etwa 15 DM kosten.

Es ist gegen Mittag. Die große, vor einigen Jahren neu eingerichtete Buchhandlung ist leer. Der Buchhändler kennt mich von früher. Ein Aufsatz im «Spiegel», betitelt «Aufstand der Intellektuellen (Shakespeare dringend gesucht)», läßt ihn vermuten, daß ich mich just der Verhaftung und Verschleppung durch eilige Flucht entzogen habe. Er hat eine grenzenlos absurde Vorstellung von unserem Leben. Er begreift einfach nicht, daß eine faktische Herrschaft des Volkes, eine neue Form der Demokratie die rücksichtslose Enthüllung aller Mißstände, aller hemmenden Unzulänglichkeiten nicht nur wünscht, sondern braucht.

«Früher wurden Satiriker von der Obrigkeit in der Regel eingesperrt oder ausgewiesen, heute werden in unserem Raum die Schriftsteller von der Regierung händeringend gebeten, endlich Satiren zu schreiben. Wenn Sie darüber nachdenken, werden Sie auf den Unterschied zwischen formaler und faktischer Demokratie stoßen.»

Er denkt nicht darüber nach, er vermutet lediglich, daß ich mein satirisches Lustspiel als trojanisches Pferd im direkten Auftrag Ulbrichts oder Malenkows geschrieben habe.

Ich habe in Westdeutschland nur wenige Menschen gesprochen, die die Flut bestellter Entstellungen über uns in der westdeutschen Publizistik glaubwürdig gefunden hätten, aber ich habe ebenfalls nur wenige Menschen gefunden, die unsere Verhältnisse nicht nach eben diesen grotesken Entstellungen beurteilt hätten.

«Können bei Ihnen Bücher von Jünger oder Koestler erscheinen?»
«Nein!»
«Na also. Bei uns kann jeder schreiben, was er will.»
«Auch publizieren?»
«Natürlich auch publizieren.»

«Können Sie mir Bücher von Barbusse, Rolland, Gorki, Andersen-Nexö, Scholochow, Majakowski, Eluard, Aragon, Pablo Neruda, Amado, Maltz, Howard Fast, Arnold Zweig, Brecht, Becher, Anna Seghers, Heinrich Mann zeigen?»
«Nein, sie sind bei uns nicht erschienen.»
«Obwohl sie zur Weltliteratur gehören?»
«Sie werden bei uns nicht gefragt.»
«Und Papen wird gefragt?»
«Sie müssen daran denken, daß die Menschen, die in früheren Zeiten Bücher kauften, so gut wie gar nicht mehr ins Gewicht fallen.»

Ich besuchte einen Lyriker, den ich von früher her kannte. Damals waren André Breton und Apollinaire seine großen Vorbilder. Meine verrücktesten Gedichte waren ihm nie kühn genug. Er war eine Art Spezialist in literarischen Revolten und hatte bei jedem neuen Gespräch die endgültige moderne Form gefunden. Er versuchte in kurzer Frist alle Phasen der literarischen Dekadenz zu durchlaufen. Es gab keinen Revolutionär, der ihm annähernd kühn genug war.

Das hat sich heute etwas gelegt. Er hat sich erfolglos in einer Reihe von Berufen versucht und verdient sein Geld nunmehr in der Reklamebranche. Literatur und Leben waren bei ihm, wie bei vielen westdeutschen Intellektuellen, absolut getrennt. An ihn denkend, schrieb ich vor einigen Jahren ein parodistisches Gedicht, das ich ihm gerne überreicht hätte.

An einen verspäteten Spezialisten
in literarischen Revolten

Gottlob, Freund, noch immer die kühnen Gedichte,
Der mond'nen Ideen Viertaktgewimmer,
Zu dem sich die Seidenmelonen drehen.
Gefährlich wird's heute den Wortstrahl zu richten
Auf's Hirnrindendickicht verbrauchter Ideen,
Auf Marschtrittmythen,
Auf Zeitmoscheen,
Gefährlich ist's heute zu dichten.

Auf goldene Stierstirn,
Hirnschalenbeton,
Zu knallen der Worte Salvengedicht
War originell bei André Breton,
Doch Kapitalismus das reimt sich nicht.

Auch Klassenkampf nicht
und Mehrwert nicht mehr,
Mehr gibt ohne Zweifel das Kosmische her
Für binnenräumige Seelen.
Auf! Kehlendurchscheuerte kosmische Klage!
Auf! Revoltierendes Traumstenogramm!
Für heut ist Van Houtens Reklamemontage
Ganz fraglos das originellste Programm.

Auf! Spezialisten in Syntaxrevolten!
O Münder, Van Houtens Kakao entdeckt,
Daß Dichter zu Unrecht unnützlich gegolten,
Daß ihre Domäne der Werbetext ist.

Man wirbt unpolitisch für künstliche Nasen,
Und erst auf dem Schlachtfeld schmeckt Henkells Sekt.
Kristallenen Wortschwalls Vierviertelekstasen,
Wie weiland das Grab unbekannter Soldaten,
Sind märkteerobernder Knalleffekt.

Gottlob Freund, vorbei ist der Lyriker Krise,
Platz für die Revolten im Anzeigenteil!
Ein ärmelaufkrempelnder lyrischer Riese
Hält für Kinderpopos heute Nivea feil.

Ein Glück fürwahr, daß in Ihrer Sphäre
Die reine Revolte am Werbetext wächst,
Ich erwarte, daß demnächst bei uns hier die Krähe,
Im Metrum so kühn wie Apollinaire,
Den Bauern «trinkt Nestles Kondensmilch» zukrächzt.

Ach, kläglich sind all diese Revolutionen,
Kühn bleibt die Revolte rein geistiger Art,
Die niemand verstimmt und die für Millionen
Den Weg auf höchst irdische Schlachtfelder bahnt.
Salut Freund Poet der Nationen!

Ich ging an einer Drogerie vorbei und las zur Vertreibung eines Mittels für guten Mundgeruch:

> «Kriegt die Tante keinen Kuß?»,
> fragt die Gute mit Verdruß.
> «Tante küssen mag ich nicht.
> Und warum? sag' ich nicht.»
> Dieses wär' nicht vorgekommen,
> hätte sie N 1 genommen.

Es wird nicht von ihm sein. Es ist nicht sein Stil. Wer wird sich die Mühe machen, alle diese verstreuten Dinge für den Nachlaß der Dichter zu sammeln.

Diese Wiederbegegnungen! Wir waren als Studenten miteinander befreundet. Er war intelligent, häßlich, unzufrieden, hungernd nach Schönheit, hungernd nach Glück. Er hatte viele Möglichkeiten. Er hat sie benutzt, um in eine Fabrik einzuheiraten, und macht eine Philosophie aus der Beerdigung seines Gehirns. Er denkt nicht mehr, um zu handeln, er denkt, um den Handel zu legitimieren. «In ihrer Verlegenheit denken unsere Warenbesitzer wie Faust. Im Anfang war die Tat. Sie haben daher schon gehandelt, bevor sie gedacht haben.» (Marx, Kapital). Er macht sich die Mühe, mir alle faulen Argumente des romantischen Reformismus aufzutischen. Er wird nicht müde, mir zu erklären, daß die Ausbeutung der unterdrückten Klasse nur im Interesse eben dieser Unterdrückten geschehe. Ich höre immer nur eins: «Geld ist eine angenehme Ware.» (Wilhelm Röscher: Die Grundlagen der Nationalökonomie.)

Ich liebe die Vorstädte im Morgengrauen, wenn der Himmel noch durchsichtig und der Asphalt feucht von der Nacht ist. Die Sonne wagt sich nicht hervor, und in den Arbeiterwohnungen brennt Licht. Die staubfreie Luft riecht nach Meer, nach Morgenkaffee und Messerschärfe. Straßen, Häuser, Himmel schillern perlmuttfarben wie frisch gefangene Fische. Ein Schiff ruft, eine Fabrik pfeift, ein

Milchwagen scheppert, ein Stück eines sentimentalen Songs aus überlautem Radio wird schnell abgedreht. Im Morgengrauen sind die meisten Städte schön. Es beginnt zu regnen. An einem Fabriktor gibt ein Pförtner den Arbeitern, die zum Schichtwechsel kommen, verdrießlich ihre Werknummern. Plötzlich verweilen die Arbeiter, einige kommen durch das Tor zurück. Eine Frau ist vom Fahrrad gestiegen, am Lenker eine Tasche mit Flugblättern, auf dem Gepäckträger überragt ein Zeitungsstapel den Sattel. Die Arbeiter scheinen sie zu kennen, und sie beginnt, ihre Zeitungen wortlos zu verteilen. Als sie die Tasche vom Lenker nehmen will, fällt diese zur Erde. Die Flugblätter bedecken den nassen Boden. Der Pförtner kommt aus seiner Loge, beginnt zu schimpfen und fordert sie auf, die Blätter schleunigst aufzuheben. Er ereifert sich, und die Frau schämt sich ihres Ungeschicks. Sie bückt sich nach den Blättern, dabei verliert sie die Gewalt über das Fahrrad, und die restlichen Zeitungen fallen ebenfalls zur Erde. Der Pförtner ist außer sich, seine Stimme droht überzuschnappen, ein Betriebspolizist ist ebenfalls herbeigeeilt. Da richtet sich die Frau auf, sie streicht sich eine Strähne grauen Haares aus der breiten Stirn; sie sieht den Pförtner mit ihren dunklen und ein wenig traurigen Augen so hart an, daß er einen Augenblick schweigt. Dann sagt sie zu ihm: «Du bist ein Arbeiter, Pförtner, es wird dir nicht schaden, dich nach einer Zeitung für Arbeiter zu bücken.» Der Pförtner kehrt schimpfend in seine Loge zurück. In wenigen Minuten haben die Arbeiter die Flugblätter aufgehoben und tragen sie in die Fabrik. Sie winken ihr durch das Tor, eher beschämt als zustimmend, sie hebt das Fahrrad vom Boden auf und fährt weiter. Ich frage einen alten Weber, ob er die Frau kenne. «Sie kommt zweimal die Woche», sagt er. «Sie ist die Frau eines Doktors und verteilt Arbeiterzeitungen. Sie war schon eingesperrt, sie kommt immer wieder.»

«Warum macht sie das?» – «Ihr Sohn wurde von den Nazis erschlagen. Wenn man alt ist, so erkennt man manches wieder.»

Ich erinnere mich ihres Gesichtes, wie man sich des Geschmackes von Brot erinnert, wenn man eine Zeit gehungert hat.

Ich erlebte in Westdeutschland Haussuchungen ohne polizeiliche Anordnung wie 1933, ich erlebte Wahlversammlungen und Soldatentreffen unter faschistischen Losungen wie 1933, ich erlebte Schlägertrupps, die unter Polizeischutz Arbeiterversammlungen sprengten wie 1933. Die Wiederholung ist aufdringlich und dumm. Die gleichen Losungen, die gleichen Verbände, die gleichen Geldgeber und vielerorts schon die gleichen Gesichter. Nur liegt etwas Weihrauch über dem ganzen, und das Braun erscheint in einer khakifarbenen Variante.

Das ist entsetzlich, ohne Zweifel, entsetzlicher aber ist, daß das Entsetzen vorerst nur wenige wirklich entsetzt.

Aus: «Neue Deutsche Literatur», Heft 11 vom November 1953.

6.
Der Briefwechsel
Heinar Kipphardt – Peter Hacks
1955–59

Aus dem Mai 1955 stammt der erste erhaltene Brief Heinar Kipphardts an seinen Schriftsteller-Kollegen Peter Hacks. Hacks, damals noch in der Bundesrepublik lebend, übersiedelte wenige Monate später in die DDR. Kipphardt setzte sich am Deutschen Theater für die ersten Stücke von Hacks ein und sorgte für deren Aufführung.

Aus dem Arbeitskontakt entwickelte sich eine jahrzehntelange intellektuelle Freundschaft, die in einem umfangreichen Briefwechsel dokumentiert ist. Diese Freundschaft war geprägt von großer gegenseitiger Wertschätzung und von einem besonderen Verständnis für die literarische Arbeit des anderen. Zugleich sollten sich die ideologischen und ästhetischen Positionen beider auf die Dauer als unvereinbar erweisen. «Was die Arbeit angeht, so weißt Du ja, daß ich seit langem mit der schönen Literatur auf gespanntem bis abgehacktem Fuß umgehe, während Du die Dame immer meisterlicher schwenkst. Wenn Tanzmeister und Hinker über Fortbewegungsarten reden, brauchen sie Geduld», schrieb Kipphardt an Hacks nach einem Wiedersehen 1973. Er fügte hinzu: «Ich verstand ganz gut, warum Du diesen Weg gegangen bist und ich jenen.» 1980 jedoch endete die Freundschaft abrupt im offenen Streit.

Der zweieinhalb Jahrzehnte währende Briefwechsel mit Peter Hacks wird (soweit er erhalten ist) im Rahmen der Kipphardt-Werkausgabe vollständig veröffentlicht. In ihm spiegelt sich authentisch die Entwicklung der beiden Schriftsteller – und darüber hinaus ein Stück deutsch-deutscher Geschichte und Literaturgeschichte.

Das vorliegende Buch enthält den Briefwechsel aus den Jahren 1955–63. Die Korrespondenz 1963–65 wurde bereits im «Oppenheimer»-Band der Werkausgabe abgedruckt. Die Briefe 1965–80 werden in den Band «Ruckediguh – Blut ist im Schuh» aufgenommen. Copyright © für alle Hacks-Briefe by Peter Hacks, 1987.

Deutsches Theater und Kammerspiele   Berlin, 6. Mai 1955

Sehr geehrter Herr Dr. Hacks!
Ich habe Ihnen vor 10 Tagen ein Telegramm folgenden Inhalts geschickt und bin etwas in Sorge, daß Sie das Telegramm nicht erhalten haben könnten, weil ich ohne jede Nachricht von Ihnen bin:

> «Bitten Sie zu einer Aussprache und evtl. Vertragsabschluss über Ihr Schauspiel ‹Die Eröffnung des indischen Zeitalters› in den ersten Tagen der Woche nach Berlin. Wir bitten Sie, die Entscheidung bis dahin aufzuschieben, und freuen uns auf Ihr Kommen. Drahten Sie Ankunft.»

Schreiben Sie mir doch bitte, wann Sie nach Berlin kommen könnten, damit wir alles Notwendige besprechen. Da wir in der nächsten Woche in Weimar sind, wäre es mir lieb, wenn man eine Zusammenkunft in der Woche zwischen dem 15. und 22. Mai arrangieren könnte.

Ich würde mich sehr freuen, Sie kennenzulernen, und erhoffe mir viel von einer Zusammenarbeit. Alles Gute Ihnen.

Mit vorzüglicher Hochachtung!
Ihr Dr. Kipphardt

Brief im Besitz von Peter Hacks, Berlin/DDR. – Hacks lebte zu dieser Zeit noch in Dachau bei München; sein Theaterstück «Eröffnung des indischen Zeitalters» war am 17. März 1955 an den Münchner Kammerspielen uraufgeführt worden.

25. April 1956

Lieber Herr Kipphardt,
hier haben Sie ungeheure Materialien: einen Originalbeitrag zur DDR-Erstaufführung, ein Stück aus der Vorrede zur münchener Uraufführung, eine bisher nicht gedruckte Fabel und eine schon in NDL gedruckte Geschichte (beides hierher gehörig); endlich alles, was ich an Zitaten und Parallelen schnell finden kann. Sie sehen, ich bin emsig, und es soll an mir nicht scheitern. Sehen wir uns bald mal?

Sehr schöne Grüsse,
Ihr [Peter Hacks]

Brief-Durchschlag im Besitz von Hacks. – Hacks' Stück «Eröffnung des indischen Zeitalters» erlebte am 26. Juni 1956 am Deutschen Theater seine DDR-Erstaufführung.

Deutsches Theater und Kammerspiele   Berlin, 19. Juni 1956

Lieber Peter Hacks!
Anliegend Ihr Anschlag auf meine Zeit. Es ist eine saubere Fleissarbeit, aber kein Theaterstück. Sehen Sie zu, wie Sie es wieder los werden.

Herzlichst
Ihr Heinar Kipphardt

[Anlage:]
2 Exemplare
«Die Söhne der Cornelia»
von Erich Weber

Brief im Besitz von Hacks.

15. Juli 1956

Lieber Herr Kipphardt,
ich habe vergessen zu sagen, dass ich die Lobositz-Musik endgültig dem Kuhl gegeben habe. Ich werde mit ihm Vertrag machen. Vielleicht hat Herr Langhoff Lust, mit diesem Menschen über Detailfragen, insonderheit die Scenen II–3 und II–6 zu reden; ich habe seine Adresse, aus Dummheit, verschmissen, aber Herr Fischer hat sie. Schöne Ferien und schöne Grüsse,

Ihr [Peter Hacks]

Brief-Durchschlag im Besitz von Hacks. – Wolfgang Langhoff war der Intendant des Deutschen Theaters. Unter Langhoffs Regie wurde am 1. Dezember 1956 Hacks' Komödie «Die Schlacht bei Lobositz» mit der Musik von Rolf Kuhl am Deutschen Theater uraufgeführt.

28. November 1957

Lieber Kipphardt,
ich bitte um Ihre Nachsicht, aber ich hätte wirklich gern, wenn die Musik der Kuhl macht. Man kann ihm ja ein sehr frühes ultimatives Datum vorschreiben, mit dessen Nichteinhaltung der Auftrag verfiele. Was halten Sie von dem Prolog; ich glaube, er ist eher was für das Programmheft, mit Silhouetten.

Schönstens,
[Peter Hacks]

Brief-Durchschlag im Besitz von Hacks.

Deutsches Theater und Kammerspiele   Berlin, 21. Mai 1958

Lieber Hacks!
Seien Sie für Ihre Grüsse bedankt. Wir machen Ihnen einen Satz der Pressekritiken. Ob Sie sie dem Pavel schicken wollen, müssen Sie entscheiden, da die belgischen Kritiker eher dümmer als unsere hiesigen sind und Sie meistens nicht besonders gut wegkommen.

Schreiben Sie mir, wie lange Sie noch die Stadt Bitterfeld beehren. Ihren Artikel im «Theater der Zeit» habe ich mit viel Vergnügen gelesen.

        Gute Arbeit Ihnen. Grüssen Sie die Anna herzlich.
        Ihr Kipphardt

Brief im Besitz von Hacks. – Hans Pavel vom Drei Masken Verlag in München war Hacks' westdeutscher Verleger. Das Deutsche Theater hatte mit «Die Schlacht bei Lobositz» beim Internationalen Theaterfestival in Brüssel gastiert. Anna ist die Schriftstellerin Anna Elisabeth Wiede, die Frau von Peter Hacks.

                                                  19. November 1958
Lieber Kipp,
ernstlich, ohne Musik sieht das ganz dumm aus. Es ist aber nicht dumm, und es holpert auch nicht. Der Panzerzug ist von der Musik her das schwächste, aber auch lustig; das stärkste ist natürlich Los Campesinos. Schöne Grüsse,

                                                  [Peter Hacks]

Brief-Durchschlag im Besitz von Hacks. – Der Brief betrifft Lieder aus dem spanischen Bürgerkrieg, übersetzt von Peter Hacks und Anna Elisabeth Wiede.

Deutsches Theater und Kammerspiele   27. Januar 1959

Lieber Hacks!
Könntest Du mal probieren, eine ungefähre Besetzung für Dein Stück zusammenzubekommen? Natürlich als ganz vagen Vorschlag. Es ist nur, außer Dir kennt es niemand, und ich möchte sehen, ob die Leute frei sind, die wir evtl. dazu brauchen. Eine Liste anbei, die ich Dich zurückzuschicken bitte.

                                                  Herzlich
                                                Dein Kipphardt

Brief im Besitz von Hacks. – Hacks schrieb zu dieser Zeit an seinem Stück «Die Sorgen und die Macht», dessen 1. Fassung am 11. September 1959 im Deutschen Theater eine Probeaufführung erlebte, dann jedoch nicht in den Spielplan aufgenommen wurde. Das Stück wurde zu einem der umstrittensten Werke in der Geschichte der DDR-Dramatik.

29. Januar 1959

Lieber Kipp,
anbei meinen Besetzungsvorschlag. Die Charakteristiken sind keine Charakteristiken, sondern damit Du Dich erinnerst oder Dir wenigstens irgendwas vorstellen kannst. Ich glaube, daß die Besetzung gut ist, abgesehen von dem fehlenden Heldenpaar. Wo kriegt man Frau Ebeling zu sehen? Unbedingt stark besetzt werden müssen die beiden Sekretäre und Leuschner. Die aufgeführten sind anständige Rollen. Hinzu kommen noch neun Rollen, die jeder spielen kann, und etwa neun Ein-Satz-Menschen oder Statisten. Das Stück soll heißen: «Drei Flaschen Sekt». Am Montag, dem 2., kann Akt I–IV bei mir gehabt werden. (V besteht nur noch aus einer langen und zwei winzigen Szenen.) Gib sie dem Chef, aber berate mit mir, bevor Du sie noch weiter gibst. Die Schriftsteller erklären, sie haben februars gar nichts im Gebirge, in Wiepersdorf oder sonstwo vielleicht was. Schöne Grüsse.

[Peter Hacks]

Brief-Durchschlag im Besitz von Hacks. – Das Politbüro-Mitglied Bruno Leuschner erscheint als Figur in der 1. Fassung von Hacks' Stück «Die Sorgen und die Macht». Mit «dem Chef» ist Wolfgang Langhoff gemeint. Das ehemalige Herrenhaus von Bettina und Achim von Arnim in Wiepersdorf dient als Heim des Kulturministeriums der DDR.

7.
Porträts

Über Weggefährten und Freunde

Wolfgang Langhoff

Wolfgang Langhoff ist fünfzig Jahre alt. Fünfzig, das ist eine Zahl, die man in ganzlederne Jubiläumsbände preßt. Eine satte, repräsentative Zahl. Auf Wolfgang Langhoff bezogen, ist sie ein witziger Anachronismus, etwas durchaus Unglaubwürdiges. Es gibt nichts in seinem Leben, nichts in seiner Erscheinung, seinen Gewohnheiten, seiner Arbeit (und er arbeitet ungefähr 14 Stunden täglich), das so etwas wie ein Jubiläum, so etwas wie Ausruhen oder Rückschau zuließe.

Einige biographische Stichworte: Mit vierzehneinhalb Jahren entflieht er der schöngeistigen Atmosphäre des elterlichen Bürgerhauses in Freiburg/Breisgau. Er fährt während des ersten Weltkrieges zwei Jahre als Schiffsjunge zur See, kommt als junger Bursche verwundet in ein Königsberger Lazarett, spielt am dortigen Theater in kurzer Zeit wichtige Rollen, die den theaterbesessenen Autodidakten 1923 nach Hamburg und anschließend nach Wiesbaden als ersten jugendlichen Helden bringen. Er ist unzufrieden mit sich, dem Theater, der Gesellschaft, grübelt, sucht, studiert. Erfolge täuschen ihn nicht über die Sinnlosigkeit bürgerlichen Kunstbetriebes. 1927 kommt ihm Lenins «Materialismus und Empiriokritizismus» in die Hand, er saugt das Buch auf wie ein ausgetrockneter Schwamm. Nächtelang, monatelang Marx, Engels, Lenin, Geschichte, Philosophie, Gorki, Majakowski. Er spricht mit Arbeitern, rezitiert in Massenversammlungen, sammelt Geld für ausgesperrte Ruhrkumpel und schreibt daneben die gesellschaftskritische Komödie «Knock out» («...sie ist zum Glück verlorengegangen», sagt er), die in Wiesbaden aufgeführt wurde. Er gründet Arbeitertheatertruppen, Agitpropchöre, steht Streikposten, diskutiert die Nächte hindurch mit Schauspielerkollegen. Dies alles seit 1928 an

Luise Dumonts ehrbarem Düsseldorfer Theater, das ihn als Schauspieler und Regisseur verpflichtet hatte. Am Abend als Max Piccolomini auf der Bühne, beim Morgenschichtwechsel verteilt er Flugblätter, eilt zu Proben ins Theater zurück und probiert nach Feierabend mit Arbeiterchören das große Chorwerk von Eisler-Brecht «Die Maßnahme», das vor Arbeitermassen in der Düsseldorfer Tonhalle gespielt wird. 1933, Bücherverbrennungen, Verhaftungen, Marschtritt der Barbarei. Er spielt den Franz Moor. Die Gestapo dringt in sein Haus ein, Haussuchung, Festnahme, Konzentrationslager. Nach der Entlassung geht er nach Berlin, wird vor neuerlicher Verhaftung gewarnt, flieht in die Schweiz, wo er zusammen mit Heinz, Paryla, Lindtberg, Teo Otto, Ginsberg, Giehse und Steckel Theater spielt. Harte Auseinandersetzungen um das realistische Theater, Fragen der Klassikerinterpretation, Kampf gegen den Faschismus, Fragen um die Zukunft des deutschen Theaters. In dieser Zeit entsteht seine Erlebnisreportage «Die Moorsoldaten», das erste Buch über die deutschen Konzentrationslager, das in mehrere Sprachen übersetzt wurde und wesentlich dazu beitrug, den Schleier, der über der Hitlerschen Infamie lag, vor der Weltöffentlichkeit zu lüften. Er spielte u. a. Egmont, Peer Gynt, Prinz Heinz, Tellheim. 1945, nach der Befreiung durch die alliierten Armeen, in den Hungerjahren des zertrümmerten Deutschlands, als viele prominente Theaterleute ihre Zuflucht in der Schweizer Oase suchten, kehrt Langhoff mit einem Rucksack in eine ungewisse deutsche Zukunft zurück, um seine Kraft dem Aufbau eines fortschrittlichen deutschen Theaters zur Verfügung zu stellen. Er wird in Düsseldorf Intendant, baut unter schweren Verhältnissen ein Ensemble auf, inszeniert u. a. die bislang verbotenen Stücke der humanistischen deutschen Tradition wie «Nathan der Weise» und Ansätze zu einem neuen deutschen Drama wie «Professor Mamlock».

1946 wird er als Intendant an das Deutsche Theater in Berlin berufen, 1949 wegen seiner Verdienste um den Aufbau eines demokratischen Theaterlebens und der Inszenierung von Wischnewskis «Optimistischer Tragödie» mit dem Nationalpreis ausgezeichnet. Er nimmt sich der jungen Dramatik an, seine erste Inszenierung in Berlin ist Schmitthenners «Ein jeder von uns». Zu seinen wichtigsten Regiearbeiten der letzten Zeit gehören «Woyzeck», «Faust I», «Die Sonnenbrucks», «Revisor», «Chirurg». Wichtige Rollen: Kreon, Mephisto, Joachim Peters.

Unmöglich, in unserem Rahmen Langhoffs organisatorische und

kulturpolitische Arbeit zu umreißen, obgleich gerade die Verschmelzung seiner Kunst mit dem Leben, mit den großen politischen Aufgaben unseres Volkes bestechend ist. Langhoff ist ein Künstler, der frühzeitig und unbedingt Partei ergriffen hat. Die Partei des Menschen, des Lebens, der Zukunft. Seine Kunst will wirken, will mit der Kraft der jungen Arbeiterklasse die Welt verändern, das Bild des Menschen von Schmutz und Erniedrigung reinigen. Sein ganzes Leben hat unter dieser Aufgabe gestanden, von ihr bezieht er seine künstlerische Kraft, die zwingende Logik seiner immer in sich geschlossenen Aussagen.

Sein auffälligster Charakterzug ist eine wache, angespannte Sachlichkeit, eine fast leidenschaftliche, fast glühende Vernünftigkeit. Jedwede Unwahrheit auf der Bühne, wie genialisch sie sich immer gebärden mag, ist ihm verhaßt. Die Kunst seiner Regie besteht vor allem darin, eine folgerichtige Kette klarer Situationen zu schaffen, die dem Schauspieler zu wahren und tiefen Gefühlen auf der Bühne verhelfen. Wie vorbehaltlos er bemüht ist, jede Unklarheit, jeden schönfärberischen Nebel auf der Bühne zu beseitigen, so vorbehaltlos auch wendet er sich gegen ein kaltes, skeptizistisches Gedankentheater. Er will große Erlebnisse, wahre Gefühle, ergreifendes Menschentum vermitteln, die Herzen und Hirne bewegen und zu großen Aufgaben begeistern. Deshalb schätzt er Klassikeraufführungen «in Unterhosen» so wenig wie solche «in Toga». Deshalb hütet er sich vor psychologisierender Kleinlichkeit und pedantischer Historienmalerei so gut wie vor Wortarien, Verzückungen und komödiantischen Vordergrundswirkungen. Seine Inszenierungs- und Spielweise ist vornehm, von mehreren Lösungsmöglichkeiten sucht er die einfachste und die schwerste. «Eine Inszenierung scheint mir dann gut, wenn man ihr nicht mehr anmerkt, daß ein Regisseur da war.» Das sind seine eigenen Worte, und ich vermute, daß mancher Schauspieler, der mit ihm gearbeitet hat, darüber lachen wird, denn Langhoff gehört zu den unbequemen Regisseuren. Seine Methode ist eine kritische. Immer unzufrieden mit sich und anderen, immer nach neuen Lösungen suchend, hält er jeden Schauspieler in der Unruhe des schöpferischen Prozesses, der auch mit der Premiere nicht abgeschlossen ist.

Dabei kenne ich keinen Menschen, der wie Langhoff jedweder Kritik zugänglich ist. Es kommt vor, daß eine Probe, eine Arbeitsbesprechung in eine Diskussion mündet, daß irgendein kritischer Hinweis alles gerade Erarbeitete in Frage stellt. Seine Fähigkeit, auch unzulängliche Kritik zu Ende zu denken, sich schöpferisch zu eigen zu machen und in künstlerische Arbeit umzusetzen, ist eine glückliche Voraussetzung zu echter Ensemblearbeit. Mitten im Leben stehend, der Zeit und der Zukunft der Menschheit tief verbunden, kämpft er um das Theater der Zukunft, um das Theater ohne «Theater», um das Theater der Wahrheit in einer großen, menschlichen Welt.

Aus: «Aufbau», Heft 10/1951. Unter dem Intendanten Wolfgang Langhoff arbeitete Kipphardt von 1950 bis 59 als Dramaturg bzw. Chefdramaturg am Deutschen Theater in Berlin.

Der Schauspieler Ernst Busch

Ich lernte Ernst Busch nicht in einem Theater, sondern in einem Schlammloch der russischen Front kennen. 1943, nachts, auf dem Rückzug der geschlagenen faschistischen Armeen durch die Ukraine. Ich war naß, ich fror, ich hatte Hunger. Ich war müde, verlaust, apathisch, interesselos. Eine zusammenhängende Kampflinie bestand nicht mehr, Schneeregen fiel, der Wind kam von der anderen Seite. Ein Lautsprecher eines Propagandatrupps der Roten Armee begann eines seiner Fünf-Minuten-Programme. Nachrichten, Informationen. Danach kam ein Lied von einer abgespielten Schallplatte über schrillen Lautsprecher aus etwa zwei Kilometer Entfernung. Ein deutsches Arbeiterlied. Ich kannte es nicht, und ich kannte den Mann nicht, der es sang. Die Worte hatten für mich keine Bedeutung, trotzdem hörte ich auf einmal zu. Ich wußte nicht warum, ich wollte nicht, trotzdem hörte ich zu. Die Stimme verjagte meine Apathie. Was packte mich an dieser Stimme? Ist sie schön? Natürlich ist sie auch schön. Aber es war nicht ihre Schönheit, die mich ergriff, auch nicht die Klarheit, die Genauigkeit, nicht die aggressive Schärfe, die diese Stimme hatte. Es war etwas anderes. Diese Stimme wußte, was ich nicht wußte. Diese Stimme wußte, daß der Mensch, daß die Vernunft, daß die Wahrheit triumphieren wird. Sie wußte darüber hinaus, wie das zu machen ist, wie schwer das zu machen ist. Das war der Grund für die karge Schönheit, das war der Grund für die harte Klarheit, das war der Grund für die metallene Schärfe, das war der Grund für die glühende Vernunft dieser Stimme. Dieser deutschen Stimme, dieser Stimme der deutschen Arbeiterklasse. Das war die Stimme von Ernst Busch, von einer abgespielten Schallplatte über schrillen Lautsprecher Taktik und Strategie der Wahrheit lehrend.

Warum ich davon spreche? Als ich dem Schauspieler Ernst Busch begegnete, fand ich diese Eigenschaften wieder. Reicher, wie mir schien, beherrschter und klüger ausgeprägt. Seine schauspielerischen Mittel, seine Gesten, sein Körperausdruck, seine Spielweise findet man in seiner Stimme vorgebildet. Andererseits findet man im Vortrag eines Liedes auch den Reichtum des Schauspielers. Die Scheu vor falschen Gefühlen, die Scheu vor hohlen Worten, den Mut, den Worten auf den Grund zu gehen, die Wahrheit nackt und rücksichtslos zu sagen, den Mut zu einer neuen Qualität der Schönheit. Einer Schönheit ohne Verschönerung, einer Schönheit, die sich ohne Umweg aus der Wahrheit ergibt. Dieser Absicht dient die Einheit seiner schauspielerischen Mittel. Eine selten erreichte Einheit, aber sie allein macht noch nicht die Anziehungskraft einer starken oder originalen Schauspielerpersönlichkeit aus. Es muß etwas dazukommen: die Einheit mit der Zeit, mit den Entwicklungstendenzen der Zeit. Erst dann erkennt der Zuschauer sich in eben jenem Schauspieler, seine Gefühle, seine Konflikte, seine Gedanken. Erst dann ist ein Schauspieler populär, erst dann wird der Schauspieler geliebt.

Wer diesen Faktor unbedeutend findet, der sehe sich die großen Schauspieler der vergangenen Zeiten an. Er wird in ihnen mehr als nur den Kunstgeschmack ihrer Zeit finden. Er höre sich die Schallplatten der Gestirne in der Schauspielkunst an, er höre Moissi, er höre Kainz. Es kann sein, daß er erschrickt, wenn er den Zusammenhang mit ihrer Zeit außer acht läßt.

Die Schauspielkunst ist unmittelbarer, lebensnäher, gesellschaftsverbundener als alle anderen Künste. Aber sie ist auch kurzlebiger.

Noch einmal: Der große Schauspieler braucht die Verbindung zu den Entwicklungstendenzen seiner Zeit. Diese Verbindung zeichnet den Schauspieler Ernst Busch vor allem aus. Die Verbindung mit dem wichtigsten Faktor der neueren Zeitgeschichte, der Emanzipation der Arbeiterklasse in der ganzen Welt. Der Weg des Schauspielers Ernst Busch ist von seinem Weg mit der deutschen Arbeiterklasse nicht zu trennen. Es gibt kaum eine Phase im Kampf der deutschen Arbeiter zwischen den beiden Weltkriegen, die nicht auf das Leben und die Arbeit von Ernst Busch eingewirkt hätte, und es gibt kaum ein Ereignis in diesem Kampf, auf das nicht andererseits der Schauspieler und Sänger Ernst Busch einzuwirken versuchte. Er sang und rezitierte in tausend Versammlungen, Massenkundgebungen. Vor Streikenden, vor Arbeitslosen, bei Demonstrationen. Alte Arbeiterlieder, neue Arbeiterlieder. Arbeiterlieder aus aller Welt, die von Mund zu Mund gingen, die zu Kampfparolen wurden. Lieder von revolutionären Dichtern und revolutionären Musikern, Lieder, entstanden aus den Kämpfen der Arbeiter, wirkungsvolle und kunstvolle Lieder gleichzeitig, schöne und wahre Lieder gleichzeitig, Volkslieder in einer neuen Zeit von einem Volkssänger gesungen.

Die Arbeiter fanden ihr Leben darin, ihre Hoffnungen.

In den Liedern, die Ernst Busch sang, in den Stücken von Toller, Wolf, Brecht, in den hundert anderen Rollen, die Ernst Busch spielte, fanden sie immer die Sache der Arbeiterklasse, fanden sie ihre Art, Partei zu nehmen, fanden sie immer sich selbst. Für ihre Sache kämpfte Ernst Busch bei den Interbrigaden in Spanien, mit ihnen saß Ernst Busch in den Zuchthäusern Hitlers, für sie spielt Ernst Busch heute Theater.

Diese Einheit von Leben und Werk ist bestechend. Von ihr ist seine Schauspielkunst getragen. Die Wahrheit seiner Gefühle. Die Genauigkeit seines Denkens, die Klarheit seiner Beweisführung, die ganz mühelos, ganz selbstverständlich, ganz natürlich scheinen und schwer erarbeitet sind.

Aus: Deutsches Theater. Bericht über 10 Jahre. Henschelverlag, Berlin (DDR) 1957. (Zuerst im Programmheft Nr. 3 des Deutschen Theaters in der Spielzeit 1954/ 55.) Ein späteres Busch-Porträt Kipphardts wird in dem Band «Ruckediguh...» der Werkausgabe abgedruckt.

Über Rudolf Wessely

Ich gehe nur noch selten ins Theater. Ich ziehe Kriminalprozesse vor. Auch Boxkämpfe. Auch die Liebe natürlich. Wenn ich aus dem Theater herauskomme, beobachte ich an mir ein großes Verlangen nach rohem Fleisch und scharfen Gewürzen. Die bekömmliche Schonkost, vitaminangereichert, der behäbigen Köche mit den Erfolgsrezepten ist mir zuwider, die Zähne fallen einem davon aus. Ich verlange nach dem rohen Fleische der Wirklichkeit, mit den scharfen Gewürzen, die das Theater zur Verfügung hält, zum Genusse zubereitet. Ich verlange bedeutende Abbildungen der Welt, in der wir leben und die wir zu verändern wünschen, da wir Menschen sind. Natürlich müssen sie mir Spaß machen, natürlich muß ich sie genießen können. Sie müssen also sehr gut, sehr genau, sehr reich an Neuigkeiten sein. Die behäbigen Köche liefern das so selten, weil sie vor allem ihren Erfolg liefern wollen. Sie wissen genau, was gefällt, aber sie irren sich. Also werden die neuen Köche ungeduldig erwartet, damit das Theater das riskant Abenteuerliche erhalte, das wir uns wünschen.

Einer der fünf oder sechs neuen Köche, die ich kenne und deren Gerichte mir schmecken, ist der junge Theatermann Rudolf Wessely. Wir haben fast zehn Jahre miteinander gearbeitet, und wir sind über der ersten Arbeit zu Freunden geworden. Ich leitete damals die dramaturgische Abteilung des Deutschen Theaters und der Kammerspiele in Berlin. 1952 schrieb ich mein erstes Stück, die Satire «Shakespeare dringend gesucht». Es war ein ziemlich riskantes Stück, und es gehörte Mut dazu, das Stück aufzuführen. Das Deutsche Theater, das sich zu der Uraufführung entschloß, konnte für die Hauptrolle einen sehr renommierten, sehr erfolgssicheren Schauspieler anbieten. Ich bestand auf der Besetzung mit Rudolf Wessely, einem in Berlin damals fast unbekannten jungen Schauspieler. Er war nicht lange vorher von Wien ans Deutsche Theater engagiert worden, ich hatte ihn in einigen kleineren Rollen gesehen, und ich war von seinem eigenartigen komischen Talent hingerissen. Seine Komik hatte etwas von der ernsten Wahrhaftigkeit Chaplins, etwas von der ratlosen Ungeborgenheit der kafkaschen Helden, etwas von der resignanten Melancholie der Wiener Volkskomiker. Das Bild des kleinen Mannes, in die Fährnisse der heutigen, widerspruchsvollen Welt geworfen, widerwillig mit ihnen kämpfend. Wir arbeiteten mehrere Monate miteinander, ehe die Proben anfingen, jede Scene miteinander durchgehend, neue Scenen entwerfend. Die Premiere wurde zu einem Triumph für Rudolf Wessely, der über Nacht in die erste Reihe der Berliner Schauspieler getreten war. Das Stück wurde an vielen Bühnen in einem Dutzend Länder gespielt, und ich sah die Rolle nirgendwo ähnlich vollkommen gespielt.

Es folgten für Wessely am Deutschen Theater die Titelrollen in Androklus von Shaw, Columbus von Peter Hacks, Piontek in einer satirischen Farce von mir, außerordentlich verschiedene Figuren, die Spannweite des Talentes beweisend. Er spielte Nestroy-Rollen, Filippo, Büchner, Gogol, Shakespeare. Seine ätzende Studie des Doktors in «Woyzeck», sein Narr im «Lear» sind mir in genauer Erinnerung. Reichtum der Beobachtung, Lebenswahrheit, kühne Interpretation und große Bescheidenheit vor dem Werk kennzeichneten seine schauspielerische Arbeit. Und es war evident, daß hier nicht nur ein bedeutender Schauspieler heranwuchs, sondern auch ein Regisseur, ein junger Theatermann, unzufrieden mit sich, mit dem Zustand des Theaters und willens, seine eigenen Vorstellungen zu verwirklichen. Er machte es sich schwer. Jeder seiner Inscenierungen gingen lange Vorarbeiten voraus, inspirationslose Recherchen, mit dem Fleiß und der Geduld eines Insektenforschers angestellt. Er studierte die Zeitdokumente, die Bilder, die Musik der Zeit, die philologische Sekundärliteratur, so unergiebig sie sein mochte, die Interpretationen, die das Stück bisher erfahren hatte, er stellte all die trockenen Studien an, die gebraucht werden, um sich inspiriert und frei im Stoff bewegen zu können. Dann erzählte er auf dem Theater die alte oder die neue Geschichte auf die einfachste Weise, die Mittel des Theaters in den Dienst der Geschichte stellend und wissend, daß die Kunst erst groß wird, wenn man ihre Mittel nicht mehr bemerkt. Und er erzählte die Geschichten so, daß sie uns etwas angingen, mutig, kraß und unbequem, auf den Erfolg nicht spekulierend. Er inscenierte Stücke von O'Casey («Harfe und Gewehr»), Filippo, Sartre, Goldoni, Gogol, Giraudoux («Amphitryon 38»), Gorki, Shakespeare am Deutschen Theater in Berlin und «Nachtasyl», «Die chinesische Mauer» von Frisch, «Die Stühle des Herrn Szmil» von mir in Wuppertal, äußerst eindrucksvolle Proben eines eigenwilligen und kräftigen Regietalents, nach meiner Ansicht eines der besten, über die das junge Theater in Deutschland verfügt.

Typoskript im Nachlaß. Entstanden ca. 1961.

8.
Ortswechsel

Die Rückkehr in die Bundesrepublik
(1959)

Ende der fünfziger Jahre wurde in der Kulturpolitik der DDR erneut ein restriktiver Kurs durchgesetzt. Heinar Kipphardt war unmittelbar betroffen davon. Der Spielplan des Deutschen Theaters wurde öffentlich verurteilt, dem Chefdramaturgen Kipphardt eine Vorliebe für unverbindliche Unterhaltung und spätbürgerliche Dramatik vorgeworfen. Sozialistische Zeitstücke würden zu wenig gespielt. Zugleich geriet Kipphardts ästhetische Position ins Schußfeld. An maßgeblicher Stelle wurde bemängelt, Kipphardt vernachlässige «den Klassenstandpunkt der Arbeiterklasse – der heute u. a. in der völligen Identität mit dem Parteistandpunkt besteht und der das wichtigste ideelle Kriterium für den sozialistischen Charakter eines Dramas ist» («Sonntag», Nr. 1/1958). Im Klartext hieß das, in einem guten sozialistischen Stück müsse der Parteivertreter immer recht bekommen. Kipphardt dagegen hatte schon fünf Jahre vorher in seinem Essay «Zur Frage des Typischen» gespottet über Dramen mit «ewig rechthabenden, von keinem Konflikt auch nur berührten Parteifunktionären, die fade und langweilig, wenn nicht wegen ihrer dozierenden Rechthaberei gar unsympathisch wirken».

Der Intendant Langhoff mußte sich – ebenfalls öffentlich – fragen lassen, wie lange er noch in der Spielplanpolitik «seinem Chefdramaturgen diese Extrakutsche vermieten wird» («Sonntag», Nr. 35/1958). Langhoff reagierte: vor einer inquisitorischen Kommission lieferte er die geforderte Selbstkritik und distanzierte sich von Kipphardt. Dessen neues Stück, die Sozialismus-Satire «Esel schrein im Dunkeln» (späterer Titel: «Die Stühle des Herrn Szmil»), vom Deutschen Theater bereits zur Uraufführung angenommen, konnte dort nicht mehr gespielt werden.

Auch wegen seiner Prosa sah sich Kipphardt nun – neben anderen Autoren – angegriffen. Die Erzählung «Der Hund des Generals» wurde als Beispiel einer «harten Schreibweise» verurteilt, eines «hartgesottenen Stils», der von amerikanischen Schriftstellern wie

Ernest Hemingway und Norman Mailer inspiriert sei. Der Krieg werde zu naturalistisch in seinen Greueln geschildert, statt einer klaren sozialistischen Perspektive herrschten Resignation und Nihilismus vor. Im Organ des DDR-Schriftstellerverbandes zog eine Kritikerin Bilanz: «Das Hinüberwechseln einiger unserer Autoren auf jene ‹allgemein-menschliche› Position der amerikanischen Anarchisten ist ein politischer und literarischer Rückschritt.» («Neue Deutsche Literatur», Heft 8/1959, S. 95)

Heinar Kipphardt sah unter solchen Bedingungen für sich kein sinnvolles Betätigungsfeld mehr in der DDR. Er kündigte seinen Vertrag am Deutschen Theater und vereinbarte zunächst einen befristeten Arbeitsaufenthalt in der Bundesrepublik. Am Düsseldorfer Schauspielhaus fand er ein erstes Engagement. Als die Zeitung «Die Welt» ein unkorrekt wiedergegebenes Interview mit ihm veröffentlichte, erschienen in der DDR neue Angriffe auf Kipphardt. Er entschloß sich, auch seine Familie in den Westen zu holen.

Es war eine bittere Konsequenz, nach zehn Jahren den mit so viel Optimismus begonnenen sozialistischen deutschen Staat wieder zu verlassen. Öffentlich hat sich Kipphardt dennoch nicht zum Dissidenten stempeln lassen, er hat seiner Enttäuschung niemals freien Lauf gelassen. Nur in seinen Notatheften und in Briefen an wenige gute Freunde bekannte er offen die schmerzhafte Zerstörung seiner Hoffnungen. Daß die Linke in der BRD so hilflos sei, schrieb er am 29. September 1960 seinem Freund Boris Djacenko, «das hat auch ein bißchen mit der ausgeschlagenen Chance zu tun, die es einmal in der DDR gegeben hat. Da liegt ein historisches Verbrechen, das Jahrzehnte kosten kann. Denn diese Chance ist vertan.»

«Künstler kennen keine Zonengrenze»

Ehemaliger Ostberliner Dramaturg im Westen – Ein Interview / Von Helmuth de Haas

Im Mai dieses Jahres wurde Dr. med. Heinar Kipphardt (geb. 1922) von seinen Pflichten als Chefdramaturg des Deutschen Theaters in Ostberlin entbunden. Funktionäre und Presseorgane der SED hatten wochenlang scharfe Angriffe gegen ihn und seinen Intendanten Wolfgang Langhoff gerichtet: Kipphardt habe «revisionistische Tendenzen» verfolgt. Langhoff distanzierte sich offensichtlich von ihm und gelobte Besserung. Der «Welt» wurde bekannt, daß Dr. Heinar Kipphardt inzwischen von K. H. Stroux als Dramaturg des Düsseldorfer Schauspieles engagiert worden ist. Wir sprachen mit Stroux und Dr. Kipphardt.

Wir riefen Karl Heinz Stroux an: «Herr Stroux, das schmeckt sensationell, nicht wahr?» Der Chef des Düsseldorfer Schauspielhauses war nicht dieser Ansicht: «Ich werde Ihnen folgendes sagen – das ist nicht die Bohne sensationell, nicht die Bohne ist das 'ne Sensation!»

«Inwiefern nicht, Herr Stroux?» – «Weil ich Kipphardt engagiert habe als Künstler, als Dramaturg, als Regisseur, ganz unpolitisch. Das hat mit Politik überhaupt nichts zu tun.»

«Gut. Aber wir möchten uns mit Dr. Kipphardt unterhalten. Fragt sich, wann?» Wir vereinbarten einen Gesprächstermin.

«Woher hatten Sie das eigentlich?» fragte K. H. Stroux zur Begrüßung. Dr. Kipphardt war noch nicht da. – «Aus Hamburg.» – «Und wo hatte Hamburg es her?» – «Aus Berlin vermutlich.» – «Nicht aus Düsseldorf?» – «Kaum.»

Dr. Kipphardt tauchte auf, mittelgroß, sagen wir 1,70, dunkler Anzug, dunkelbraunes Wollhemd, sehr ruhig und ziemlich sympathisch, gleich auf den ersten Blick. Frau Stroux bot Getränke an. K. H. Stroux war in Hochform: «Junge, das mit der Presse mußte hinnehmen, verstehse, sonst kommt Blödsinn raus, behauptense allen möglichen Quatsch, behauptense sonst. Besser so, siehste doch ein, ja?»

Kipphardt nickte. Ich sagte: «Interview, Herr Stroux! Jetzt müßte ich mal drei Sätze fragen, finden Sie nicht?»

Kipphardt lächelte. K. H. Stroux setzt sich zurecht: «Paß ma auf, Doktor, kannste alles schreiben. Ich gebe eine Erklärung ab, ja, 'ne Erklärung. Ich gebe folgende Erklärung ab (mir fiel Mijnheer Peeperkorn aus dem «Zauberberg» ein, Stroux war imponierend –): Also, es sind rein künstlerische Gründe, die mich veranlaßt haben, den Kipphardt für die nächsten sechs Monate zu engagieren. Unter den deutschen Künstlern hat es die Zonengrenze nie gegeben. Nicht einen Tag. Der Kipphardt ist hier als Theatermann, will was lernen, lernt auch was, und ich lerne von ihm was und er lernt was von mir. Das ist der ganze Laden. Ist überhaupt keine Sensation.»

«Herr Dr. Kipphardt, sind Sie Zonenflüchtling?»

«Nein. Ich wohne in Krefeld bei meiner Schwiegermutter, meine Familie ist nach wie vor in Ostberlin. Mein Vertrag geht über sechs Monate.»

«Wie kamen Sie auf die Idee, zu Herrn Stroux nach Düsseldorf zu gehen?»

«Ich war neun Jahre bei Langhoff. Ein Bühnenwechsel konnte mir nicht unbedingt schaden. Einfach, um Erfahrung hinzuzugewinnen. Übrigens habe ich in gewissen Abständen westdeutsche Bühnen immer besucht, um Stücke zu sehen, Aufführungsstil und so weiter.»

«Das stand Ihnen ganz frei?»

«Natürlich.»

«Ich meine, beiderseits.»

«Ja, natürlich, beiderseits.»

«Welches Stück schreiben Sie für Herrn Stroux, oder anders gefragt: Stimmt es, daß Sie ein neues Stück schreiben, mit dem das Düsseldorfer Schauspielhaus dann herauskommen wird?»

«An einem neuen Stück arbeite ich gerade. Ob es Herrn Stroux gefallen wird, weiß ich selbstverständlich nicht. Das wird sich zeigen.»

Stroux schmunzelte. Ich fragte Dr. Kipphardt:

«Sie sind also nicht als Stückeschreiber engagiert oder auf mäzenatischer Basis?»

«Fragen Sie den Chef!» Und K. H. Stroux betonte: «Nix da! Der Kipphardt arbeitet wie die anderen auch. Wie der Graf Treuberg, Dr. Appel und wie der Kuno (Epple) arbeitet er bei mir. Dafür kriegt er seine Gage.»

«Das hört sich alles fein unpolitisch an, Herr Stroux.»

«Genauso! Unpolitisch! Ist doch klar: künstlerisch, er ist als Künstler engagiert.»

«Aber das würde ihn doch noch nicht daran hindern, hier – sagen wir mal – zu agitieren.»

«Er sagt seine Meinung, wir sagen unsere Meinung!» rief Stroux aus, sprang auf und bezog sich noch einmal auf seine Eingangserklärung. Dann fuhr er fort: «Wie soll es nach der Wiedervereinigung sein? Wie soll es denn sein? Da steht doch dann Meinung gegen Meinung, nicht wahr? Na, und wir üben das eben schon, der Kipphardt und ich, wir üben das!»

«Kommt denn Herr Dr. Kipphardt zu Wort?»

«Das ist seine Sache. Muß er sich durchsetzen bei mir, verstehste?»

«Verstanden. Dr. Kipphardt, welches Ihrer Stücke war ein besonderer Erfolg? Und könnte es möglicherweise hier gespielt werden? Und könnte es nach der Wiedervereinigung in ganz Deutschland gespielt werden?»

«1953 kam ‹Shakespeare dringend gesucht› – gespielt in zwölf Ländern...»

«Ländern des Ostblocks?»

«Blockdenken –! Na ja, also vor allem. Aber auch in Japan und Finnland. Ob es hier gespielt würde? Ich glaube, nein. Damit ist Ihre Zusatzfrage wahrscheinlich auch beantwortet. Mein letztes Stück: ‹Die Esel schreien nachts›.»

«Ist es schon aufgeführt worden?»

«Bisher nicht.»

«Warum nicht, Herr Kipphardt?»

«Es ist noch nicht aufgeführt. Vielleicht wird es mal...»

«Sie sind Dramaturg im Hause Stroux. Vielleicht reichen Sie's mal Ihrem Kollegen rüber.»

«Warum nicht...»

«Bleiben Sie jetzt durchgehend hier?»

«Nein, ich fahre in einigen Wochen zu meiner Familie nach Ostberlin.»

«Was hatten Sie gegen mein ‹Blockdenken›, Herr Kipphardt? Ich habe diese Blöcke nicht erfunden.»

«Ich auch nicht. Aber ich bin gegen die Atombewaffnung und gegen Blockdenken. Man muß miteinander reden. Darauf wird es früher oder später doch hinauslaufen.»

«Wir reden miteinander. Aber was Atomwaffen betrifft, kann ich nur sagen, daß weder die Bundesrepublik noch die Zone Atomwaffen produziert, meines Wissens. Das sind Propagandakategorien, damit kommen wir nicht weiter.»

«Die Realität – zwei deutsche Staaten, DDR und Bundesrepublik. Davon muß man ausgehen, wenn wir die Wiedervereinigung wollen und weil wir sie wollen. Man muß ganz einfach heute – die Karre ist so wahnsinnig verfahren! – vom realen Status ausgehen und miteinander reden. So fängt es an...»

«Gut. Ich möchte mal gerne mit Harich reden. Wie mancht man das? Oder mit Ulbricht, von dem ich neulich las, er sei ein absolut integrer Mann, fleißig, Nichtraucher, Frühaufsteher und vieles mehr.»

Stroux sprang auf und spielte Harich 1946. Rief: «Der Harich benahm sich doch infantil. Das müßten die doch merken! Infantil und idiotisch, ihn zu verurteilen. Einfach idiotisch.»

«Herr Stroux, er war ‹Staatsverräter›», sagte ich.

«Schreiben Sie ruhig, daß ich das gesagt habe. Ich finde es idiotisch, weil ich den Harich kenne. An dem Abend, an dem die Dorsch ihm eine klebte, da saßen wir doch zusammen in Berlin, der Friedrich Luft und der Harich und ich und noch 'n paar Menschen...»

«Herr Stroux, das ist aber doch jetzt schiere Romantik, oder?»

«Das kann der Ulbricht nicht machen. Kann er nich' machen. Nä!»

«Dr. Kipphardt, Sie sind Mediziner?»

«Nervenarzt. Irrenarzt. Paßt prima zum Theater. Ich wollte damals einen anständigen Beruf erlernen, weil ich auswandern wollte.»

«Auswandern?»

«Ja, mein Vater war aus politischen Gründen im KZ ermordet worden. Unter den Nazis Geisteswissenschaften zu studieren, das war wohl überhaupt nicht drin, deshalb wurde ich Arzt. Sind ja viele Schriftsteller Ärzte gewesen...»

«Benn, Bamm, Carossa, Kipphardt. ...Wenn Herr Stroux Sie vor die Tür setzen würde wie Langhoff, könnten Sie wieder Arzt werden. Ich weiß, das klingt zynisch, ist es aber nicht.»

«Langhoff hat mich nicht vor die Tür gesetzt. Ich hatte, bevor der ganze Trubel losging, schon lange gekündigt. Im Dezember 58 hatte ich meine Kündigung schon eingereicht. Nein. Ich wollte zeitlichen

Spielraum gewinnen. In den Ostdramaturgien wird gearbeitet, ziemlich hart gearbeitet. Es fällt immer schwerer, eigene Sachen zu schreiben.»

«Klar. Und hier können Sie noch schreiben? Läßt Ihnen Herr Stroux die nötige Zeit?»

«Bis jetzt ja...»

Der neue Mitdramaturg des Düsseldorfer Schauspielhauses, der einen wirklich erfreulichen und glaubwürdigen Eindruck macht, hat es nicht einfach im Westen. Benähme er sich wie ein Chamäleon, würde man ihm das ankreiden, es verübeln. Träte er mit dem Vokabular der «DDR» auf, man würde es ihm genau so verübeln und ankreiden. Das ist die Lage...

Aus: «Die Welt», 1. Oktober 1959. Nachdruck mit freundlicher Genehmigung der Verlagsleitung «Die Welt». Kipphardts Stellungnahme zu dem Artikel enthält der nachfolgende Brief.

Aus Briefen (1959/60)

An die Redaktion der «Welt»   Düsseldorf, 6. Oktober 1959

Sehr geehrte Herren,
auf dringenden Wunsch Ihres Herrn de Haas wurde diesem von Herrn Stroux und mir ein Interview gegeben. Da das Gespräch nicht protokolliert und auch nicht auf Tonband genommen wurde, vereinbarten wir im Interesse einer korrekten Information, daß Herr de Haas uns seinen Text vor der Veröffentlichung vorlegen solle. Diese Abmachung wurde von ihm bedauerlicherweise nicht eingehalten.

Ich bin daher veranlaßt, einige mich betreffende unrichtige Angaben richtigzustellen:

1) Ich bin von Herrn Stroux nicht als Dramaturg, sondern als Bühnenschriftsteller an das Düsseldorfer Schauspielhaus engagiert worden. Mein Vertrag, der auf sechs Monate begrenzt ist, sieht vor, daß ich in Verbindung mit dem Düsseldorfer Schauspielhaus ein neues Stück schreibe. Darüber hinaus ist lediglich vereinbart,

daß ich während dieser Zeit den einen oder anderen jungen Dramatiker berate, an dessen Arbeitsvorhaben die Leitung des Düsseldorfer Schauspielhauses Interesse nimmt.
2) Ich bin auch nicht im Mai dieses Jahres meiner Pflichten als Chefdramaturg des Deutschen Theaters entbunden worden. Ich habe vielmehr im Mai meinen vertraglich vereinbarten Arbeitsurlaub angetreten, nachdem ich im Dezember 1958 gekündigt hatte.
3) Ich meine, daß ein Interview alle als Zitat angeführten Äußerungen wortgetreu oder doch dem Wortsinn genau entsprechend wiederzugeben hat. Da Ihre Zeitung im Falle dieses Berichtes diese Gepflogenheit mißachtet hat, vielmehr Herr de Haas sehr frei zitiert, nach seinem Ermessen wegläßt, ändert, hinzufügt und die Zitate oft auch in andere Sinnzusammenhänge stellt, öffnet Ihre Zeitung der Ungenauigkeit und dem Mißverständnis Tür und Tor. Der Bericht ist eher ein Feuilleton über ein Gespräch als ein Interview. Das war aber nicht die Abmachung.

Kleine Beispiele für die Freiheit der Zitate: Ich sage nach dem Interview, daß mein Vater aus politischen Gründen im KZ ermordet worden sei. Mein Vater, ehemaliger politischer KZ-Häftling, lebt aber in Krefeld. Zum Ausgleich läßt mich Herr de Haas dann bei meiner Schwiegermutter wohnen, die zwar in Krefeld lebt, bei der ich aber nicht wohne. Er läßt mich an anderer Stelle sagen, daß mein letztes Stück «Die Esel schreien nachts» heiße. Der Titel ist aber: «Esel schrein im Dunkeln». Nebensächlichkeiten, gut, aber ich zeige ja nur die Methode an Beispielen, die deutlich zeigen, daß der Bericht nicht dem von mir Gesagten entspricht. Sie werden zugeben, daß ich den Titel meines letzten Stückes kenne, daß ich weiß, ob mein Vater noch lebt, und daß ich weiß, wo ich wohne.

Ich bitte Sie zu bedenken, daß Sie mich in die Lage eines Menschen bringen, von dem man annehmen muß, daß er die Unwahrheit gesagt hat. Dem Deutschen Theater in Berlin habe ich, der Wahrheit entsprechend, erklärt, daß ich vom Düsseldorfer Schauspielhaus auf sechs Monate als Bühnenschriftsteller engagiert bin. Nach dem Artikel bin ich als Dramaturg engagiert.

Ich bitte Sie daher, auf Seite 3, Politik, Ihrer Zeitung umgehend folgendes zu veröffentlichen:

In dem Artikel «Künstler kennen keine Zonengrenze» – Ehemaliger Ostberliner Dramaturg im Westen – Ein Interview von Helmuth de Haas (Die Welt, 1. Oktober 1959) sind Äußerungen von mir berichtet, die ich nicht getan habe. Insbesondere bin ich von Herrn Stroux nicht als Dramaturg, sondern als Bühnenschriftsteller an das Düsseldorfer Schauspielhaus engagiert worden. Mein Vertrag, der auf sechs Monate begrenzt ist, sieht vor, daß ich in Verbindung mit dem Düsseldorfer Schauspielhaus ein neues Stück schreibe. Dr. Heinar Kipphardt.

Mit vorzüglicher Hochachtung
Dr. Kipphardt

Briefkopie im Nachlaß Kipphardts.

An Alexander Abusch, Minister für Kultur

Düsseldorf, 11. Oktober 1959

Sehr geehrter Herr Minister!
Es fällt mir schwer, Ihnen diesen Brief zu schreiben. Er ist das Ergebnis langer, geduldiger und schmerzhafter Überlegungen. Ich bitte Sie, mir und meiner Familie die Ausreisegenehmigung aus der DDR zu erteilen.

Der Grund ist, dass ich unter den gegenwärtigen Bedingungen, besonders auf dem Gebiete der Kulturpolitik, keine Möglichkeiten mehr sehe, als Schriftsteller und Theaterfachmann nutzbringend zu arbeiten. Es ist bekannt, dass ich manche Prinzipien und fast die ganze Methodik der gegenwärtigen Kulturpolitik nicht für geeignet halte, eine sozialistische Kunst in Deutschland entstehen zu lassen. Ich habe meine Ansichten dazu dargelegt, solange das möglich war. Aus diesen Auseinandersetzungen hat sich ergeben, dass es für mich fernerhin auf dem Gebiet der Theaterarbeit keine Aufgabe gibt, dass meine Stücke entweder nicht gespielt oder verboten werden, dass meine sonstigen schriftstellerischen Arbeiten kaum eine Chance haben, publiziert zu werden. Ich sehe auch keine Möglichkeit, diese Lage zu ändern, da meine Vorstellungen von den Aufgaben des Theaters und von den Aufgaben des Schriftstellers in unserer Zeit den gegenwärtigen Forderungen der Kulturpolitik tatsächlich nicht entsprechen.

Ich glaube, dass es bei diesem Tatbestand keinen anderen Weg gibt, als Sie um die Genehmigung zur Ausreise zu ersuchen.

Ich beabsichtige nicht, irgendwelche Erklärungen abzugeben, die geeignet sein könnten, die DDR oder den Sozialismus zu schädigen, und ich will auch alle Handlungen unterlassen, die eine solche Wirkung haben könnten. Diese meine feste Absicht würde sehr erleichtert, wenn mir und meiner Familie eine legale Ausreisegenehmigung von den Behörden der DDR erteilt würde. Ich stehe zu jeder Art von Rücksprache gern zur Verfügung und bitte Sie, im Interesse der Sache zu überlegen, wie eine anständige Lösung gefunden werden kann.

Mit vorzüglicher Hochachtung!
Heinar Kipphardt

Brief-Durchschlag im Nachlaß Kipphardts.

An Walter Kohls   Düsseldorf, 27. Oktober 1959

Lieber Walter,
ich danke Dir für die Übermittlung des Briefes an den Minister für Kultur. […]

Ich bin sicher, dass Du meine Entscheidung missbilligst. Sie ist mir schwer geworden, und sie wird mir weiterhin schwer werden. Ich halte sie trotzdem und gründlich geprüft für richtig. Ich bitte Dich zu verstehen, dass es mir brieflich nicht möglich ist, meine Entscheidung umfänglich zu rechtfertigen. Nur soviel: Es ist bekannt, dass ich einige Prinzipien und fast die ganze Praxis der gegenwärtigen Kulturpolitik (die ja nicht ohne Zusammenhang mit der übrigen Politik ist) für falsch halte. Ich sehe in ihr einen Rückgriff auf die historisch überwundene Periode des Dogmatismus, und ich finde weder die internationale Lage noch die besonderen deutschen Bedingungen in ihr berücksichtigt. Ich habe sie im Jahre 1953 scheitern sehen, und ich habe die Berichte des 20. Parteitages im Gedächtnis. Ich habe meine Argumente oft geprüft und keine Möglichkeit gesehen, meine Ansichten zu revidieren oder gar billigende Erklärungen abzugeben. Ich sehe auch keine Möglichkeit, auf die von mir für falsch gehaltenen Ansichten und Praktiken Einfluss zu nehmen. Es hat sich ergeben, dass ich auf dem Gebiete des Theaters nicht mehr arbeiten kann, meine Stücke entweder nicht gespielt oder verboten werden, dass ich als Schriftsteller auch sonst nicht oder nur unter unberechenbaren seltenen Glücksumständen publizieren kann.

In dieser Lage scheint es mir richtig, eingegangene Bindungen fair und anständig zu lösen, da sie ihren Sinn offenbar verloren haben. Meine Sorge ist, wie das ohne öffentliches Aufsehen und schädliche Wirkungen zu machen ist. Was mich angeht, so werde ich mich wie bisher jeder Stellungnahme enthalten und alle Handlungen unterlassen, die eine schädliche Wirkung haben könnten. [...] Zu sagen ist noch, dass meine Entscheidung nicht von langer Hand geplant war. Ich machte den halbjährigen Vertrag mit Stroux als Bühnenschriftsteller vielmehr, um Zeit und Abstand zu gewinnen. Die Reaktion auf das dumme und falsche ‹Welt›-Interview hat mich zu einer vorzeitigen Entscheidung gezwungen.

Ich schrieb diese Zeilen nicht, um zu polemisieren oder eine sinnlose Rechnung aufzumachen, ich schrieb sie, um meine Haltung zu erklären. Es gibt Stunden, da ich sehr wünsche, meine Ansichten möchten sich als falsch erweisen.

    Ich wünsch Dir, den Kollegen und dem Haus gute Arbeit und ehrliche Erfolge. Herzlich
    Dein [Heinar]

Brief-Durchschlag im Nachlaß Kipphardts. Walter Kohls war der Verwaltungsdirektor des Deutschen Theaters.

An Boris Djacenko   Düsseldorf, 27. November 1959

Lieber Boris,
Dein Brief hat mich sehr gefreut, ich setze mich gleich hin, Dir zu antworten. Ich habe Dir bisher nicht geschrieben, weil ich allen Freunden Schwierigkeiten ersparen wollte. Ich übersah ausserdem ziemlich lange Zeit nicht, wie sich meine Sache entwickeln würde.

Ich berichte in Stichworten, wie es dazu kam, dass ich das Kulturministerium bat, mir und meiner Familie eine Ausreisegenehmigung erteilen zu lassen. Meine Absicht war, wie Du weisst, sechs Monate hier an einem neuen Stück zu arbeiten, um in dieser Zeit zu sehen, ob sich der düstere Schwachsinn der derzeitigen Kulturpolitik totläuft oder wenigstens in mildere Dementiaformen wandelt. Davon wollte ich abhängig machen, ob ich dann um eine offizielle Ausreisegenehmigung ersuche oder nicht. Dann kam das «Welt»-Interview, das ich nur gab, um meinen Fall nicht zu einer politischen Sensation aufbauschen zu lassen. Die Absprache war, dass ich das Interview vor Veröffentlichung zu sehen kriege und gutheisse. Die Absprache wurde nicht eingehalten, es wurde ein verhältnismäßig wohlmeinendes, aber ziemlich törichtes Feuilleton publiziert, das aber keine politischen Spitzen enthielt, jedenfalls nicht von meiner Seite. Die Reaktion darauf war mir unverständlich. Als man mir Leute auf den Hals schickte, die mich veranlassen wollten, sofort meinen Vertrag zu lösen, nach Berlin zu fahren, um dort Presseerklärungen abzugeben, zu denen ich mich vorher nicht bereit gefunden hatte, bat ich das Ministerium um die Ausreisegenehmigung und liess Lore herkommen. Immerhin gibt es ja da so ein paar nette, weit auslegbare Gesetze, und es schien mir nicht verantwortbar, Lore den ganzen Nervenkrieg aufzubürden. Ich weiss zu gut, dass mich viele Leute ausdauernd hassen, ich kenne die unberechenbare Rechtspraxis zu genau, es schien mir ein zu gewagtes Spiel, nach Berlin zu fahren und alles buchstabengetreu zu machen. Der Entschluss ist mir und auch Lore sehr schwer geworden. Es ist schon ein dunkler Aspekt, als Sozialist ein Land verlassen zu müssen, das vorgibt, den Sozialismus zu realisieren. Das Ministerium teilte mir mit, dass der Minister gegen mein Ersuchen keine Einwände erhebe, ich beantragte meine Ausreise bei den entsprechenden Behörden, und es scheint, dass uns diese Ausreise auch erteilt wird. Jedenfalls sollte ich eine Person benennen, die die Formalitäten für mich erledigt. Das wäre insofern günstig, als damit eine politische Dramatisierung vermieden würde und der Eindruck von Fairness und Redlichkeit aufrechtzuerhalten wäre. Das dazu.

Ich bin also gegenwärtig in Düsseldorf, immer noch in dem Appartement, und beziehe am 15. Dezember eine neue Wohnung in Büderich bei Düsseldorf, Oststr. 1. Büderich ist ein kleiner Villenvorort von Düsseldorf, und wir haben dort eine hübsche, auch hübsch teure, Vierzimmerwohnung gemietet. Stroux hat mir einen finanziell sehr günstigen Vertrag angeboten, ich weiss aber noch nicht, ob ich das mache, denn mir gefällt weder die Stadt noch reizen mich die Bedingungen der hiesigen Theaterarbeit. Ich führe Verhandlungen mit München, die hoffentlich positiv ausgehen. München ist eine schöne, relativ grosszügige Stadt, die auch viel mehr Möglichkeiten bietet, da Fernsehen, Film, Verlage, Theater, Zeitschriften beisammen sind und auch immerhin sowas wie ein literarisches Leben existiert. Ich habe dieser Tage mit dem Drei Maskenverlag in München einen Vertrag über meine Stücke gemacht. Der Verlag hatte sich an mich gewandt, ich habe den Eindruck, da in ganz guten Händen zu sein. Einen Vertrag über die Aufführung eines Stückes habe ich schon mit einer grösseren Bühne abgeschlossen. Auch mit dem Bayrischen Fernsehen habe ich günstig aussehende Verhandlungen. Ich glaube, dass ich finanziell sogar als freier Schriftsteller hinkäme, wenn ich ein bißchen schneller produzieren würde. So will ich mich vorerst doch vertraglich etwas sichern, bis ein Stück durchgekommen ist. Im dramatischen Bereich ist eine grosse Nachfrage und eine bescheidene Konkurrenz. Ich wollte, ich wäre mit Deinem Fleiss ausgestattet. Das Leben ist in Westdeutschland teuer, man braucht etwa zwei Drittel des Geldes, das man in Ostberlin ausgibt. Ich brauch also etwa 1500,–. Natürlich kann man auch mit weniger Geld auskommen. An neueren Arbeiten habe ich nur «Die Kette» fertiggemacht, die Erzählung, deren Anfang Du kennst und die vielleicht bei Rowohlt rauskommt, eventuell auch als Vorabdruck bei einer grossen Tageszeitung. Das muss sich dieser Tage entscheiden. Es wäre aber falsch anzunehmen, dass ein linker Schriftsteller hier ohne Mühe publizieren kann, es gibt nur verschiedene Interessengruppen und damit buntere Möglichkeiten. Ausserdem eben auch viele Leute, die in erster Linie auf die literarische Qualität schauen und das bei dem Konkurrenzkampf der Verlage auch müssen. Ich bin dabei, eine Reihe von Verbindungen aufzunehmen und kann Dich sicher bald beraten, wenn Du eine bestimmte Arbeit hier publizieren willst. Schreib mir, was Du machst, und halte mich auch ein bißchen über die Neuigkeiten auf dem Laufenden. Ich war die letzten sechs Wochen natürlich nicht in besonderer Arbeitslaune, es scheint aber jetzt wieder besser mit mir zu werden. Ich mache «Hund des Generals» als Theaterstück, weil der Oppenheimerstoff zu lange Zeit braucht. Ich mache an dem Oppenheimerstoff weiter, wenn ich «Hund des Generals» fertig habe. Ich würde Dir gerne «Die Kette» zeigen, sie hat 110 Seiten und taugt was. Kannst Du es nicht irgendwie einrichten, mal nach Westdeutschland zu kommen? Vera wird ja wegen der Kinder nicht wegkommen. Ich würde mich riesig freuen, Euch zu sehen. Nach Berlin werde ich in der nächsten Zeit nicht kommen, natürlich kann sich vom Theater her eine Reise ergeben, das weiss ich aber im Moment noch nicht. Dann würde ich Dir vorher schreiben. Lore und den Kindern geht es gesundheitlich gut, Linde geht weiter zur Schule und Jan freut sich, dass er noch nicht wieder zur Schule muss, da wir noch nicht in Büderich sind. Die Kinder wohnen zur Zeit noch bei meinen Eltern. Das wär's für heute, lieber Boris, sei versichert, dass ich gerne an Dich und Vera denke, dass ich Dir helfen werde, wo ich kann, aber ich rate Dir, alles vorher gut zu durchdenken, gut vorzubereiten, wenn es keine Möglichkeit zur Arbeit mehr gibt.

Sei herzlich gegrüsst, lass Dir alles Gute wünschen,
grüss Vera von mir und Lore
Dein [Heinar]

Brief-Durchschlag im Nachlaß Kipphardts. – Boris Djacenko, Schriftsteller und guter Freund Kipphardts seit den fünfziger Jahren, lebte in der DDR. – Die Erzählung «Die Kette» erhielt später den Titel «Der Mann des Tages».

An Heinrich Kilger   Büderich, 2. März 1960

Lieber Heinrich,
Du verstehst wohl, warum ich Dir erst heute schreibe. Ich hätte meine Angelegenheit gerne geklärt gesehen, ehe ich mich an meine Freunde wende, die meine Entscheidung überraschen und verwunden mußte. Ich mag meine Gründe nicht umständlich darlegen, ich nehme an, daß Du leidlich informiert bist, und ich muß Dir nicht sagen, daß die vergangenen Monate zu den schwersten meines Lebens gehören. Ich muß auch nicht versichern, daß ich mich all der billigen Unanständigkeiten enthalten habe, die in solchen Situationen fast üblich geworden sind. Ein Schriftsteller, der an seinem alten Wohnort keine Arbeitsmöglichkeit mehr sah, ohne zum Lügner zu werden, ist an einen anderen Ort gezogen, das ist alles. Nicht daß der neue Ort ein Freund und Begünstiger der Wahrheit wäre – ich habe ihn gut gekannt, und ich bin über ihn ganz ohne Illusionen –, aber es ist ein Ort, wo man seine Freunde und seine Feinde gut unterscheiden kann, und es scheint gegenwärtig möglich – das kann eine Frage der Zeit sein –, eine Anzahl von Wahrheiten zu verbreiten, die man für verbreitungswürdig hält. Wenn es anders ist, so werde ich auch hier weggehen. Ich verstehe diejenigen gut, die sagen mö-

gen, daß ich meine Arbeit, oder überhaupt die Möglichkeit Kunst zu machen, zu wichtig nehme, daß die Geschichte Zeiten kennt, da der Kunst kein Raum bleibt als die Dekorierung der Meinung der Mächtigsten, und daß man weise zu warten habe, wenn man nicht vor der Geschichte als Dummkopf dastehen wolle. Ich verstehe diese Ansicht, aber ich teile sie nicht, da sich in ihr ein historischer Determinismus verbirgt, der schon ein bißchen was von religiöser Ergebenheit fordert, den Menschen mißachtet und objektiv falsch ist. Ich lasse sie als Meinung gelten, solange die Möglichkeit vorliegt, Änderungen herbeizuführen. Ich sah solche Möglichkeiten nicht mehr. Der Gang der Geschichte wird wohl nicht von denen beeinflußt, die auf sie hinstarren wie das Kaninchen auf den Experimentator. Ich sage das nicht, um meine Ansicht zu verbreiten, sondern um mich zu erklären.

Was meine äusseren Umstände angeht, so sind sie mittlerweile leidlich. Wir haben eine Wohnung hier in Büderich bezogen, weil ich meinen Autorenvertrag mit Düsseldorf verlängert habe. Das Theater ist in einem beklagenswerten Zustand, obwohl alle Voraussetzungen da wären, gutes Theater zu machen. Ich bin ganz froh, daß ich unter diesen Umständen mit der praktischen Theaterarbeit nichts zu schaffen habe. Ich habe einen sehr angenehmen und auch sehr rührigen Theaterverlag, Drei Masken in München, und einen, wie mir scheint, ebenfalls angenehmen Buchverlag, den Langen Müller Verlag in München. Er bringt einen Band Kriegsgeschichten heraus und ein Stück. Ich hoffe, daß ich Ende des Jahres vom Ertrag meiner Arbeit leben kann, ohne feste Verträge machen zu müssen. Eventuell muß ich mit einem Fernsehstückvertrag polstern. Wenn das gelingt, wollen wir Mitte 1961 nach Italien ziehen, in ein Haus, das direkt am Meer gelegen ist, 14 Kilometer von Alassio. Das Leben ist dort eher billiger, und ich fühle mich von dem teuren Vaterlande ja nicht so stark an den Busen gedrückt. Es hat sich zufällig ergeben, daß ein Freund dort für seine alten Tage zu bauen beabsichtigt, und ich kann mich günstig beteiligen. Der Freund will es erst in 15 Jahren beziehen, da werden wir schon ein paar andere Länder hinter uns gebracht haben.

Am meisten fehlen uns hier natürlich die Freunde, es gibt wenig Leute, mit denen man gerne reden möchte in dieser Gegend. Lore und die Kinder sind gesund, die Kinder, besonders Linde, hängen sehr an Berlin, das ja auch wirklich die angenehmste deutsche Stadt ist. Sowohl Linde wie auch Jan müssen in die Schule fahren, Linde, weil sie Russisch als Fach behalten wollte, Jan, weil er in keine Bekenntnisschule sollte.

Was macht Urs, was machen Deine Kinder, und was macht vor allem die Arbeit? Wenn Du irgend ein Blatt hast, das an gemeinsame Arbeiten erinnert oder das Du sonst entbehren magst, würdest Du mir eine große Freude machen.

Laß Dir zu Deinem Geburtstag Glück wünschen, lieber Heinrich, und sei umarmt. Ich wünsche Dir die Laune und die Ellenbogen, die Du brauchst, um Deine überaus bedeutende Arbeit zu Ende zu bringen. Wenn ich so sehe, was hier am Abend auf der Bühne herumsteht, ach Gott nee. Ob es wohl später mal drin ist, daß wir irgendwas zusammen machen?

Grüß Urs schön und alle Freunde. Sei auch von Lore gegrüßt.
Herzlich Dein Heinar

Brief im Besitz von Urs Kilger, Berlin/DDR.

An Lothar Creutz				Büderich, 6. September 1960

Lieber Lothar Creutz,
ich antworte Ihnen so spät, weil ich das Gefühl hatte, Ihnen meine Sache ein bißchen erklären zu müssen, und ich hatte keine Lust dazu. Ich war nicht fertig damit, ich bin es auch heute nicht. Emotionell nicht, was heißt, in den mich tief betreffenden Gedankenkomplexen nicht. Ich bin meinen Fall in diesem Jahr oft durchgegangen, nicht besonders rücksichtsvoll, soweit man das selbst kann, und ich rechnete mir oft vor, daß da kein anderer Weg war, die intellektuelle Selbstzerstörung ausgenommen, die so gern und falsch ‹Selbstkritik› genannt wird, aber ich bin nicht fertig. Ich habe einige Zeit geglaubt, meine Geschichte habe sich ohne mein Zutun entwickelt, aber ich meine, daß ich, meistens nicht bewußt, die Situationen herbeigeführt habe, die zum Entwickeln nötig waren. Schon in Berlin, ich wollte wissen, was wird, wenn da einer sagt: ‹aber der Kreis ist rund›, wo alle wissen, daß er eckig ist, was man ja in einer Art von Mathematik beweisen kann. Oder mit einem Koranzitat. Ich erinnere mich des Augenblicks genau, da ich mich in einem hohen Gremium unvermittelt einer äußerst dürftigen Religionsgemeinschaft

gegenüber sah, die den Vollzug des Ritus erwartete, wissensfeindlich, mythisch, eifernd aus Angst, lügend aus Angst. Ich glaube, das war der Augenblick, wo ich weggegangen bin, mir war speiübel, und ich sah keine Änderungsmöglichkeit mehr. Die törichten Mißverständnisse waren dann nicht wichtig, ich hätte ein Vierteljahr später um eine Ausreisegenehmigung ersucht. Hier weiß man doch, wo man dran ist, an einem ehrlichen korrupten Schlachthause nämlich, aber mit Regeln, mit erlaubten und unerlaubten Tricks, und wenn man gewisse Regeln beachtet, dann kann man die Schlächter Schlächter nennen, und wenn man es listig anstellt, kann man die Ursachen der Schlächterei beschreiben. Die deutsche Geschichte durchgehend, muß das ein deutscher Schriftsteller für eine unerträgliche Freizügigkeit halten. Ich arbeite, man läßt mich in Ruhe, und ich kann meine Arbeit verkaufen. Es geht mir sogar ganz gut. [...]

Ich würde Sie gerne wiedersehn, aber unter den gegenwärtigen Umständen kann das nicht in Berlin sein. Leben Sie wohl,

Ihr [Heinar Kipphardt]

Brief-Durchschlag im Nachlaß Kipphardts. Creutz war ein Kollege Kipphardts in der DDR.

Aus den Notaheften

Thukydides schildert die heroischen Verheerungen der Sprache nach dem peloponnesischen Krieg wie folgt: «Unbedachter Mut wurde für kühne Bereitschaft, sich für die Partei aufzuopfern, gehalten, vernünftige Überlegung galt als Feigheit mit schöner Ausrede, Besonnenheit als Vorwand für Angst, Bedächtigkeit bei allem als Schläfrigkeit bei allem, tolles Zufahren galt als Zeichen von Männlichkeit, mit Vorsicht sich bedenken als ein schön klingender Vorwand für Ablehnung.»

Das hat Analogien in jüngster Vergangenheit. Und zwar eben auch im realen Bedeutungswandel der Worte.

So wird in Ulbrichts Land (der Diktatur eines spießbürgerlichen Parteiapparates, die sich mit dem Namen Sozialismus drapiert) die blinde Unterwerfung für Disciplin, die Selbsterniedrigung für

Selbstkritik, die Nachbeterei für eine neue Wissenschaftlichkeit gehalten.

Lobhudelei gilt als Parteilichkeit, vernünftige Erwägung wird Defätismus gescholten, und Objektivität gilt als ein bürgerliches Vorurteil.

1. April 1960

Ich bin in diesen Tagen durch Landschaften gefahren, die zu den schönsten Europas zählen, die Schweizer Alpen, das Tessin, Vierwaldstätter See, Lago maggiore, die ligurische Küste. Ich zweifle nicht, daß sie zu Recht dafür gelten, und ich bin durchaus imstande, ihre Schönheiten zu genießen, aber sie haben keinerlei Wirkung auf meine Arbeit. Es scheint mir sogar absurd, ihre Schönheit beschreiben zu wollen, wie das Dichter früherer Epochen getan haben. Die Reiseprospekte führen ihre Schilderungen an, der Nutzen dieser Kunst ist für den Fremdenverkehr evident. Ich las: «Bordighera ist die Stadt der Sonne und als solche ein herrlicher Aufenthaltsort für Dichter und Könige. Ausgezeichnet sind die Hotels... liegt gleich rechts Punta Madonna della Ruota. Hier steht heute noch die Palmengruppe, die einst der deutsche Dichter Scheffel besungen hat.» Es wird danach sein.

In einem hellen Hause auf der Terrasse hundert Meter über dem Meer sitzend, umgeben von seltenen Blumen und alten Olivenbäumen, das Rauschen des Meeres im Ohr, das ich liebe, wird mir von neuem ganz klar, daß es keine Kunst gibt als in Hinsicht der Veränderung der Welt, als in Hinsicht der Veränderung der menschlichen Gesellschaft. Und nicht hinsichtlich der langsamen, gleichsam natürlichen Veränderung, die Entwicklung oder Evolution genannt wird, sondern hinsichtlich einer revolutionären Veränderung. Die Tendenz dazu ist fast die einzige menschenwürdige Haltung. Sie wird im Detail von Menschen auch dauernd eingenommen, z. B. in der Arbeit.

Ich beobachte drei Arbeiter, die unterhalb des Hauses eine Mauer errichten. Sie graben Löcher, bis sie auf massiven Felsen kommen, erfinden kühne Bogenkonstruktionen aus Zement, um ein Stück Land vor dem Abrutschen zu bewahren. Sie sind dürr, zäh und schlecht gekleidet. Sie wohnen in einem gräßlich engen Ort (Cervo), arbeiten zehn Stunden für einen schlechten Unterhalt und wünschen infolgedessen eine entschiedene Veränderung der Besitzverhältnisse. Diese Haltung der Arbeiter ist die Hoffnung der Schriftsteller, deren Arbeiten die Veränderung der Gesellschaft ist.

Die Schwierigkeit für mich ist, daß ich zehn Jahre an einer untauglichen, menschenfeindlichen Bemühung teilgenommen habe, einer Degeneration revolutionärer Ideen, wie sie von Stalin exekutiert und in ein besetztes Land exportiert wurde. Natürlich ist die philiströse, deutsche Spielart des Stalinismus erbärmlicher und verlogener als die russische, weil keine Revolution stattgefunden hat und sich alles in der Untertanentunke der späten deutschen Geschichte abspielt.

Aber auch in der Entstellung bleibt der Sozialismus die einzige ernstzunehmende Bemühung revolutionärer Änderung in der Welt.

8. April 1960

9.
Aus Briefen
(1959–63)

Nach seiner Rückkehr in den Westen wurde Heinar Kipphardt zunächst am Düsseldorfer Schauspielhaus als Mitarbeiter beschäftigt. Vorübergehende Pläne, nach Italien zu ziehen, zerschlugen sich. Anfang 1961 zog Kipphardt mit der Familie nach München. Er arbeitete für die Bertelsmann Fernseh-Produktion. Seine Aufgabe war es, Dramen und Prosatexte für das Fernsehen einzurichten; zugleich ließ ihm der Vertrag genügend Zeit für eigene schriftstellerische Arbeiten.

1962 wurde sein erster Fernsehfilm «Bartleby» gedreht, nach einer Erzählung von Herman Melville, und im April 1963 gesendet. Kritiker bestätigten sogleich «das spezifische Fernsehtalent» (Ulrich Gregor) dieses Schriftstellers. Kipphardt wurde zu einem engagierten Schrittmacher des jungen literarischen Genres Fernsehspiel. Viele seiner künftigen Stoffe bearbeitete er auch für das Medium Fernsehen; nicht selten ging die Fernsehfassung dem Bühnenstück voraus, so etwa 1964 bei «In der Sache J. Robert Oppenheimer».

In das Jahr 1963 fiel auch eine bedeutende Veränderung in Kipphardts Leben: er nahm eine gemeinsame Wohnung mit Pia Pavel und trennte sich von seiner ersten Frau Lore. «Liebe Pia... Ich bin glücklich», schrieb Kipphardt in einem Brief, «und ich lerne von Dir mehr, als ich in dreitausend Büchern gelernt habe. Ich bin fröhlich, und ich habe Lust, mit Dir von der Welt abzubeißen wie von einem großen Apfel. Ich bin sicher, daß das nicht eine wilde Flamme ist, die mein Gehirn heimsucht und die gelöscht werden kann, sondern eine dauerhafte, tief vernünftige Liebe, die alle Schwierigkeiten, sie ganz zu verwirklichen, klein scheinen läßt.» Pia und Heinar Kipphardt, die 1971 heirateten, begannen eine Lebensgemeinschaft, die bis zum Tod des Schriftstellers 1982 Bestand hatte.

An den Drei Masken Verlag   Düsseldorf, 21. Oktober 1959

Lieber Herr Pavel!
Ich schicke Ihnen anliegend drei Stücke und die Erzählung «Der Hund des Generals». Vielleicht lesen Sie die Erzählung zuerst, das ist die Linie, auf der ich weitergehe. Das Stück geht von einer Schwurgerichtsverhandlung aus, in der der Fall rekonstruiert wird. Da fällt die Schwierigkeit fort, Schlachtszenen heute auf die Bühne zu bringen. Shakespearisieren reicht da nicht. Außerdem habe ich alle Verfremdungsmöglichkeiten, kann Dokumente heranziehen und auch gewisse Anwendungen machen. Ohne der widerwärtigen Trickdramaturgie zu opfern. Von «Shakespeare dringend gesucht» und «Esel schrein im Dunkeln» mache ich neue Fassungen, d. h. ich operiere die weißen Hündchen heraus, die wir Satiriker immer beredet werden reinzumalen. [...]

Mit freundlichen Grüßen
Ihr Heinar Kipphardt

Brief im Nachlaß Kipphardts, Angelsbruck. – Der Drei Masken Verlag in München, den Hans Pavel leitete, wurde nach Kipphardts Übersiedlung in die BRD für einige Jahre dessen Theaterverlag. «Esel schrein im Dunkeln» erhielt später den Titel «Die Stühle des Herrn Szmil».

An Joachim Tenschert   Büderich, 1. Januar 1960

Lieber Joachim Tenschert,
Ihre Nachricht hat mich herzlich gefreut, ich bin ja kein so kalter Hund, wie ich andere gerne glauben mache, oder halt sentimental wie die meisten emotionsschwachen Gauner. Die Bekannten, die

Freunde, die Leute, mit denen man reden kann, fehlen mir sehr. Berlin fehlt mir sehr. Das Haus, in dem ich wohne, wird mich nicht lange beherbergen, die Luft ist nicht das, was sie in Berlin ist, die Seen sind nicht das und die Leute schon gar nicht. Ich werde noch eine Zeit herumsuchen, bis ich einen freundlichen Ort finde, und vielleicht wird der dann wieder Berlin heißen, wenn die Wagner-Ära und so sollte vorüber sein. Die kenn' doch nu nich immer bloß Opern erzähln. Aber da scheint ja noch ein großer Vorrat. Ich bin sehr begierig zu hören, was vorgeht, und wenn ich dann was höre oder lese, möchte ich es lieber nicht gehört oder gelesen haben. Da war mal jemand, der gesagt hat, daß man nicht alle Leute alle Zeit beschwindeln kann. Das ist natürlich keine Frage von bestimmten Personen, aber da muß doch ein Grund dafür sein, daß die Revolution den Paletot nationalen Pfahlbürgertums überzog, daß sie eine nationale Pfahlbürgerkunst forderte, statt eine vorhandene revolutionäre zu begünstigen. Da sind ja wohl die ersten Zeichen gleich nach der NEP-Zeit zu finden, der private Handel wollte auch erbaut werden, nun gut, aber als die NEP vorbei war, da wurde das ja noch finsterer, da machte doch Majakowski Schluß, da wurde Meyerhold öffentlich lächerlich gemacht und in die Wüste geschickt, da kündete der alte Säulenheilige Stanislawski das ewig Gute, Wahre, Schöne. Da müssen doch mächtige Leute gewesen sein, die an einem Fortschreiten der Revolution nicht interessiert waren, die an Veränderungen nicht interessiert waren, da wurde die Revolution national und die Kunst Spießererbauung. Ich frage mich, ob die Leute nicht in dem von Stalin aufgebauten privilegierten Apparat saßen, die vielleicht auch keine andere Chance hatten, als die Revolution in Deutschland und China nicht ohne Schuld dieses Apparates versackte. Mir scheint, daß wir an dieser Stagnation noch heute zu kauen haben, daß noch viel getan werden muß, ehe der Versuch des 20. Parteitages breiteren Erfolg haben kann. Sie verstehen, daß ich nicht auf die ziemlich öde Managertheorie ziele, wohl aber auf die Grundüberzeugung von Marx und Lenin, daß die Revolution nur weitergeführt werden könne, wenn sie sich internationalisiere. Wir kauen noch immer an der Stalin'schen Konzeption herum, daß die Revolution auf nationalgesinnten Bajonetten weitergetragen werde, wir verhalten uns so, obwohl diese beschränkte Idee von der Geschichte lange zu Grabe getragen ist. Viele Leute fordern eine Kunst zu dieser widersinnigen Idee, und da kann nur Stumpfsinn rauskommen. Ich meine nicht, daß sie sich dieser Forderung bewußt wären, oder jedenfalls nicht bewußter als die Bienenkönigin, die mit Eierlegen begonnen hat. Die falschen Kunsttheorien schleimem sich fort. Der Brecht ist der einzige Mann, der nie auf den Fliegenleim gekrochen ist, der einzige mit einer leidlich geschlossenen Gegenkonzeption. [...]

Was machen Sie? Was macht das Ensemble? Schreiben Sie mir ein bißchen drüber, ich bin sehr begierig, viel von Berlin zu hören.

Grüßen Sie gemeinsame Bekannte, Sie wissen ja so ungefähr wen. Lassen Sie sich alles Gute wünschen

Ihr [Heinar Kipphardt]

Brief-Durchschlag in Angelsbruck. – Joachim Tenschert war Chefdramaturg am Berliner Ensemble.

An Boris Djacenko Büderich, 2. Januar 1960

Lieber Boris,
Deine Briefe tun mir gut, es ist verflucht schade, daß wir so weit auseinander sind. Ich beneide Dich auch immer um Deinen Fleiß, Deine Beharrlichkeit, Deine Arbeitsdisciplin. Wenn ich ein bißchen davon hätte, würde ich morgen an die italienische Riviera ziehen, auf alle Theater der Welt scheißen und Stücke schreiben. So muß ich, wenigstens übergangsweise, Vertrag mit Stroux machen, ich hoffe, in ein, zwei Jahren unabhängiger zu sein. Der Plan mit der italienischen Riviera hat übrigens ein Stück Realität in sich, ein Freund von mir hat dort direkt über dem Meer ein Grundstück gekauft und hat mir angeboten, gemeinsam mit ihm, ein Haus drauf zu bauen. Er selbst kann nur in den Ferien hin und denkt sich das als Ruhesitz, wenn er mit seiner Praxis aufhört. Wie würde Dir denn so ein Platz zusagen? Das Leben ist dort billiger als hier, der Ort ist winzig, ohne Fremdenverkehr, man ist mit den Wagen in zwei Stunden in Genua, in vier Stunden in Mailand. Die Voraussetzung ist, daß man von seinen Büchern oder Stücken leben kann. Ich strebe so eine Lösung an, wenn man nicht hier zu einem eigenen Theater kommen kann. [...]

Ich hoffe, daß es Vera und den Kindern gut geht, ich wünsche Euch viel Glück im Neuen Jahr. Liebe Grüße auch von Lore.

Herzlich Dein [Heinar]

Brief-Durchschlag in Angelsbruck.

An Joachim Schondorff   Büderich, 16. Februar 1960

Sehr geehrter Herr Dr. Schondorff,
ich bedanke mich für Ihren Brief vom 12.2. und für das schöne Bücherpaket. Ich las bisher nur den Huxley «Affe und Wesen», ziemlich in einem Zuge. Ein talentiert geschriebenes Buch, sympathisch der kalte Blick, die kalte Hand des Moralisten, sympathisch auch die kluge Organisation des Stoffes, leider aber an einer fatalen und für meinen Geschmack kindischen Philosophie leidend, die das Buch nach etwa 120 Seiten auch prompt umbringt. Es machte mich einfach staunen, wie ein Mann vom Range Huxleys dem Phänomen der Entfremdung des Menschen, dem Phänomen der Verwandlung moralischer und ethischer Werte in Warenwertbeziehungen hilflos und ohne das geringste soziologische und historische Wissen gegenübersteht. Da wird dann die Technik an sich böse, da wird die moderne Industrieproduktion und die moderne Naturwissenschaft an sich menschenfeindlich, da steht der englische Liberale wie ein Kind in seinem eigenen Drecke und beschwört die schönen, alten Zeiten, da er noch Windeln trug. Was beklagt wird, das hat aber den Liberalismus ermöglicht, erzeugt, und es sollte im Lande der klassischen Ökonomielehre gesehen werden, daß der Widerspruch liegt in der alle Werkzeugschranken durchbrechenden Produktionsweise des 20. Jahrhunderts, das mitten in einer neuen industriellen Revolution ist (Elektronik und Kernenergie), und einer gesellschaftlichen Organisation, die bestenfalls 19. Jahrhundert ist mit seinen lächerlichen Ideen des Nationalstaates und den verschiedenen Formen der Eigentumsgesellschaften. Es ist schade, daß ein in den Details scharf gesehenes Buch eines guten Schriftstellers von den Gedanken eines sehr schlechten Philosophen umgebracht wird. [...]

Herzliche Grüße
Ihr [Heinar Kipphardt]

Brief-Durchschlag in Angelsbruck. – Mit Joachim Schondorff vom Langen Müller Verlag verhandelte Kipphardt wegen eines Bandes mit seinen Kriegs-Erzählungen.

An Hans-Dietrich Sander					Büderich, 2. Juli 1960

Lieber Herr Sander,
ich denke darüber nach, was das Geschäft eines Schriftstellers vorzüglich zu sein habe in dieser geteilten, furchtbar aufeinander angewiesenen Welt unserer Tage. Die Dummheit hat ein so großes Maul auf beiden Seiten und so unappetitliche Fäuste, daß in dem allgemeinen Gebrüll und der allgemeinen Furcht wenig daran gedacht wird, daß wahrhaftig gelernt werden muß, miteinander zu leben, wenn nicht aneinander gestorben werden soll. Das ist ein Gemeinplatz, der den Vorteil hat, wahr zu sein, und den Nachteil, schwer machbar zu sein. Schwer machbar unter anderem, weil er in seiner ganzen Simplizität historisch neu ist, insofern die ihre Werkzeugschranken durchbrochen habenden Mittel der Gewalt untauglich geworden sind, menschliche Geschichte zu befördern, ohne menschliche Geschichte gleichzeitig zu beenden.

Es ist die kuriose und nicht ohne Ironie betrachtbare Lage entstanden, daß der infolge ihres seltenen Gebrauchs sehr schwachen Vernunft nicht wie in aller bisherigen Geschichte aufs Maul gehauen werden kann von den Kommandeuren der Ziehmeisterin Gewalt, und zwar gerade wegen der schrankenlos gewordenen Stärke der Gewaltmittel nicht. Es sind übrigens die gleichen Mittel, die, produktiv manipuliert, das utopische ‹Reich der Freiheit› materiell herstellbar machen, und unsere Zivilisation ist kräftig dabei, das zu tun, indem sie die neuen Energiequellen überall installiert. In verhältnismäßig kurzer Zeit wird Energie in der gleichen, nicht erschöpfbaren Form und zu dem gleichen, äusserst niedrigen Preis überall zur Verfügung stehen. Diese Gleichheit wird Folgen haben. Sie wird andere Gleichheiten hervorbringen, wie in einer anderen Zeit die durch bestimmte produktive Mittel installierte Freiheit des Handels andere Freiheiten hervorgebracht hat. Es ist evident, daß die uns gewohnten Formen des menschlichen Zusammenlebens, im 19. Jahrhundert entwickelt, dem neuen wissenschaftlichen und technischen Stande der Welt unadäquat sind, daß sie zerstört und durch angemessenere ersetzt werden, wenn sie sich als unentwickelbare erweisen. Dieser Prozeß vollzieht sich übrigens ebenfalls vor unseren Augen, und man könnte sagen, daß die Geschichte schließlich immer ziemlich schlau angemessene Wirtschaftsformationen und angemessene Formen des menschlichen Zusammenlebens hergestellt hat, wenn das notwendig war. Sie hat sie tatsächlich immer hergestellt, aber sie hat sie über Katastrophen hergestellt, und es ist dabei nicht eine Wissenschaft des menschlichen Zusammenlebens entstanden, sondern jeweils so etwas wie physikalische Anpassung. Unsere Lage ist neu, insofern wir die Schlauheit der Geschichte – fortschreitend in Katastrophen – schwerlich abwarten können, da wir Gefahr laufen, von einer einzigen Katastrophe in den Zustand der Barbarei geworfen zu werden, wenn ‹Barbarei› den Zustand charakterisiert. Wir werden ganz unnatürlich vorgehen müssen, ganz menschlich, wir werden die angemessenen Formen des menschlichen Zusammenlebens auf eine ziemlich künstliche, ziemlich wissenschaftliche Weise herausfinden müssen. Alle Fakten, alle Gedanken, alle Versuche dazu werden wir unvoreingenommen auf ihre künftige Brauchbarkeit untersuchen müssen, und wir werden ohne neue Gedanken verloren sein. Die Vernunft wird bemüht werden müssen, so widerwärtig unpraktisch sie vielen scheinen mag in der Langsamkeit ihrer widerspruchsvollen Fortbewegung und in ihrer nüchternen, der Sache ergebenen Blässe. Sie wird gebraucht werden müssen, und ich meine, daß vor allem die Schriftsteller sie brauchen sollen, so sehr man sie ihnen allseits mißrät.

Es werden kühle Köpfe benötigt und unvoreingenommene, und wenn schon etwas in ihnen glühen muß, dann möge das Vernunft sein. Ihre Zuneigung möge vernünftig sein, und es möge ihr Zorn vernünftig sein, und sie mögen ihre Worte nicht dreimal bedenken, sondern dreissigmal. Sie mögen schriftstellerische Verantwortung wieder herstellen, anders gesagt. Ich möchte das probieren.

Das ist der Grund, warum ich der von Ihnen geplanten Reportage keinen Geschmack abgewinnen kann. Ich halte für den interessanten Teil an einem Schriftsteller seine Arbeit. Was ich sagen will, das soll dort drin stehen. Wenn ich mich darüberhinaus erklären will, so werde ich das so sachlich und so exakt wie möglich tun. Innerhalb der geplanten Reportage scheint mir das nicht möglich, und ich bitte Sie zu verstehen, daß ich Ihr freundliches Interesse an mir in diesem Zusammenhang nicht befriedigen kann.

Eine andere Sache ist, daß ich Sie jenseits dieser Reportage gerne einmal wiedersehen würde. Das wäre im September nach den Ferien möglich, vielleicht schreiben Sie mir, wenn Sie in der hiesigen Gegend zu tun haben.

Mit freundlichen Grüssen
Ihr [Heinar Kipphardt]

Brief-Durchschlag in Angelsbruck. – Der Journalist Hans-Dietrich Sander, Redakteur bei der «Welt», hatte Kipphardt gebeten, ihn für eine Reportage über aus der DDR gekommene Künstler besuchen zu dürfen.

An Helmut Pigge   Büderich, 23. Juli 1960

Lieber Herr Pigge,
schönsten Dank für Ihren ausführlichen Brief. Ich danke Ihnen für die Mühe, soviel Zeug gelesen zu haben. Es freut mich, daß Ihnen die beiden Stücke und die beiden Erzählungen gefallen haben, und es freut mich nicht, daß Sie keinen der Stoffe machen wollen. Sie geben dafür Gründe, und ich muß sie gelten lassen. Aber ich teile sie nicht. Ich führe ein paar Gegenargumente an, nicht um Sie umzustimmen, sondern um für unsere kommende Zusammenarbeit einen frischen Gesprächston anzulegen.

Zu SHAKESPEARE: Der komische Gegenstand des Stückes ist der Opportunismus oder der Konformismus, besser, opportunistische oder konformistische Verhaltensweisen, nicht der ostdeutsche ‹Kulturbetrieb›. Opportunistische Haltungen zeichnen sich in diesem Bereich durch besondere Würdelosigkeit aus, weil die Ware Kultur (sie ist eine Ware im gegenwärtigen Zeitpunkt, und das mag man beklagen) allen Wert verliert, indem sie ihre Würde verliert. Das ist ein Unterschied zu anderen Waren. Deshalb ist der Gegenstand im Bereich des Kulturbetriebes behandelt, aber das Milieu ist nicht der Gegenstand. Das ist von den Zuschauern leicht verstanden worden, sonst könnte das Stück nicht von einigen hundert Bühnen in elf Ländern gespielt worden sein. An Kultur sind so gut wie keine Leute interessiert, mäßiger gesagt, sie machen drei Theatervorstellungen. Unter den elf Ländern sind drei nicht sozialistische Länder, die den Kulturbetrieb ebenso wenig kennen wie die hiesigen Leute und wie übrigens auch die Leute in sozialistischen Ländern, wenn es die im exakten Wortsinne geben sollte. Was man von dem Milieu kennen muß, bringt das Stück bei. Es würde für uns Schriftsteller wirklich schwierig, wenn die Leute nur verstehen könnten, was sie schon kennen. Drei Viertel aller Stücke wären unverständlich.

Für das Stück spricht, daß es leicht von vielen verstanden wird, daß ein Interesse da ist, den anderen Teil des Landes kennenzulernen, daß es lustig ist. Für das Stück spricht schließlich die Marktlage, ich kenne nicht viele deutsche Komödien und auch nicht viele Satiren, heute geschriebene. Sie wissen besser als ich, wie schwierig und mit wieviel Kompromissen das hochzupreisende Bedürfnis des Fernsehzuschauers, komische Darbietungen zu genießen, zu befriedigen ist. Ich sage also, Sie machen einen Fehler, wenn Sie das Stück nicht geben.

Zu STÜHLE DES HERRN SZMIL: Sie sagten, daß die Schwierigkeiten in der Hypertrophie, in der Übertreibung liegen, die seit alters her zwar die Mittel des Komischen sind, die aber der Fernsehzuschauer nicht fresse. Dem kann ich nicht zustimmen. Erstens frißt er sie ununterbrochen in den Fernsehschwänken, wie die Beliebtheit von Millowitsch zeigt, gegen den ich nicht das geringste einwende. Die Komik ist so heruntergekommen wie ihre Konsumenten, das ist alles. Zweitens, wie soll denn das Fernsehen jemals die Ibsendramaturgie verlassen, wenn man sich auf die Stoffe beschränkt, die sich damit behandeln lassen, also keine komischen. Das Fernsehen muß Wege finden, Sternheim darzustellen oder Wedekind oder Kaiser oder Brecht oder Arnold und Bach oder Herzmanovsky oder Pocci. Der Film kann es, das Theater kann es, das Fernsehen muß es lernen. Ich sage, daß Sie einen Fehler machen, wenn Sie das Stück aus diesen Gründen nicht geben.

Zu HUND DES GENERALS: Ich werde beweisen, daß man aus dem Stoff der Erzählung sogar ein live zu sendendes Fernsehspiel machen kann. Der Aufwand für einen Fernsehfilm, die richtigere Behandlung des Stoffes, ist gering. Die Geschichte enthält nur Fabel, sie zeigt, daß mit einer Schwejkhaltung nicht durch den zweiten Weltkrieg zu kommen ist und durch keinen anderen Krieg mehr. Das ist tragfähig, da es sich gegen eine sehr verbreitete Haltung wendet. [...]

Jetzt bitte ich Sie noch einmal, lieber Herr Pigge, in meinen Zeilen nicht den Versuch eines Autors zu sehen, seine Sachen doch noch an den Mann zu bringen, ich habe eine sehr sachliche Haltung meinen Arbeiten gegenüber, obwohl ich diesmal nicht geschrieben habe, was ich nicht gut daran finde. Nehmen Sie die Zeilen so, als schriebe ich über die Arbeiten eines dritten. Zum Beweis schicke ich Ihnen in der Anlage sowas wie ein Exposé, das ist eine Art von Selbstkasteiung, denn Exposés sind fast so etwas wie gute Stoffmörder. Ich hoffe, Sie können die Fabel entnehmen und die Beweisführung, die gegen die lausige neue Dolchstoßlegende geht, daß nämlich der Hitler diesmal der Dolch war zur Abwechslung. Das können Sie in allen Generalsmemoiren lesen und auch schon in den geschichtlichen Darstellungen des 2. Weltkrieges.

Andere Stoffe: Ich bin in den Vorarbeiten zu einem Stück über J. R. Oppenheimer, den bekannten amerikanischen Atomphysiker. Es wird ein historisches Stück, das sich auf ein Hearing vor der Atomkommission stützt. Darin stecken einige Fernsehspiele. In Oppenheimers Fall haben Sie die ganze Atomproblematik wie in einem Ei.

Dann habe ich noch eine gute Geschichte aus dem Ghetto Theresienstadt. Das wird sich aber hinziehen, ich schreibe Ihnen, sobald ich die angehen will. [...]

Ich wünsche Ihnen gute Arbeit und grüße Sie herzlich,
Ihr [Heinar Kipphardt]

Brief-Durchschlag in Angelsbruck. – Mit Dr. Helmut Pigge vom Süddeutschen Rundfunk/Fernsehen verhandelte Kipphardt damals über eine Zusammenarbeit. Das dem Brief beigelegte Exposé war «Das Krokodil», abgedruckt im vorliegenden Band S. 246–254. Auch ein Notat über den Ghetto-Stoff wird im vorliegenden Buch veröffentlicht (S. 239f.).

An den Drei Masken Verlag   Büderich, 23. Juli 1960

Lieber Herr Pavel,

[...] Auch Pigge hat mir geschrieben. Er hat alles gelesen, er schreibt mir, wie gut ihm die beiden Stücke und die beiden Erzählungen gefallen haben, aber er sieht bei jedem einzelnen Objekt Schwierigkeiten. Bei SHAKESPEARE fürchtet er, die Leute könnten es nicht verstehen, weil sie keine Kenntnisse des dortigen ‹Kulturbetriebes› hätten. Das ist erwiesen ein falsches Argument, denn es geht nicht um den ‹Kulturbetrieb›, und außerdem muß der Zuschauer eine Sache nicht vorher kennen, um sie zu verstehen, aber ich muß seine Ansicht gelten lassen. DIE STÜHLE, da sieht er die Schwierigkeiten, die für das Fernsehen in der Groteske liegen, Millowitsch ausgenommen. Das Fernsehen wird ja ohnehin mal die Ibsendramaturgie verlassen müssen. Die Erzählungen sieht er nur in aufwendigen Filmen realisierbar. Er findet sie ‹ausgezeichnet›, aber er will eben nichts aufwenden. Dafür macht er mir im nächsten Absatz den Vorschlag, mich mit einer Fernsehadaption des Romans

WEGE ZUM RUHM von Humphrey Cobb zu beschäftigen. Ein wunderbares Buch, nach dem die Amerikaner einen guten Film gemacht haben, den man kaufen kann. Der Aufwand ist viel größer. Außerdem weiß ich nicht, warum wir uns mit dem Dreck der französischen Kriegsmaschine im 1. Weltkrieg beschäftigen sollen, wir haben doch unseren eigenen hervorragenden Dreck. Die Zuschauer sind geradezu geil, die Verbrechen anderer Nationen zu genießen, um für die eigenen exculpiert zu sein. Das soll man doch nicht unterstützen, oder? Pigge hatte auch selbst solche Bedenken, aber die haben ihm den Stoff nicht madig gemacht. Es ist eine Sucht bei diesen Fernsehleuten, ihre Sendungen möglichst auf Hausmacherart zu bestreiten, deshalb ist das Programm so betörend provinziell. Dabei ist Pigge wirklich ein angenehmer und tüchtiger Mann. Ich finde es auch nett, daß er mich in den Stuttgarter Stall haben will, aber wo ist die Basis? Literaturverwursten ist keine. [...]

Seien Sie schön gegrüßt und grüßen Sie herzlich Ihre Frau von mir.

Ihr
Heinar Kipphardt

Brief in Angelsbruck.

An Helmut Pigge   Büderich, 6. September 1960

Lieber Herr Pigge,
[...] Sie haben ganz recht, man kann den Zuschauern nicht davonlaufen, aber es gibt auch immer einen Haufen sogenannter Erfahrungsurteile, die ernstlich nicht überprüft sind. Es bleibt die Aufgabe, daß das Fernsehen komische Stoffe bewältigen muß, damit es sich nicht weiter in dem abgeschmackten seichten Unsinn bewegt, den vielleicht manche Humor nennen (wie der von Olden produzierte «Im 6. Stock», den ich kürzlich sah), der aber bloß widerliche Gemütsbrühe ist, dumme. In Produktionsmitteln, in Produktionsapparaten wohnt, da sie teuer sind, die Neigung zu vergessen, daß sie Mittel sind zu produzieren. Sie machen im Bereich der Kunst gerne ästhetische Theorien aus ihrer Unzulänglichkeit oder ihrer Faulheit, statt sich für das produzierende Gut tauglich zu machen. Ein Beispiel aus der Geschichte: der in einer bestimmten Zeit ent-

standene Theaterapparat hat Theorien zum Stückeschreiben hervorgebracht, die sehr gut für den überkommenen Theaterapparat waren und sehr schlecht für die Bewältigung der Wirklichkeit. Das hat einem Dutzend dramatischer Talente das Genick gebrochen, bis einer, der Brecht nämlich, den ramponierten Apparat kaputtgeschlagen und neu montiert hat. Der Wedekind hätte das schon gebraucht und der Sternheim. Will sagen, Sie und ich und andere, die sich Gedanken machen, sind nicht dazu da zu sagen ‹das geht nicht›, sondern zu fragen ‹wie machen wir das, was nicht gehen soll, wie man hört›. Schluß der Diskussion. [...]

Über Ihre Bemerkungen zum KROKODIL müssen wir mal reden. Es gibt Schwierigkeiten der Behandlung komischer Stoffe, die von Grauen umlagert sind, ohne Zweifel, aber sie sind behandelbar, wenn man die Schwierigkeiten kennt. Ist das nicht für viele eine schöne Sache: das 12jährige Reich ist komisch nicht behandelbar, solange es zu nahe ist, und wenn es weit genug entfernt ist, dann ist es komisch ebenfalls nicht behandelbar, weil es nämlich niemanden mehr interessiert. Mir scheint, daß die Filmverleihe sich den Chaplin'schen «Diktator» und den Lubitschfilm mit ähnlichen Argumenten vom Leibe gehalten haben, beide zeigen die Schwierigkeiten und die Behandelbarkeit. Übrigens zeigt das auch der «Ui» vom Brecht. Die Deutschen sind immer so fein im Theater, daß sich da nicht ein Lachen ins Grauen verirre, wären sie es doch in ihrer Geschichte. Sentimentalität und Konzentrationslager und Gemüt scheinen ganz bequem aus einem Schoß kommen zu können. Ich spreche von Allgemeinem, nicht etwa von meiner beabsichtigten Arbeit, und ich verkenne, wie gesagt, nicht die Klippen. Was leicht geht, ist aber eben auch leicht langweilig.

Ich freue mich, bald von Ihnen zu hören, hoffe, daß Sie gut erholt und wohlauf sind. Ich wünsche Ihnen gute Arbeit.

Herzlich
Ihr [Heinar Kipphardt]

Brief-Durchschlag in Angelsbruck. – Der im Brief erwähnte Lubitschfilm trägt den Titel «Sein oder Nichtsein».

An Heinrich Carle   24. November 1960

Lieber Herr Carle,
ich möchte Ihnen für die freundliche Mühe danken, die Sie sich in Gütersloh mit mir machten. Es war angenehm, die Mitarbeiter kennenzulernen, und ich habe für die künftige Arbeit einen hoffnungsvoll stimmenden Eindruck bekommen. Ich glaube, wir werden gut miteinander arbeiten können, und es versteht sich, daß ich mir ein bißchen was durch den Kopf gehen lasse. Wenn Sie den Mitarbeiterstab zusammen haben, wäre es vielleicht nützlich, ein längeres Gespräch über den Trend des Programms und die Wege zu dessen Verwirklichung zu arrangieren. Mein Geschmack wäre ein Programm des ‹open mind›, des offenen Sinnes (nach einer Formulierung des Physikers Oppenheimer) allen Fragen der gegenwärtigen Welt und deren Menschen gegenüber. Viel Wirklichkeit und wenig Gemüt. Große Unterhaltung durch kräftige Geschichten, die Sinn haben und wenig Unterhaltungsmache. ‹Open mind›, versteht sich, den Genres gegenüber, die ja im Fernsehen, soweit ich sehe, noch nicht ausgebildet sind. [...]

                              Seien Sie schönstens gegrüßt,
                              Ihr [Heinar Kipphardt]

Brief-Durchschlag in Angelsbruck. – Heinrich Carle war Kipphardts Ansprechpartner bei der Bertelsmann Fernseh-Produktion. Kipphardts offizielle Tätigkeit bei Bertelsmann begann am 15. Februar 1961.

An Paolo Grassi   14. November 1961

Lieber Herr Grassi,
ich habe unsere Begegnung und unsere Gespräche in sehr freundlicher Erinnerung. Sie wissen vielleicht, ich bin vor zwei Jahren von Berlin weg gegangen, als die Umstände eine seriöse Arbeit nicht mehr erlaubten, wenigstens mir nicht mehr. Es war ein schwerer Entschluß, denn zehn Jahre vorher war ich von Westdeutschland nach Berlin gegangen, mit großen Hoffnungen, mit historisch erfüllbaren. Es war meine Absicht, meinen Weggang von allen erniedrigenden Widrigkeiten des kalten Krieges frei zu halten, und das ist mir glücklicherweise gelungen. Ein Schriftsteller wechselt seinen

Wohnort, Schluß. Ich habe nie begriffen, warum er mit dem Wohnsitz auch seine Philosophie ändern sollte.

Die äußeren Umstände waren für mich günstig, ich fand zwei Verlage, die sich eher rührend um mich kümmerten, und ich fand auch eine nicht besonders strapaziöse Beschäftigung bei einer Fernsehgesellschaft in München, die mich davor bewahrt, irgendwelchen gefälligen Dreck zu schreiben. Ich habe genug Zeit zum Schreiben, und ich bin auch wieder in der inneren Verfassung, diszipliniert zu arbeiten. Wenn Sie Ihr Weg einmal nach München führt, würde ich mich sehr freuen, wenn Sie unser Gast wären. Wenn ich nach Mailand komme, werde ich Sie gewiss anrufen.

Von Herrn Riedt hörte ich, daß Sie irgendwelche deutschen Stücke herausgeben, und ich wollte Sie bitten, doch einmal in zwei Stücke von mir hereinzusehen, wenn Sie dazu Zeit finden. Ich habe den Verlag gebeten, HUND DES GENERALS und DIE STÜHLE DES HERRN SZMIL an Sie zu schicken. Das sind meine letzten Stücke, SZMIL wurde im vorigen Jahr uraufgeführt, HUND DES GENERALS macht Piscator ab Februar in Essen. Das Stück benutzt gewisse Episierungsmittel der Piscatorbühne. Das Anliegen und die Schreibweise des Stückes lassen mich nicht hoffen, daß das Stück in Deutschland viel gespielt werden wird. Die Deutschen beschäftigen sich nicht gern mit unangenehmen Geschichten auf ihren Bühnen, sie machen sie lieber in der Realität. Der Zustand der hiesigen Theater ist ein deprimierender. Das Theater ist ein Dummenschwitzkasten, der mit der Wirklichkeit nichts zu schaffen haben will, und ein ernsthafter Mensch sollte sich nicht darum kümmern.

Von Berlin höre ich durch Freunde nicht viel Gutes, und es gibt mittlerweile hier eine große Anzahl junger Theaterleute aus Berlin. Wir könnten ein ganz gut besetztes Theater aufmachen.

Ernst Busch besuchte mich im Sommer, er fuhr nicht sehr vergnügt zurück. Peter Fischer sitzt in Göttingen, möglicherweise kennen Sie auch Palitzsch vom Berliner Ensemble, er macht gegenwärtig KREIDEKREIS in Oslo.

Was sind Ihre Pläne und die Pläne Ihres Theaters? Ich würde mich freuen, von Ihnen etwas zu hören, und ich wünsche Ihnen von Herzen alles Gute.   Ihr [Heinar Kipphardt]

Brief-Durchschlag in Angelsbruck. – Paolo Grassi war Mitarbeiter des von Giorgio Strehler geleiteten Piccolo Teatro in Mailand.

An Heinrich Kilger	München, 26. Januar 1962

Lieber Heinrich,
die Nacht ist weit fortgeschritten, ich habe ziemlich viel Wein getrunken, da ich aus Geldgier ein Fernsehspiel in ein paar Nächten umschreibe, das von einem Kintoppmenschen verkorkst wurde. Der Wein, rührselige Stimmungen begünstigend, läßt mich an die Freunde denken, mit denen man gut trinken und gut reden konnte, die einem nah waren in guten und bösen Stunden. Wann sieht man sich wieder, wo und wie sieht man sich wieder? Zusammengeriegene Münder, Arschlöchern nicht unähnlich, murmeln Torheiten vergangener Jahrhunderte, den Freund zu besuchen werden fremde Länder benötigt. Wenn in einem Lande viel von Menschlichkeit die Rede ist, verlasse es, wenn Tugenden eingeführt werden sollen, packe die Koffer. Wohin? Wo wird heute nicht viel von Menschlichkeit gesprochen, wo werden Tugenden nicht eingeführt? Die Dummheit ist symmetrisch, die unterscheidenden Bärte sind angeklebt. Aber ihre Stiefel tanzen auf unserem Bauch. Ich schreibe in Orakeln, denn unser fortgeschrittenes Jahrhundert schreibt seine Briefe nicht an den Empfänger, sondern auch an die Zensoren, die widerlichste Sorte von allen Arschleckern.

Was machst Du, was arbeitest Du? Tell, der nationalheldische Primanerunsinn, wird mit jedem Monat deutscher Wirklichkeit schwachsinniger. Wem ist das bloß eingefallen? Malst Du? Machst Du ein interessantes Stück? Ist die wiener Schule jetzt an die Volksbühne gewandert? Ich lese im Sonntag Ausstellungsberichte über die sowjetische Malerei, die ich schon vor zehn Jahren gelesen habe. Betrifft das die Bühnenbildner auch? Dieser Tage beginnen in den Münchener Kammerspielen die Proben zu HUND DES GENERALS. Die Besetzung ist ganz gut, die Bedingungen sind nicht ungünstig, aber man wird mir schon drauf kommen, was ich für ein Nestbedrecker bin.

Ich schreibe an Oppenheimer, das im August fertig sein soll. Was denkst Du, wo und wann sieht man sich?

Grüße die Urs, herzlichst,

Dein Heinar

Brief im Besitz von Urs Kilger, Berlin / DDR. Der «Sonntag» ist eine Wochenzeitung in der DDR.

An Pia Pavel   Bern, 16. April 1963

Liebe Pia,
die Physiker von dem Dürrenmatt sind dümmer als die Stücke von Kotzebue, sie beleidigen mich fast so sehr wie der Bärentanz. Ich dachte, das würde auf der Bühne erträglicher sein als beim Lesen, aber sie sind dort noch schlimmer. Diese Illustriertenplattheiten in diesem Illustriertenjargon, ogottogott.

Aber ich habe an hundert schöne Klees bei sehr reichen Leuten gesehen, und ich habe dort sehr gut gegessen. Die Dame hat viel geredet und verehrte die Kunst so sehr, daß ich alle Sinne dem Essen und den Klees eben zuwenden konnte. Sie war auch eine große Liebhaberin der Pferde, und wenn ich Stiefel dabei gehabt hätte, dann hätte ich reiten müssen. So hübsch die Stadt ist und die Gegend, die Welt sieht mich aus stumpfen Augen an, wenn Du nicht da bist. Ich fahre morgen über Basel nach Stuttgart, Donnerstag nach Frankfurt. Wohl oder übel muß ich Oppenheimer lesen, der mich die nächsten 3 Monate beschäftigen wird.

Rudi hat mir angeboten, was bei ihm zu machen, aber das möchte ich bloß, wenn wir uns vier Wochen im Berner Oberland vergnügen wollten. Dann täte ich Antigone von dem Brecht machen, obwohl mich Theaterarbeit immer ein bißchen anblödelt. Pialein, ich ruf dich morgen wieder an. Es ist schlimm, Dich eine Woche lang bloß am Telefon zu hören und das weiße Steinchen zu lutschen.

Sei immerzu geküßt,
Dein Heinar

Brief in Angelsbruck. – Mit Rudi ist Rudolf Wessely gemeint, zu der Zeit Direktor des Atelier Theaters in Bern.

An die Mutter   23. August 1963

Liebe Mutter,
es kommt die Zeit, da wir über alles Schwere reden werden, ich konnte es jetzt nicht, denn ich bin nicht von der seelischen Robustheit, die ich gelegentlich vortäusche. Die Zeit, die ich hinter mir habe, hat mich belehrt, wie wohl es tut, andere Menschen zu haben,

denen man seine Sorgen anvertrauen kann, welches wundervolle Geschenk ein teilnehmender Mensch ist. Ich möchte den Schluß daraus ziehen, daß wir unsere herzliche Verbindung sorgfältiger pflegen, als ich das in der letzten Zeit getan habe. Ich bin tief in Deiner Schuld, und es beschämt mich ein bißchen, mit welcher großen Selbstverständlichkeit Du Dich bereit gefunden hast, uns nach Kräften zu helfen in Deiner schönen, stillen Art. Ich bitte Dich, Lore in dem Gedanken zu unterstützen, daß ich für sie und die Kinder wie eh und je da bin, und daß es an ihr und mir liegt, ein helles, freundliches Verhältnis zueinander zu finden, so daß die Kinder keinen Schaden haben. Ich habe volles Vertrauen zu Lore, und ich verspreche Dir, wirklich alles zu tun, damit es ihr und den Kindern wohlergeht. Ich weiß, daß Lore ein bißchen Abstand braucht, und ich fahre deshalb eine Zeit weg und arbeite. Ich schreibe die Adresse, sobald ich sie selber weiß. Daß ich an Jans Geburtstag nicht da bin, ist arg, ich halte es für richtig, daß man ihm erst mal sagt, daß ich einen Monat im Ausland zu arbeiten habe, danach wird man ihn auf undramatische Weise mit den neuen Umständen bekannt machen, er darf aber keinesfalls das Gefühl haben, daß ich weniger für ihn da bin.

Ich war gestern noch einmal bei Vater, habe es aber nicht über mich gebracht, mit ihm zu reden. Ich bitte Dich deshalb, ihm den beiliegenden Brief zu geben. Ich habe ihm nur gesagt, daß ich jetzt auf eine Zeit verreisen muß.

Ach, Mutter, es ist alles verflucht schwer, aber ich sehe die Möglichkeit zu einer Lösung, die allen gerecht wird und die uns die Freude zurück bringt, die man zum Leben braucht.

       Sei fest umarmt und geküßt von
       Deinem Heinar

Brief in Angelsbruck.

10.
Der Briefwechsel
Heinar Kipphardt – Peter Hacks
1959–63

Düsseldorf, 24. August 1959

Lieber Peter,
Düsseldorf das ist nun wirklich eine Saustadt und das Theater eine Institution der Schneemenschen in seiner holden Dämlichkeit. Es scheint tatsächlich mehr gesamtdeutsche Möglichkeiten zu geben als man zu hoffen fürchtet. Das ewig Gute, ewig Schöne, ewig Wahre scheint nur noch ausrottbar mittels edler Theaterbrandstiftungen und opfervollen Sodomievollzugs auf allen Boulevards zur Mittagszeit.

Natürlich hat auch die Dämlichkeit ihre schönen Seiten, und ich glaube schon, dass man die Leute bescheissen kann, wenn man sich nicht zu sehr anstrengt. Auch die Bescheisserei verlangt Einfachheit. Wie ist das denn mit einem schönen Theaterschreibestück von Dir mit garantiert 75 Sätzen, die man schon oft bei Schiller und so anderen höheren Dichtern gelesen hat? Und natürlich modern und wenn es geht mit einem Schuss Magischem. Da kann dann auch Realismus bei sein. Ich habe garnichts gegen Realismus, wenn der nicht übertrieben wird. Schreib mir doch mal, was Du machst, vielleicht kann man das wirklich dem Stroux verkaufen, Geld hat der ja nu wirklich.

Ich sitze den ganzen Tag in meiner Bude, die besteht aus einer Stube, Bad und kleinster Kochnische für 200,–, und tippe so an meiner Seite rum. Ich warte für den Oppenheimerstoff auf Bücher aus Amerika und habe dazwischen eine andere Fabel gemacht, die jetzt mal ein bißchen liegen muss, damit man sieht ob sie stinkt oder nicht. Die Erzählung ist fertig und meistens denke ich, dass sie was taugt und manchmal auch wieder nich. Du tust mir wirklich fehlen als ein Mensch der weiss was das Publikum nicht will. Wann ist denn der Termin von «Die Sorgen und die Macht», ich möchte gerne dabei sein, wenn das auch natürlich nichts nützt. Schreibt mal ein bißchen was, wo man sich schön ärgern kann. Grüss die Anna schön.

Herzlich
Dein Heinar

Ich wohne: Düsseldorf, Kapellstr. 9b, Tel. 44 35 02

Brief im Besitz von Peter Hacks, Berlin/DDR. – Bei Karl-Heinz Stroux am Düsseldorfer Schauspielhaus war Kipphardt nach seinem Weggang aus der DDR zunächst als Bühnenautor beschäftigt.

Berlin, 3. September 1959
Lieber Heinar,
was machst Du bei den Schneemenschen? Ich vermute, Du hast einen guten Grund, dort zu sein, wo Deine liebe Frau nicht ist; wenn das der Fall ist, erwarten wir einen Bericht über das Liebesleben der Schneemenschinnen (oder heissen sie Schneeweiber). Warum schreibst Du ein anderes Stück als das Oppenheimerstück, es wird ja doch nicht gut. Mein Stück, welches bekanntlich sehr gut (und also weder für Strouxen noch für irgendwen anders auf der Welt brauchbar) ist, wird zur Zeit ganz flott geprobt, mit Abendproben und allen Schikanen; ich habe auch noch das und dies geändert, aber nur für Kunst, nicht für Bravheit. Die grosse Feierlichkeit des Zensoren-Kongresses findet am 11. currentis statt und schickt sich an, alle anderen Veranstaltungen zum zehnten Jahrestag zu verdunkeln. Ich rechne ein bisschen damit, dass die Helden müde geworden sind; «Sonnensucher» haben sie jetzt rausgelassen. Über die Nationalpreise gehen die scheusslichsten Gerüchte, sicher ist, dass das finster wird. Bloss Langhoff soll ihn kriegen, für Sturm. Das grösste Kulturereignis seit 1945 ist nach Abuschs und des ND Meinung «Störtebeker», obgleich es sich da nicht um ein Stück für kleine Bühnen handelt. Tagesgespräch im DT sind vier satyrische Einakter, welche von einem Bergrat anonym an Langhoff geschickt worden sind. Ich habe sie gelesen; sie sind schlecht geschrieben und routiniert gebaut. Alle raten, wer sie gemacht hat; ich habe die Theorie, sie seien von Dir, dementiert. Man will sie noch bis zum Jahrestag in der Kammer rausbringen. Der Anna gehts ganz gut. Deine Diagnose hat sich völlig und auf wissenschaftlicher Basis bestätigt, nämlich sie hat gar nix. Jetzt hat sie einen sehr schönen Plot

für ein kurzes Stück gemacht, vielleicht übersetzt sie vorher einen O'Casey (Purple Dust). Von uns also nichts Neues, weil die Proben immer so früh am Morgen sind, dass ich keinen Strich arbeiten kann; zur Ernst-Oper habe ich einigermassen die Ökonomie des ersten Akts. Der Heiner Müller war bei dem Garbe, damit der ihm den Gewerkschaftspreis verschafft, weil er in Not ist (der Müller). Unvorsichtigerweise hat er aber erwähnt, dass er sich ein Auto kaufen will, worüber sich der biedere Albert schrecklich geärgert hat; das Gerücht behauptet, dass er den Preis, den er sonst gekriegt hätte, nu deswegen nicht kriegt. Schluss des Briefes aus Berlin. Lore sagt, dass Du Ende September zurückkömmst, da werden wir sehr wahrscheinlich in Prag sein. Gruss von der Anna, schönstens,

Peter

Brief im Nachlaß Kipphardts, Angelsbruck. – «Sonnensucher» ist ein Film von Konrad Wolf, «Sturm» ein Revolutionsdrama von Bill-Bjelozerkowsky, das Wolfgang Langhoff inszeniert hatte. «Störtebeker» hieß ein Festspiel von Kuba (Kurt Barthel). Mit ND wird die Zeitung «Neues Deutschland» abgekürzt, mit DT das Deutsche Theater, an dem Hacks zeitweilig einen Vertrag als Theaterdichter hatte. Alexander Abusch war 1958–61 Kulturminister der DDR. Hans Garbe war ein «Held der Arbeit» in der DDR und das Vorbild der Hauptfigur in Heiner Müllers Stück «Der Lohndrücker».

Düsseldorf, 2. Dezember 1959

Lieber Peter,
es ist ein Kapitel düsteren Schwachsinns, dass ich bei hiesigen Schneemenschen eine Bleibe nehmen muss, verscheucht von dortigen Schneemenschen, die sich in grosser geschichtlicher Verwirrung verlaufen haben müssen und in allerlei Vermummungen auf Nichtschneemenschen Jagd machen. Was ich probiere ist, mich hiesigen Schneemenschentums zu enthalten, ich glaube, es geht.

Ich muss nicht sagen, dass mein Entschluss kein Plan war. Ich wurde vor eine kuriose Alternative gestellt, als mich ein dortiger Besucher aufforderte, meinen Vertrag zu lösen, sofort nach Berlin zu kommen und Presseerklärungen abzugeben. Das war nach dem törichten Feuilleton in «Welt», das ja kein Interview war und das zu berichten ich im Begriffe war. Obwohl ja kaum was drin stand. Ich hatte mich darauf eingelassen, um angekündigte Pressemeldungen, die möglicherweise schlimmeren Unsinn verbreitet hätten, zu verhindern. Es war mir zugesagt, den Text vor Veröffentlichung kennenzulernen, diese Zusage wurde nicht eingehalten. So kam es zu den gutgemeinten Ungereimtheiten, die «Welt» auch zu berichten bereit war, als das Kind schon im Wasser lag. Nach dem Besuch ersuchte ich den Minister für Kultur nämlich, mir und meiner Familie eine Ausreisegenehmigung erteilen zu lassen, weil ich im Zusammenhang mit den grossen kulturpolitischen Differenzen keine Arbeitsmöglichkeit mehr sähe. Ich bot mich zu einer Rücksprache an. Meinem Ersuchen wurde auch statt gegeben, und ich denke, dass der behördliche Kram bald erledigt ist, und ich die Ausreisegenehmigung in Händen habe. Die Zwischenbescheide sagen mir das zu. Das ist wichtig für mich, um politische Dramatisierungen zu vermeiden. Soviel dazu.

Gegenwärtig bin ich noch in Düsseldorf und schreibe am Stück. Ich habe mit Stroux bis heute keine andere Abmachung, obwohl er mir jetzt ein anderes Angebot gemacht hat. Ich weiss noch nicht, ob ich es annehme, es gäbe nur finanzielle Gründe das zu tun. Vorige Woche war ich in München, das schon eine ganz andere Stadt ist, ich habe da zwei interessante Verhandlungen geführt, ich hoffe, dass ich bald nach München übersiedeln kann. Ich war auch bei Pavel, der Dich herzlich grüssen lässt, weil ich dem Drei Maskenverlag meine Stücke verkauft habe, soweit sie nicht noch bei Henschel liegen. Die Leute bei Drei Masken sind wirklich angenehm. Was die Geschäfte angehen, so bin ich ganz zuversichtlich. Die Konkurrenz ist ja nicht stark.

Am 15.12. ziehen wir nach Büderich, Oststr. 1. Ich habe dort eine Wohnung gemietet. Büderich ist ein Villenvorort von Düsseldorf, und die Wohnung ist ganz schön.

Was machen Deine «Sorgen»? Vorerst wird wohl vorwiegend «die Macht» gespielt. Machst Du die Oper aus Herzog Ernst oder schreibst Du was anderes? Die Anna mag ich gar nicht fragen, die faule und sich Stimmungen leistende. Ich wollt, ich könnte Euch bald besuchen, es gibt in Düsseldorf keine Leute, die man besuchen will. Wenn ich mein Zeug erledigt habe, kann ich sicher mal nach Berlin kommen. Oder habt Ihr mal was in dieser Gegend zu tun? Schreibt mal.

Herzliche Grüsse, Dir und Anna

Dein Heinar

Brief im Besitz von Hacks.

Berlin, 22. Dezember 1959

Lieber Heinar,
ich finde, was Du schreibst, nicht lustig. Wenn sich wer wo Stimmungen leistet, bist Du das, und Dein Verhalten geht leider in keiner Weise von Deinem Gehirn aus, vielleicht hast Du auch keins oder kein grosses. Nun befindest Du Dich in einem Land, wo kulturpolitische Differenzen gesundheitsschädlicher sind als in unserem. Was wirst Du machen? Deine Zukunft ist objektiv ungewiss und schwer voraussagbar. Vielleicht wirst Du Dummendoktor in Mexiko. Vielleicht wirst Du Schnulzenschreiber in München. Vielleicht wirst Du Vortragsreisender und informierst nicht überraschte Rundfunkhörer darüber, dass der Sozialismus in der DDR der wahre Sozialismus doch eben nicht sei. Ich setze diese dritte Möglichkeit ganz real; es gibt da Mechaniken, die bedeutendere Defraudanten als Dich so weit gebracht haben. Glücklicherweise hilft man Dir hier, das zu vermeiden. Ich wünsche Dir sehr, dass es Dir gelingt. Ich wünsche Dir, dass Du die Möglichkeit hast, ohne grössere Gangstereien am Leben zu bleiben und was Erträgliches zu produzieren. Ich bin nicht optimistisch. Grüss die Lore. Ich antworte so spät, weil ich eine Stirnhöhlengeschichte habe, seit ein paar Wochen.

Schönstens,
Peter

P.S. Ich bemerke, und Du hast bemerkt, dass ich über Sachliches rede, nicht über Persönliches. Es ist eine Frage der Zeit, denke ich.

Brief in Angelsbruck.

Büderich, 25. Dezember 1959

Lieber Peter,
wenn da nichts mitzuteilen ist als ödes Propagandistengewäsch, da wollen wir das lassen. Auch das Messen von Gehirngrößen wollen wir getrost dritten überlassen, wenn die Arbeit getan ist. Ich bemerke, und Du hast bemerkt, daß ich über Persönliches rede.

Schönstens
Dein Heinar

Brief im Besitz von Hacks.

Büderich, 31. Oktober 1960

Lieber Peter,
es ist Zeit vergangen, und ich schlage vor, für eine Weile so zu tun, als seien unsere beiden Briefe nicht geschrieben worden. Ich habe herausgefunden, daß sich ein Revolver auf dem Abort als unbrauchbar erweist, und daß ein Experte in Haarwuchsmitteln natürlicherweise ein Glatzkopf ist. Da mache ich die Anwendung, daß die Literatur infolge Nützlichkeit auf Aborten kein Revolver ist und ein Schriftsteller kein Experte, da er Haare braucht, um an ihnen gezogen zu werden. Du siehst, daß ich nicht unbelehrbar bin, deutscher Philosophie und deutscher Geschichte gegenüber.

Was arbeitest Du, was arbeitet die Anna? Ist die Herzog Ernst-Oper noch ein Plan? Machst Du das Konzern-Stück?

Es ist mir eine Zeit schwer gefallen zu arbeiten. Jetzt geht es. Ich habe, die Zeit zu überbrücken, aus HUND DES GENERALS ein Prozeß-Stück gemacht, von gewissen Mitteln der Piscatorbühne profitierend. Mit dem Oppenheimer bin ich ziemlich weit, und ich bin dabei, für Langen Müller eine dritte Kriegsgeschichte zu machen. Nach aussen hin lebe ich ganz gut, und ich hoffe von Dir ein Gleiches.

Ich werde mir HERZOG ERNST ansehen. Wirst Du da sein?
        Sei herzlich gegrüßt, grüße die Anna schön,
        Dein [Heinar]

Die Lore läßt auch grüßen. Sie sagt, Ihr habt noch ein paar Schallplatten von uns und die Anna ein paar Illustrationen. Könnt Ihr uns die schicken?

Brief-Durchschlag in Angelsbruck.

Berlin, 7. November 1960

Lieber Heinar,
von Deinen Plänen höre ich mit Vergnügen. Ich halte sowohl auf «General» wie auf die Novellen wie auf den Oppenheimerstoff viel, und ich wünsche Dir Lust und Ernst zu diesen. Am Ende gelingt es Dir noch, Dich vom sozialistischen zum bürgerlich progressiven

Schriftsteller emporzuarbeiten, und es wird noch was aus Dir in unserer Welt. Ich bin, wie Du weisst, der Meinung, dass Dein Mittel, dieses Ziel zu erreichen, ganz übertrieben und auch wenig fein war; ich bin im Begriff, ohne alle Kosten die gleiche Würde zu erlangen. Aber der Mensch, versteht sich, strebt nur, so lange er irrt. Uns geht es seit etwa einem Jahr (seit der «Sorgen»-Premiere) ungewöhnlich gut. Das DT zahlt mich als Theaterdichter, so dass ich nichts Gedichtetes mehr vorzeigen muss. Ich mache Pläne und Entwürfe auf lange Sicht, und Fernsehschnulzen für den Luxus. Die Tschechen haben angefangen, mich zu spielen, und die Ungarn werden anfangen. In beiden Ländern sind wir gereist, und sie haben eine blühende Kultur und eine fröhliche Bevölkerung. Unsere Kulturpolitik, welche schlecht war, hat mangels Kultur aufgehört zu existieren. Es gibt also keinen Ärger von der Seite. Es gibt überhaupt keinen Ärger. Selbst die Anna arbeitet. Und ich bin fleissig wie dreissig.

Eure Platten habe ich, aber Platten kann man nicht schicken. Ob ich Lores Bilder finden werde, will ich nicht schwören. Ich bin anfang Dezember zum PEN-Kongress in Hamburg, am 17.2. zu einem Vortrag in Hannover und an den griechischen Kalenden zur Ernst-Premiere in Bochum. Man wird sich sehen, also. Schöne Grüsse an Dein armes, verschlepptes Weib; herzlichst

Peter

Brief in Angelsbruck.

Büderich, 24. Dezember 1960

Lieber Peter,
die Weihnacht im Herzen, Karpfengeruch in der Nase, die Journale unserer Vaterländer studierend und von diesen in die bedeutende Frage verstrickt, wer wem die meisten Päckchen geschickt hat und wo die Weihnachtslichter freier und friedlicher brennen, ziehe ich den Heine hervor, den ROMANZERO, und lese in der DISPUTATION des Rabbi und des Mönchs, wo der Rabbi sagt: ‹Was Gott kocht, ist gut gekocht!/Mönchlein, nimmt jetzt meinen Rat an,/Opfere hin die alte Vorhaut/und erquick dich am Leviathan.› Worauf der Mönch repliziert, gestützt auf Thomas von Aquino, den

großen Ochsen der Gelehrsamkeit: ‹Christus ist mein Leibgericht,/Schmeckt viel besser als Leviathan/Mit der weißen Knoblauchsoße,/Die vielleicht gekocht der Satan.› Das schrieb der alte Hund, als er an dem schönen Markknochen der Fortdauer nach dem Tode herumnagte. Auf welche Altäre ist die Literatur unseres Jahrhunderts heruntergekommen. Werden wir das Land sehen, in dem zu Weihnachten Heine gelesen wird? Öffentlich? Nicht einmal der heilige Hegel kann soviel Optimismus in Vorrat schaffen. Wir werden uns natürlich durchhuren, und Du siehst die Ziele sehr präzise. Der Keisch ist ein Prophet, und Du wirst nicht immerzu hinter den Schiller zurückgehen können. Vor den Schulbüchern bewahren werden uns immerhin die Zoten. Und die Rückfälle auch, so hofft man. Eines Tages werden die Bücher sowieso gelesen werden wie Polizeiberichte, und das ist ein Fortschritt.

Ich freu mich sehr, daß es Dir gut geht, und ich freu mich sehr, daß Du fleißig bist. Ich bin sicher, daß Deine Zeit kommt, wenn Du kaltblütig bleibst.

Mir geht es auch gut, d. h. ich habe auf längere Sicht gar keine Brotsorgen. Was ich mache, kann ich verkaufen, und ich muß nichts des Verkaufs wegen machen. Sogar dem Fernsehen habe ich meine Stoffe verkaufen können, HUND DES GENERALS und OPPENHEIMER. Ich bin noch bis Mitte Februar an der dritten Erzählung, danach fange ich den OPPENHEIMER an zu schreiben. Die Materialarbeit ist ziemlich gemacht.

Zu dem Stroux habe ich ein sehr schönes Arbeitsverhältnis gefunden, er zahlt mich unter der Voraussetzung, daß ich ihn nicht durch meine Anwesenheit oder meine Stücke verwirre. Ich habe ihn seit einem Jahr nicht gesehen. Leider endet diese harmonische Zusammenarbeit im Januar. Da mache ich hier fort und zwar nach München. Ich habe eine feste Abmachung mit dem Fernsehen, die mir genug Zeit zum Schreiben läßt. Ich schreibe nicht mit sehr viel Lust. Meine bescheidene Hoffnung, die Literatur könne dem Fleischgebirge Unwissenheit ernstlich schaden, haben die Vögel gefressen. Ich schreibe eigentlich bloß, weil ich zu allen anderen Verrichtungen noch weniger Lust habe. Schreiben ist eine der solidesten Selbsttäuschungen. Das ist nicht nur kokett gesagt, aber kokett natürlich auch. Das kommt, ich kann mit niemandem reden. Da entsteht die Philosophie des selbständigen Kleinproduzenten ehe man sichs versieht. Meine bekannten Herzensdefekte werden mich vor dem Ärgsten bewahren, vor diesem wehleidigen Nonkonformismus des leeren Kopfes hiesiger Herzensergießungen. Im Gegenteil, wie war denn der Strittmatter? Der lautmalende Poet der. Hat der Baierl sein Stück fertig? Hat der Müller was Neues gemacht? Wann vor allem wird man Dich sehen? Wirst Du bis Mitte Februar hier was zu tun haben? Ich werde am 15.2. nach München gehen. Wir sind dabei, ein Haus in der Umgebung von München zu mieten, und ich schreibe die neue Adresse, sobald ich sie weiß.

Ich war sehr froh, als Dein Brief kam. Man muß mal miteinander reden. In Bochum solltest Du übrigens aufpassen, ich halte von dem Schalla gar nichts, und er kann das Stück ruinieren, denn er ist ja sehr originell. Das Stück ist nicht leicht zu machen, wie Du weißt. Und es ist nicht leicht an den Zuschauer zu bringen. Schau, daß Du rechtzeitig mit dem Regisseur redest. Die Schalla'sche Methode ‹Tempo, Tempo, hart, hart› kann für das Stück tödlich sein.

Ich habe am 29.1. in Wuppertal Premiere. Da werden DIE STÜHLE DES HERRN SZMIL uraufgeführt. Ich habe an dem Stück noch ziemlich viel gemacht. Die Proben haben begonnen, und der Intendant, ein netter Mensch, ist ein bißchen bleich geworden.

Laßt Euch ein gutes, neues Jahr wünschen, seid schön gegrüßt von Lore und mir. Herzlichst

Dein [Heinar]

Brief-Durchschlag in Angelsbruck. – Henryk Keisch war Theaterkritiker des «Neuen Deutschland» (er verlor diese Stelle, weil er für Hacks' «Die Sorgen und die Macht» Position bezog). Erwin Strittmatters Stück «Die Holländerbraut» wurde 1960 am Deutschen Theater uraufgeführt, Helmut Baierls «Frau Flinz» 1961 am Berliner Ensemble.

Berlin, 11. Januar 1961

Lieber Heinar,
Du ahnst nicht, wie wohl man sich fühlt, wenn man sich einmal entschlossen hat, hinter Schiller zurückzugehen. Ungestört und ungesehen lebt man im Schatten dieses grossen Deutschen, und freudevoll nährt man sich von den Würsten, die sie hinschmeissen, um einen aus diesem bergenden Dunkel wieder vorzulocken. Im Mo-

ment arbeite ich noch, viel zu lange, an meiner Atomschnulze (in der ich viel Tell zitiere); wenn ich fertig bin, werde ich ungeheure Stücke schreiben, die ich alle nicht vorzuzeigen brauche, bevor Langhoff «Sorgen» aufgeführt hat. Denn hierzu hat er sich feierlich verpflichtet. Dies über mich, und Du gehst, schreibst Du, nach München. Es ist wahr, in München ist mildere Scheisse als die Ruhr-Scheisse, aber Scheisse ist da auch. Die einzigen Menschen, die sie zur Zeit dahaben, sind die Drexel und, vielleicht, der Schumacher Ernst. Diese ganzen neutralen Länder, in die jetzt emigriert wird, Bayern, Italien, Norwegen, Österreich etc., sind doch nur erträglicher, weil sie noch nicht richtig reif sind. Aber reif werden sie. Ich finde blöd, dass Du am 15. abziehst; ich bin in Hannover am 17. Vielleicht ist aber vorher in Hamburg das Pen-Geseires. Dieses würde ich mitteilen. Neuigkeiten: Strittmattern habe ich nicht gesehen aber öffentlich beschimpft. «Umsiedlerin» hat, nach Angaben des Autors, eine Länge von bereits sechs Stunden erreicht. Wenn die Kulturella sich nicht ändert, wird das ein Passionsspiel. «Flinz» ist fertig und in den Proben. Augenzeugen sagen, dass Wekwerth grossen Spass daraus macht. Natürlich ist Bochum eine Tempelruine und Schalla ihr Jeremias. Aber sie befreien mich von dem Makel, ein ungespieltes Stück geschrieben zu haben; ohne Erfolg kann man leben, nicht ohne Presse. Grüsse an die Lore. Glück zu den Stühlen, und bleibe fleissig. Ein Mensch, der nicht arbeitet, ist ein Affe.

Schönstens,
Peter

Brief in Angelsbruck. – Mit der ‹Atomschnulze› ist das Fernsehspiel «Falsche Bärte und Nasen» gemeint. «Die Umsiedlerin» heißt ein 1961 uraufgeführtes und nach einmaliger Vorführung verbotenes Stück von Heiner Müller. Peter Hacks' Stück «Das Volksbuch vom Herzog Ernst» wurde in Bochum geprobt, aber nach dem Bau der Mauer nicht zur Aufführung gebracht; die Uraufführung fand erst 1967 in Mannheim statt.

Berlin, 19. März 1961

Lieber Heinar,
ich habe gelernt, dass abgereiste Menschen gleich nach ihrer Heimkunft einen Brief schreiben müssen. Die Schwierigkeit ist immer, dass abgereiste Menschen zuhause soviel Mühe und Arbeit vorfinden. Dennoch war ich nicht höflich, und ich entschuldige mich. Und schönsten Dank für Einladung und verwendete Zeit; es war lustig.

Wenn Du den armen Pavel siehst, grüsse und tröste ihn. Sage ihm, dass ich, wenn ich erst ein toter Dichter sein werde, ein grosses Geschäft bin; und da er ein ausgeglichenes Liberalennaturell ist, wird er mich bestimmt überleben. An meinem Grab darf er auch sagen, dass ich eigentlich immer gegen die Kommunisten gekämpft habe, nur solange er es vorher sagt, werde ich es dementieren. Und er soll sich eine Schachtel happy pills besorgen, weil ich anfang April mit dem PEN-Club nach Hamburg fahre.

Meine gesammelten Kritiken zu Kipphardts gesammelten Werken seien hiermit offeriert; schicke mir letztere. Und schönen Dank für Deine Besorgnisse, meine Themenwahl betreffend. Sie stimmen allgemein, aber sie stimmen nicht auf mich. Die Schublade, für die ich schreibe, ist durchweg von der Luft der Äonen, und das Landstück ist kein Landstück, sondern ein Tasso-Drama. Es heisst «Moritz Tassow», und die Hauptperson wird am Spiess gebraten und danach tranchiert.

Übrigens meine ich, Du solltest auch ein bisschen mehr an die Ewigkeit denken. Du bist natürlich gezwungen, ständig zu taktieren. Aber Du siehst aus Schreckensbildern wie S. W., wie Taktik, zu lange betrieben, zu Gewohnheit wird und Gewohnheit zu Charakter. Du willst nicht für einen Unterwanderer gehalten werden, aber was, z. T., solltest Du sein als ein Unterwanderer?

Du verstehst, dass ich die Bilder Deiner Zukunft immer in pädagogisch finsteren Tinten male, wie ein Pfaffe, der beweist, dass auf das Würfelspiel notwendig Mord, Notzucht und selbst Atheismus folgen. Aber ich denke wirklich, dass es mit Dir soweit kommen könnte und aber nicht darf, dass Du z. E. den Erich Kuby für einen einsichtsvollen Mann hältst. Endlich: ist das vertretbar, dass einer bei Kapitalistens einen kleineren Mund aufmacht, als er es bei Kommunistens getan hat?

Die Ruth Drexel lebt in München-Feldkirchen, Münchnerstrasse 14. Schau sie Dir jedenfalls an. Wenn sie nicht verrückt ist, ist sie der normalste Mensch, den ich kenne. Wenn Sie verrückt ist, bitte ich Dich sehr, mir darüber zu berichten. Der James Krüss lebt in Gilching, Römerstrasse 96. Wer ist meines Vaters Einarm? Meine alte Dame, die in Dachau, Goethestrasse 10 (Telephon Dachau 2050) sitzt, würdest Du mit einer Visite sehr glücklich machen. Vielleicht bist Du mal in einer christlichen Laune.

In Potsdam haben sie die blaue Akte gespielt, erträglich. Kaul ist fest überzeugt, dass dieses Drama wertvoller sei als jedes von Shakespeare oder Goethe, auch tiefer. Was einzelne Schönheiten des Verses betrifft, wäre er bereit zuzugeben, dass es ihm an Zeit mangelt. Die Anna hatte in Dresden Premiere von zwei kleinen Kinderschnulzen im Kaspertheater. Dresden ist unvorstellbar weit weg von Berlin; man hält mich da für einen grossen Mann.

Ist die gute Lore noch in Düsseldorf? Küsse und schände sie von mir. Herzliche Grüsse; schreib, wenn Du was brauchst.

Peter

Brief in Angelsbruck. – Mit «S. W.» ist Siegfried Wagner gemeint, Leiter der Kulturabteilung des ZK der SED. «Die blaue Akte» ist ein Schauspiel von Ernst Eylt nach Friedrich Karl Kauls Roman über die nazistisch beeinflußte Justiz der Bundesrepublik. Kaul gehörte zu den engeren Freunden sowohl Kipphardts als auch Hacks'.

München-Ottobrunn, 24. April 1961

Lieber Peter,
die Ruth Drexel ist nicht verrückt, sondern zu vernunftbegabt für diese Zeit, sie hatte eine Herzgeschichte, einen gastro-cardialen Symptomenkomplex, wie der medizinisch Gebildete sagt, was scheußlich sein kann mit großer Angstsymptomatik und der Unfähigkeit, was zu arbeiten. Es geht ihr jetzt besser, und wir sehen uns oft, wir waren sogar mitsammen in dem Thimon von Athen, den der Kortner nicht verstanden und scheißlich zugerichtet hatte. Das müßte der Busch spielen, und der gekränkte Parasit, der daraufhin die Welt zu vernichten willens ist, ist eine große Fabel. Die bedeutendste Misanthrop-Variante, die ich kenne. Der Marx zitiert ja viel daraus, und vielleicht kann man es damit dem Langhoff einreden. Einem Sklavenhalter wird kein Geld gepumpt, und daraufhin ver-

flucht er das Geld wie die gesamte Menschheit und mietet sich den Alkibiades zur Ausrottung Athens, was heute etwa der Forderung Atomboben drauf zu schmeißen gleich käme. Der Thimon ist wohl auch nicht in jedem Worte heilig wie sonst der Shakespeare, weil da noch mindere daran gedreht haben, da darf man wahrscheinlich das Erbe auch beflecken. Es wird in diesem Stücke erstklassig geflucht, was einem Menschen mit misanthropischen Zufällen einen Genuß bereitet, also mir. Im Theater, soweit ich sehe, ist gegenwärtig gar nichts, was mich nicht wundert und was mich nicht mehr kränkt. Das schöne ist, es verfällt so langsam vor sich hin, daß es niemand bemerkt und eines baldigen Tages nur noch ewig ist, also gar nicht mehr. Und da sehe ich den Herrn Schulze-Vellinghausen und den Herrn Erpenbeck traut vereint die ewige Lebendigkeit des Theaters preisen, und der Text ist wahrhaftig viel besser geworden, da er von Rechenautomaten geliefert wird. Da schreibe mal schön für die Ewigkeit, und ich mache das auch. Ich habe eine Fabel von einem Don Juan-Stoff, die ich nach dem Oppenheimer machen will, und da rechne ich mir pornographische Chancen in einer klassenlossen Gesellschaft aus. Zu Deinem Brief: Ein dafür gehaltener Unterwanderer scheint mir ein Idiot zu sein. Schriftsteller können gegenwärtig scheints gar nichts anderes als nicht dafür gehaltene Unterwanderer sein, berufsmässige, und ist das in der ganzen Welt noch so. Wer ist S. W. Ich frage des pädagogischen Nutzens wegen. Endlich ist es vertretbar als ein Gast zu warten bis er einen großen Mund aufmachen kann. Meine Schwierigkeit ist eher die Mutmaßung, daß es ganz zwecklos ist, irgend etwas zu schreiben. Was ich für mitteilenswert halte, das hängt mir zum Halse heraus, weil ich fast niemanden sehe, der etwas mitgeteilt haben will. Dieses Briefeschreiben bei abhanden gekommener oder wenigstens verlegter Adresse kostet mich jeden Arbeitstag ein paar Stunden Selbstüberredung. Du siehst da Kontinente aus den Meeren steigen, und die seh ich auch, aber bekotet von Dummheit, und ich kann nicht soweit denken wie es dauert bis die zum Anschaun sind. Du wirst nicht denken, daß ich die Dummheiten von Heines Lilien neu in Umlauf bringen will, meine Frage ist viel mehr, ob die Kunst nicht eine ganz andere sein muss, wenn die gegenwärtige nicht genossen werden kann, und ob es denn überhaupt Kunst sein muß, nebbich.

Mit getrennter Post schicke ich Dir GANOVENFRESSE und HUND DES GENERALS, das in Essen mit Piscator als Regisseur kommen soll. Ich klopfe das Stück aber nochmal durch, es ist jetzt noch ein ziemlich zähes Steak. Was kannst Du mir denn schicken? Ist das Fernsehdings fertig oder hast Du sonst was neues? Schick mir doch Deine Stücke, ich habe sie nicht mehr. Wenn Du etwas für meine marxistische Bildung tun willst, dann schicke mir Novitäten, wenn es die gibt. Kannst Du mir die Molchgeschichte von dem Čapek schicken, und ist ein bedeutendes neues Buch erschienen, das ich lesen sollte?

Deine Mutter besuche ich bestimmt, aber ich bin noch nicht nach Dachau gekommen. Der Einarm heißt Herbert Kluger.

Die Drexel hat zu probieren angefangen bei den Kammerspielen und zwar GLAUBE, LIEBE, HOFFNUNG von Horváth, ein hübsches Stück und eine Rolle im Kreidekreis, den der Schweikart jetzt macht. Ich glaube, es ist gut für sie, wenn sie wieder was arbeitet.

FLINZ muß doch raus sein, ich wundere mich, wenn es ein gutes Stück ist, denn von dem Baierl halt ich nichts, es sei denn als Affe.

Die Lore habe ich in Deinem Sinne beschenkt, und das hat mich viel Geld gekostet.

Grüße die Anna schön, und Sie hat mich jetzt lange genug mit Verachtung gestraft.

Ich glaube, ich bin früher in Berlin, als Ihr in München seid. Das schreibe ich dann.

Herzlichst,
Dein [Heinar]

Brief-Durchschlag in Angelsbruck. – «Thimon von Athen» ist ein Shakespeare-Drama, das Fritz Kortner 1961 in München inszenierte.

Berlin, 25. Mai 1961

Lieber Heinar,
schönen Dank für Deinen Brief, aber die angekündigten Dichtwerke sind noch nicht eingetroffen, aber ich antworte Dir trotzdem. Ich höre gern, dass die Drexel wieder auf den Beinen ist, und dass ihr jetzt ein Emigrantenklüngel seid. Aber warum schreibt sie uns nicht? Richte ihr bitte aus, dass sie eine dumme, dicke Ziege ist, und warum sie nicht schreibt? Deine Anforderung nach neuen Werken von mir hat mich in einige Verlegenheit geworfen. Ich erinnere

mich sehr deutlich an gehabte grosse Mühen und verwendeten grossen Fleiss in den letzten zwei Jahren, aber merkwürdigerweise habe ich gar nichts gemacht. Also was? Da ist das Kinderbuch; von dem gibt es nur zwei Exemplare, die bei den beiden Verlagen sind; es kommt in einem Jahr. Da ist das Fernseh-Dings, welches inzwischen trotz nicht gemilderter Obszönitäten angenommen ist. Ich war bereit, die Sache platzen zu lassen, obwohl es sich um meinen Lebensunterhalt fürs ganze Jahr handelte, aber Tugend siegt immer. Nämlich, sie hatten schon 3000 Mäuse in dem Geschäft stecken und wussten nu nicht, wohin sie die abbuchen sollten. Dann ist da «Sorgen», woran ich eben sitze. Ich streiche das Wort «Sozialismus», wo immer ich es treffe, und setze jedesmal an seine Stelle einen Gedanken; auch verbessere ich stark die Fabel und die Verse. Das Stück bleibt ein proletarisches Familiendrama in Ifflandischer Manier, aber es ist jetzt so geworden, dass es mich nicht mehr geniert. Endlich habe ich ziemlich weit vorangetrieben das Tasso-Drama und die Oper, und ich habe vom DT den Auftrag, einen Aristophanes neuzuschreiben. Mit ersterem und letzterem hoffe ich, dieses Jahr fertig zu sein. Leider bin ich jetzt schon zusammengebrochen und vertrottelt. Mir ist das Blut aus dem Gehirn herausgefallen, offenbar wegen Unterblutdruck, und ich arbeite seit zwei Wochen nichts und fresse Pentedrin und bürste meine Glieder. Dieses Land genügt mir als Grund, nicht zu schreiben; da brauche ich nicht noch eine Krankheit. Wo ich schreiben kann, singt der Weise, da ist mein Vaterland; leider verabsäumt er es, die Himmelsrichtung dazuzusingen. Wo kann ich? In dem beigefügten Theater-der-Zeit-Heft kannstu lesen, dass ausser Dir und mir auch Knauth ein missverstandener Dichter ist. Ich finde es spannend, darüber nachzugrübeln, ob man ein Genie ist oder ein Esel. Allerdings gelange ich immer zu dem Resultat, dass ich ein Genie bin. Baierl ist keins. Die Flinzen ist ein beklemmendes Gebräu von äusserster Schönfärberei und wekwerthscher Sentimentalität. Technisch ist es eine lange Brechtparodie: trocken wie ein Hundebisquit, aus welchem Grund es auch grossen Anklang hat bei allen dressierten Pudeln. Der Anna gehts gut, sie grüsst, sie schreibt mit einigem Fleiss ihr Lumumbadrama. Grüsse an Weib und Kinder,

Peter

Brief in Angelsbruck. – Hacks' Stück «Der Frieden» (nach Aristophanes) wurde 1962 am Deutschen Theater uraufgeführt.

München-Ottobrunn, 30. Mai 1961

Lieber Peter,

Deine Post war eine reine Freude, und der Aufsatz ist sehr schön. Du weißt, daß jeder Deiner Aufsätze eine große Wirkung hat, nämlich eine haßvermehrende, da der Haß bekanntlich auf der Dummheit wächst wie der Typhus auf Agar-Agar. Es macht Spaß, der Dummheit in immer neuen Varianten zu sagen, daß sie dumm ist, das ist eine der Hauptvergnügungen des Schreibens, scheint mir. Du erweist Dich erneut als ein Meister der Anmerkung, und die über den tausendfüßigen Jambus bei einigen neueren Schriftstellern hat den Scharfsinn eines Raubtierbisses. Das Tier scheint zu verlieren nicht viel vor sich zu sehen. Es weiß die Treiber in der Nähe, es erliegt der mörderischen Lust, Scharfsinn zu zeigen. Ich wähle den Vergleich aus der Biologie, weil mich das in der Kuhwärme der nationalen Traditionen hält und aus angeborener Volkstümlichkeit. Sehr schön, die Z. nicht unter die neueren Schriftsteller zu zählen, wo sogar der H. gezählt wird. Sachlich, Du unterläßt den Hinweis auf ein bedeutendes Anwendungsgebiet des Jambus, nämlich in der zitierenden Schreibweise, der Parodie, wo er übrigens ebenfalls nicht stumpfsinnig vollgemacht zu brauchen ist. In die Negation, die Zerstörungsabsicht gewendet, bleiben Deine Bemerkungen auch dort richtig. Eine Frage: Ist der Jambus nicht auch vielleicht im Kommen, weil er geeignet ist, einer Wirklichkeit dort Größe zu geben, wo diese fehlt? In diesem Sinne wäre er dann nur eine Variante des hiesigen apologetischen Versdramas, und seine Verfeinerung eine verfeinerte Apologetik. Vergleiche zwischen den Prosa- und den Versfassungen einiger Dramen der Vergangenheit, der Schiller'schen zum Beispiel, zeigen den Jambus in dieser Funktion. Ferner, ist nicht alle gute Prosa, wenn man hinschaut, gestisch und metrisch infolgedessen auch. Ist der gräßliche Wohllaut gerade des fünffüßigen Jambus nicht nur schön, weil durch Gedanken und Widersprüche vorsätzlich ruinierbar? Ist die Demontage seiner lügnerischen Schönheit nicht immerhin schön? Statisch angewandt ruiniert er soweit ich sehe jeden Dialektik enthaltenden Gedanken, und jeder Dialektik enthaltende Gedanke ruiniert umgekehrt ihn. Die von Dir beschriebenen Schönheiten beruhen auf der Demontage seiner Teile. Warum reizt übrigens der Jambus so besonders, nicht durch seine herausfordernde Fiktion? Nicht durch die Ehrwürdigkeit, mit der er Lügen verbreitet hat? Der ist doch mit der Obrigkeit fast identisch, in Deutschland wenigstens. Er scheint mir historisch einfach zu diffamiert, um Neuigkeiten zu transportieren. Er ist nicht mehr glaubwürdig. Deshalb mein Hinweis auf ein von Dir nicht behandeltes Anwendungsgebiet. Er hat was von Stanislawskis Schauspielkunst für das revolutionäre Theater. Ich nehme nun natürlich an, Du machst den Tassow in Jamben und natürlich in demontierten.

Warum machst Du an Sorgen rum, denkt das Theater noch an eine Aufführung?

Welchen Aristophanes machst Du? Frau Flinz überrascht mich nicht, und von W. kann man Taktik lernen. Warum wirst dann eigentlich Du krank, nicht er? Ich fühle mich seit ein paar Tagen wohler, was aber nur heißt, daß ich ein bißchen leichter geschrieben habe. Ich dachte schon, ich wäre ganz aus. Wenn die Geschichte was wird, dann wird sie das beste, was ich gemacht habe. Sie hat aber auch verbrecherische Neigungen.

Die Drexel hat mich nach Deiner Telefonnummer gefragt, die ich nicht wußte. Da war Dein Brief noch nicht da.

Ich war dieser Tage in Wien, wo man mich sehr schätzt und mir gesagt hat, ich soll weiter recht böse Sachen schreiben, da dieses sein muß, aber spielen kann man mich nicht, nur schätzen. Kannst Du veranlassen, daß man mir «Theater der Zeit» schickt, es erbaut mich schon.

Den Asmodi sehe ich gelegentlich, ich habe seine MENSCHENFRESSER gelesen, die sind zu Teilen ganz lustig, natürlich auch ganz nichtsnutzig. Die Aphorismen laufen ihm immer zwischen den Beinen herum, und Denken ist nicht sein Geschäft. Der Bunge soll hier mit Kreidekreis Grausliches anrichten, und der Schweikart schläft ein bißchen dazu. Das sagt die Drexel. Herzliche Grüße der Anna und Dir,

Dein [Heinar]

Brief-Durchschlag in Angelsbruck. – Hacks' Aufsatz «Über den Vers in Müllers Umsiedlerin-Fragment» war in Heft 5 / 1961 von «Theater der Zeit» erschienen. Mit «Z.» ist Hedda Zinner gemeint, mit «H.» Harald Hauser, mit «W.» Manfred Wekwerth.

Berlin, 24. Juni 1961

Lieber Heinar,
nämlich habe ich Deine Werke mit bedeutendem Vergnügen gelesen. Bei Ganovenfresse gefällt mir der Titel nach wie vor nicht, und ich habe ein vages Gefühl, dass irgendwo im vierten Fünftel eine Passage von nachlassender Kraft vorkam. Ansonsten ist die Fabel hervorragend: reich und präzis zugleich, und hält die Sache philosophisch wie artistisch das Niveau von Hund. Natürlich, so einen Falken wie besagten Hund findet man nicht oft im Leben, und Hund wird sicherlich die populärste Story im Zyklus werden; andererseits ist der Zyklus als ganzer viel grösser als der beste seiner Teile, also ein echter Zyklus und ein grosses Werk.

Das Hundedrama, um nun auf das zu kommen, ist, wie Du weisst, Dein bestes Stück und wirklich ein sehr gutes. Die Mary-Dugan-Technik nimmt dem Stoff etwas von der Würde, fügt ihm aber viel an Wirkung bei. Es ist ein merkwürdiges Genre, was herauskommt. Es thrillt tief. Man merkt, dass die Fabel keine Stück-Fabel ist (obgleich Du im Zusammenbinden von Hund und zwanzigstem Juli Listiges geleistet hast), – aber das Fehlen von Konstruktion ermöglicht die Einführung von viel Natur, von menschlicher Wichtigkeit und sonderbarem Leben. Sehr lobe ich den bedachtsamen Abbau des Herrn Rampf, welcher anfangs so recht objektiv behandelt erscheint und so viele Zuschauerherzen gewinnt und dann so schmählich endet. Ich vermisse aber die Lehre, dass Nazigenerale, auch wenn sie besser waren, als Herr Rampf schliesslich ist, jedenfalls Obermörder und Verbrecher sind, nämlich als solche. Könnte nicht Schweigeis am Ende als Vertreter dieser Irrlehre entlarvt werden und also als unobjektiv und daher für den Ausschuss untragbar? However, ich muss Dich sehr loben, und da ich es muss, tue ich es, schwerzen Herzens.

Ich bin ein bisschen müde und nicht ganz aufgelegt, zu Deinem Brief mich ordentlich zu äussern; ich meine, in der Jambus-Frage. Ich bin, um das kurz zu sagen, nicht interessiert an der Parodie-Funktion des Verses. Die ganze Parodiererei scheint mir ein zu leichtes Vergnügen zu sein und ein von den Zwanzigern erledigtes und ein bürgerliches; denn Parodie ist Kritik von gleicher Ebene aus, ist ein Noch-zur-Kenntnis-Nehmen. Es gibt ein langes Essai von mir, das in Prag herausgekommen ist und für Dich unlesbar, weil sie es, nach ihrer Gewohnheit, auf Tschechisch gedruckt haben; es ist aber das missing link zu dem Verse-Artikel. Es besagt etwa, dass Restaurationen eine Kunst machen, die idealistisch und schön ist, Revolutionen hingegen eine, die idealistisch und hässlich ist, und dass es dann noch ein tertium gebe, nämlich klassische Zeiten, deren Kunst realistisch und schön. Mit klassischen Zeitläuften meine ich solche, wo gerade keine Politik nötig ist, also die Zeit von Shakespeare oder unsere DDR-Zeit. Ausser auf diesen Überlegungen basieren alle meine neueren Theorien auf dem Satz von Havemann: Wer nicht macht, was er will, ist ein Idiot. Du hast recht, Jamben sind identisch mit der Obrigkeit. Die Obrigkeit bin ich.

Heute war die erste Sitzung des neuen Schriftstellervorstands, welcher die Ehre hat, mich zu seinen Mitgliedern zu zählen. Ich habe mir erlaubt, die Sitzung zu eröffnen und zu sagen, dass bei uns die sowjetische Literatur unterdrückt wird und dass unsere Kultur sozialistisch plus bürokratisch plus apparatisch sei, – zum dumpfen Grausen von Abusch und Gotsche. Mir ist aufgefallen, wie freundlich man über Dich redet. Ich hatte irgendeinen Grund darzulegen, dass «Esel» ein tief sozialistisches Stück sei, und Abusch pflichtete mir vollkommen bei. Hinterher erwähnte Herzfelde einige Deiner Tugenden, und selbst der dauernd auf dem Rücken liegende Baierl äusserte sich ohne Abscheu. Man scheint entschlossen, keinen Krach mit Dir zu haben.

Nachrichten: Mein Leiden (von dem die Welt viel zu wenig Kenntnis nimmt; es handelt sich um eine sehr interessante und wichtige Hypotonie) bessert sich mässig. Wir fahren jetzt an den Plattensee, wo ich mit der Arbeit ganz aussetzen werde, nicht weil ich will. Der Molchenkrieg ist vergriffen. Mein Telephon ist 534295. Die Anna will wissen, ob, dass ich immer Worte verwechsele, also etwa statt Sozialistischer Realismus Katasteramt sage, ein Zeichen nahenden Irrsinns sei oder nur eine Folge des Blutdruckmangels. Das DT ist ein praktizistisches Affenhaus, wo lange Pläne entworfen werden, Stücke aber ausschliesslich aufgeführt nach den Bedürfnissen von Karli oder Frau May. Meine alte Dame schreibt, ihr besucht sie; schönen Dank. Baierl bekommt den Nationalpreis. Mein Fernsehbums kommt, falls nicht noch die Sitte siegt, am 4.7. Wir wollen unsere Wohnung tauschen, es klappt aber nie. In eurer Datsche wohnen jetzt Müllers.

Küsse an Lorchen. Schönen Sommer.
Peter

Brief in Angelsbruck. – Kipphardts Kriegs-Erzählung «Die Ganovenfresse» (späterer Titel: «Der Mann des Tages») war 1960 entstanden. 1960/61 schrieb Kipphardt das Schauspiel «Der Hund des Generals», nach seiner bereits 1956 verfaßten gleichnamigen Erzählung. Hacks' Aufsatz «Versuch über das Theaterstück von morgen» war in «divadelni noviny» Nr. 20/1960 erschienen; er ist in deutscher Sprache zugänglich in Hacks' Essaysammlung «Das Poetische», Frankfurt 1972. Mit «Karli» ist Karl Paryla gemeint, mit «Frau May» Gisela May.

Berlin, 29. Juli 1961

Lieber Heinar,

wenn Du schon ein guter Schriftsteller zu sein drohst, so bist Du doch ein schlechter Arzt. Warum sagst Du mir nicht, was ich dagegen tun soll, dass mir bei Tiefdruck nichts einfällt? Das moderne Wetter besteht zu 93 Prozent aus Tiefdruck, das kann ich mir nicht leisten. Sags mir. Sonst im Osten nichts Neues. Schöner Urlaub im schönen Ungarn; ich habe meinem Übersetzer dort den «Hund» angedreht. «Sorgen» ist fertig; es heisst jetzt «Neue Sorgen»; es ist dramaturgisch verbessert und stark verschlechtert hinsichtlich der Aufführbarkeit. Jetzt gehen wir nach Schwielowsee und schreibe ich meinen Tassow da. 1 Kuss für Lore, schönste Grüsse.

Peter

Brief in Angelsbruck. – Die ehemalige Villa von Marika Rökk in Petzow am Schwielowsee dient als Heim des Schriftstellerverbands der DDR.

München-Ottobrunn, 17. August 1961

Lieber Peter,

es ist eine Sauerei, Dir zwei Monate nicht geschrieben zu haben. Die Erklärung liefert meine erworbene Faulheit, von der ich infolge schlechten Gewissens nichts habe. Ich bin ein fauler Pflichtmensch, finde ich heraus, dem es gegeben ist, drei Viertel seines Lebens auf etwas beliebig Bedrucktes zu glasen und an seiner Faulheit zu leiden. Ein Gedanke ist selten so gut, den Weg vom Stirnhirn bis zu den Fingern zurückzulegen. Um viel zu schreiben, muß jemand seine täglichen Kretinstunden haben. Ich hoffe, sie kommen bald. Da wird mich auch wieder was interessieren. Die Lüge fast aller Literatur besteht ja darin, die Stupidität abenteuerlich zu machen.

Leider genügt es nicht, das Abenteuer als stupid, als interessenmechanistisch zu beschreiben, was ich gegenwärtig mache, wenn es mir gelingt, mich in Gang zu bringen. Ich bin ein gutes Beispiel für die Selbstentfremdung des entrüsteten intellektuellen Kleinproduzenten. Aber auf den Markt muß ich gehen, und die Entrüstung, daß Wahrheit nur verkäuflich ist, wenn sie der Käufer nicht herausriecht, ist lächerlich. Hat das mit Deiner interessanten Hypotonie und Deinem Wettertiefdruck zu tun? Ich nehme in diesem Falle eine Mischung von Strychnin und Atropin und Ephedrin und Coffein und Luminal. Ich weiß nicht, ob Du das verträgst, aber ich lege eine Pille bei, probier mal eine Hälfte, ob Dir das hilft. Wenn ja, dann schicke ich Dir ein Rezept. Ephedrin allein kann auch nützlich sein. Ich rede nicht von Wechselduschen, Schwimmen, Massagen, absteigenden Bädern, Du machst das doch nicht. Ein absteigendes Bad geht so: Du badest in normalem Badewasser (37°), gibst allmählich kaltes Wasser dazu bis auf 27° und bürstest Dir dabei die Extremitäten rasch und in langen Strichen mit einer ziemlich harten Bürste. Kannst Du auf dem Kopf stehen, wenn Dir die Anna die Beine festhält? Versuche das erst sekundenweise und steigere das auf einige Minuten. Möglicherweise hilft das. Schließlich kannst Du wöchentlich ein Saunabad mit Birkenruten-Klopfmassagen und Abschreckungen mit kaltem Wasser probieren. Vielleicht ist Dir da die Hypotonie lieber. Ernstlich, ein gelernter Wasseronkel scheint mir in Deinem Fall die beste Therapie machen zu können. Das müssten sie in Berlin am Institut für naturgemäße Heilmethoden haben.

Was Du zu HUND schreibst, hat mich sehr aufgerichtet, ich war ganz unsicher und eher verwundert, daß es den Leuten gefallen hat, denen ich zuhöre. Wenn die Lehre nicht herauskommt, daß Nazigenerale als solche Obermörder und Verbrecher sind, dann muß sie hinein. Mich interessiert doch kein sogenannter Gewissenskonflikt. Die Lehre ist drin, aber wahrscheinlich zu fein. Man ist ja immer um 300% zu fein. Ich knete die Sache sowieso durch, der Piscator macht sie im November-Dezember in Essen. Versteht sich, daß das Stück nicht viele Chancen hat, auf westdeutschen Bühnen nachgespielt zu werden. Die Annahme in Essen beruht ohnehin auf der schätzenswerten Unfähigkeit, die Mitteilungen, die ein Stück macht, herauszufinden. Die allgemeine politische Hysterie, die RachefürSadowa-Stimmung in diesen Tagen ist auch ein hübscher Hintergrund. Was 1949 die unfreundliche Haltung einer Besatzungsmacht gewesen wäre, ist 1961 übrigens kein Geniestreich. Ich hoffe, die Aufklärungslokale der Nationalen Front werden vermehrt, da deren Politik auch weiterhin eine schöne Perspektive hat. Ich rief Deine Mutter an, die uns am Sonnabend besuchen kommt, zwecks Beruhigung und weil sie eine nette Frau ist.

In den Ferien waren wir in Jugoslawien, wo ich viele Fische gefangen habe. Sie haben dort eine Reihe guter Maler und einen bedeutenden, Ivan Generalić, ein Bauer aus Hlebine, ein Naiver, der in wenigen Jahren in der ersten Reihe sein wird. Er ist besser als Rousseau. Er ist witzig, phantasievoll, realistisch und erzählt wie der Breughel von Sachen, die er gut kennt. Dabei ist er technisch bauernschlau raffiniert. Ich habe ein Bild gekauft, und ich kaufe noch eins, sobald ich wieder Geld habe. Ich habe zum ersten Mal Laien gesehen, die vom Sozialismus begünstigt zu großen Künstlern geworden sind. Ansonsten hat mich das Land wenig gefreut, es ist auch ganz unsinnig, in so heiße Gegenden zu fahren, wo einem das Hirn austrocknet.

GANOVENFRESSE redigiere ich, sobald die letzte Erzählung fertig ist, da gibt es noch Stellen, die kraftmeierisch sind statt intelligent. Weißt Du einen besseren Titel? Mir ist keiner eingefallen. NEUE SORGEN als Titel ist aber auch kein Schlager. Kannst Du mir die neue Fassung schicken? Welche sittenreinigende Wirkung hat Dein Fernsehwerk gehabt? Willst Du ein Jahr in Schwielowsee bleiben, oder wird Tassow jetzt ein Gedicht? Die Verwechslung der Worte ist Weisheit nicht Krankheit. Kann man Euch jetzt noch sehen, wenn man in Berlin zu tun hat? Die Drexel war in dem Horváth sehr gut, der eine unverschämte Kritik hatte. Hat Schalla schon mit den Ohren gewackelt? Wie weit ist die Anna mit ihrem Stück?

Die Lore bedankt sich für den Kuß, und wir möchten Euch bald sehen.

Herzlichst,
Dein [Heinar]

Brief-Durchschlag in Angelsbruck. – Am 13. August 1961 hatte die DDR mit dem Bau der Berliner Mauer begonnen; darauf spielen Kipphardts Bemerkungen zur politischen Stimmung «in diesen Tagen» an.

Berlin, 7. September 1961

Heinar, Liebling,

«Neue Sorgen» ist kein Titel, sondern, was ich damals für einen Sachverhalt hielt. Indessen ist eine ganz merkwürdige Drehung eingetreten: alle finden diese Fassung hervorragend. Selbst Jürgen Schmidt. Ich bin daraufhin natürlich noch einmal ernst mit mir zu Gericht gegangen, aber ich kann keine Schuld bei mir finden. Die Nelly-Muser-Szene ist drin, alles Geseires ist raus, und die harten Passagen sind härter als je. Das Phänomen hat aber zwei Gründe. Erstens ist das Stück wirklich viel besser geworden; und diese Trottel hielten jedes ästhetische Unbehagen, das sie fühlten, für ein politisches. Und zweitens herrscht hier eine grosse Freiheit. Die Grenzschliessung hat natürlich einen Volkszorn hervorgerufen, aber zugleich eine echte Fröhlichkeit bei allen, die dafür sind. Diese Fröhlichkeit äussert sich auch in der Überzeugung, dass der innere Mist jetzt ein Ende haben müsse. Herr Wagner spielt heute dieselbe Rolle wie der Unteroffizier am Anfang von Ganovenfresse, für welches Kunstwerk ich keine andere Überschrift weiss, weil ich es dazu nicht gut genug kenne. Man müsste wohl ausgehen von dem moralischen Zentrum, der Figur des Dagegenseiers, oder, wie bei Hund, von einem zentralen Fabelpunkt (den Partisanenhöhlen von X?). Ich rate Dir aber, lass die Frage nicht fahren. Es gibt Leute, die nichts können als Titel machen; frag die. (Wie wärs mit: Kabale und Liebe?)

Das Rattengift, das Du Deinem Brief beilegen wolltest, hastu ihm nicht beigelegt. Ich nehme an, Du brauchst es für Dich selbst für den Fall, dass die Bildzeitung sich nach Deiner politischen Einstellung erkundigt. Dafür werden sie Dich hier bald wieder lieben; spätestens nach dem voraussichtlichen Hund-Skandal. Ich bin aber von dem Rattengift abgeschweift. Ich vermute, in meinem noch harmlosen Stadium wären mildere Medizinen (Coffein-Deumacard o. ä.) auch noch wirksam. Was ich gern wüsste, ist, ob sich der Effekt von Mitteln nicht abnützt. Als die Anna Obesin frass, war sie drei Wochen lang munter, dann hörte jede Wirkung auf. Was tun? Soll man ein Mithridates werden? Ist es gut, sein ferneres Leben auf Drogen aufzubauen? Vielen Dank inzwischen für Deine Rezepte, in denen mit Wasser gekocht wird. Dass absteigende Bäder gut für absteigende Dichter sind, hatte ich schon vernommen, und ich tats. Auch bürsten tue ich mich und andere Damen. Auf den Kopf will ich mich nunmehr ebenfalls stellen, aus Realismusgründen; das scheint mir eine interessante Negation des Marx-Hegelschen Verhältnisses. Es hat mir, was Du schreibst, viel geholfen; denn ich sehe nun, dass ich keine anderen Doktoren mehr zu fragen brauche: es hängt, trübsinnigerweise, wirklich alles von mir ab.

Piens findet Hund gut, aber es ist noch nicht möglich, ihn hier durchzusetzen. Ich habe die Tassow-Lieder fertig gemacht und ein Essai über Lieder zu Stücken. Ich möchte bei Huchel landen. Ich bin zufrieden und in Gnade. Was ich Dir alles sehr wünsche; und die Anna lässt grüssen.

Schönstens,
Peter

Brief in Angelsbruck. – Jürgen Schmidt war Dramaturg am Deutschen Theater. Gerhard Piens war – als Nachfolger Kipphardts – Chefdramaturg an dieser Bühne geworden. Hacks' Aufsatz «Über Lieder zu Stücken» erschien in der von Peter Huchel geleiteten Zeitschrift «Sinn und Form».

München-Ottobrunn, 4. Oktober 1961

Lieber Peter,

schönen Dank für Deinen Brief. Als nachdenklicher Mensch, der von seinen Freunden gedankliche Übereinstimmung nicht fordert, und auch als fettleibig-faule Hamletnatur im Kleinproduzentenbereich habe ich mir Zeit gelassen, ihn zu beantworten. Deine gemalten Perspektiven scheinen mir wenig Realismus zu enthalten, und die Fröhlichkeit bei Volkszorn scheint mir nicht ohne weiteres eine revolutionäre Haltung. Da ist ein bißchen Kopfstandtherapie drin, aber ich sage nicht, daß diese Therapie immer unsinnig ist, gar nicht. Der Unteroffizier in Ganovenfresse wird erschossen, als alle anderen schon hin sind, wenn ich mich recht besinne. Er hat schwache Stunden, in denen er koaliert oder sich zurückhält, aber das täuscht. Auch sind Unteroffiziere bekanntlich leicht austauschbar. Die Frage ist, ob man sie braucht oder nicht. Ich fürchte, sie bleiben auf lange Zeit die einzigen Leute, die überhaupt gebraucht werden. Man kann Volkszorn ja auf ganz verschiedene Weise begegnen. Man kann die Löcher zukleben, aus denen er gemeinhin entweicht, und man kann das Volk auch abschaffen, um nur die beiden geschätzten, radikal idealistischen Lösungen zu nennen. Dazu braucht man idealistisch gebildete Unteroffiziere und Dich leider nicht. Ich hoffe natürlich, daß Du recht behältst, nicht ich. Ich bin schlecht informiert, nämlich nicht durch den Augenschein, durch größere Entfernung auch weniger illusionsempfänglich allerdings.

Daß Du gespielt werden sollst, ist eine überaus gute Nachricht, und ich bitte Dich um den Aufsatz über Lieder zu Stücken, weil ich da eine leere Stelle in meiner Aesthetik habe. Im Gegensatz zu mir kannst Du bekanntlich sehr gute Lieder machen, aber natürlich nicht über jeden Gegenstand. Pavel, der sehr zu Dir hält, meinte, Dir fehlten die fröhlichen Stunden des Gewehrreinigens. Sei nicht so ein trotziger Junge, und sage mir nicht, wie weiland Hermlin, daß gerade das ein gutes Lied sei.

Meine Erzählung hat sich definitiv als ein Roman erwiesen. Es ist eine schreckliche Misere, unerhofft in einer Romanarbeit zu stekken, wo ich den Termin für die Erzählung schon überschritten habe, und ich im Dezember den Oppenheimer zu schreiben anfangen muß. Die Vorarbeiten sind gemacht, und ich muß ein Fernsehdings des Stoffes im April abliefern.

Hund soll im November mit Piscator in Proben gehen, ich wollte den kleinen Schubert, der mich hier besuchte, als Czymek, aber er ist Piscator zu zart, was richtig aber unrealistisch ist, denn er wird schließlich nur einen schwächeren Schauspieler haben. Er hätte die Widerlegung der Schwejkhaltung unter neueren historischen Bedingungen sehr gut herausgebracht.

P. habe ich in Ulm gesehen, das Stück ist schlecht, und die sehr delikate Inszenierung war zum Gähnen zerdehnt. Die alberne nationale Heldin redete bloß nationalen Unsinn allgemeiner Art und gefiel infolgedessen allgemein. Der Brecht ist schlecht beraten, sich das Stück anzueignen. Bochum behauptet, Dich doch bald zu wollen, sagt der Pavel. Ich glaubs nicht, obwohl sich der Schwachsinn der Dichtervergeltung abtritt.

H. M. S. war hier, er wird Dir ein bißchen von uns erzählen. Hoffentlich kommt er mit Heinz zurecht. Ein ordentliches Theater kann es natürlich nur geben, wenn wir eins hätten. Es ist gegenwärtig ein trostloser Dummenschwitzkasten, für den es sich nicht lohnt, einen Finger krumm zu machen. L. scheint aus und H. war immer aus. Kannst Du Dich nicht mit W. arrangieren, wenn Du in Gnade bist? Es ist doch sonst niemand da.

Das Rattengift lege ich diesmal bei. Halbiere die Portion. Der Effekt von Mitteln nützt sich immer ab, natürlich auch der von Medikamenten, der fortgeschrittene Mensch wechselt sie dann. Deine Mutter hat uns vor zwei Wochen besucht, und wir telefonieren gelegentlich miteinander. Ich sage, was ich zur Aufklärung Deiner Psychologie beitragen kann, und ich beruhige sie, wenn irgendwas Schreckliches in der Zeitung steht.

Die Drexel läßt Euch schön grüßen. Die Lore malt Ölbilder hinter Glas, die ganz lustig sind, und sie läßt auch grüßen.

Dir und der Anna gesundes Dichterglück,

herzlichst
[Heinar]

Brief-Durchschlag in Angelsbruck. – Kipphardts Romanprojekt «Die Tugend der Kannibalen» blieb unvollendet. Mit «P.» ist Peter Palitzsch gemeint, der den «Prozeß der Jeanne d'Arc» inszeniert hatte; «H. M. S.» ist Hagen Mueller-Stahl, «L.» Wolfgang Langhoff, «H» Wolfgang Heinz und «W.» Manfred Wekwerth.

Berlin, 14. November 1961

Lieber Heinar,

in unserer Unteroffiziersdebatte hast Du mehr recht gehabt, als ich dachte, aber ich habe mehr recht, als Du denkst. Es haben sich vollkommen neue, bedeutende Formen von Schützengrabensolidarität gezeigt, und jener Unteroffizier – rasender und blutrünstiger als je – ist seiner Litzen nicht mehr so sicher. Hinzu kommt, dass sein grosser Marschall nun schon an der Mauer liegt: und wir haben auch eine Mauer.

Das Lied, das Du nicht liebst, liebst Du deshalb zu recht nicht, weil es nicht gut ist. Aber ich bereue nicht, es gemacht zu haben. Du kannst Paveln ausrichten, dass ich keine Tätigkeit mehr verabscheue als das Gewehrreinigen; aber die armen Leute, um die es sich handelt, reinigen doch ohnehin Gewehre: warum sollen sie nicht dabei auch noch was singen? Natürlich bin ich für die Existenz von Kampfgruppen, und natürlich für die Mauer. Man kann nicht für die DDR sein und gegen die Mauer. Ohne die Mauer wären wir schon kaputt. Ich sage ja nicht, dass das für uns spricht, aber es ist so.

Meine Umstände sind nach wie vor sehr angenehm. Man hat mir Neben-Nieren-Rinden-Hormone verschrieben, welche helfen. Ich schreibe also beständig am Tassow. Sorgen macht Langhoff, nach

Tell. Zur Eröffnung mache ich dem Theater einen Prolog, von dem ich vermute, dass ich mich seiner nicht werde schämen müssen. Wie kommstu auf die Irrsinnsidee, dass mit Wekwerth das mindeste auszurichten sein könnte? Das Benehmen dieses Hauses ist stinkend und ekelerregend; das des DT fast vorbildlich.

Was ist mit dem Hund? Machen die das? Ich besorge – aus meiner objektivierenden Distanz –, dass Du da Kummer haben wirst. Das Gebäude des Liberalismus in der westdeutschen Kunst ist fest und gut drin zu wohnen, aber es steht auf sehr gläsernen Füssen. Natürlich ist Schubert ein idealer Czymek.

Grüsse Lore und die Drexel. Die Anna ist allen Medizinen gegenüber immun wie ein Kartoffelkäfer. Ihr Kreislauf ist seelisch, und ihre Seele weint. Was ihr nur hilft, sind neue Kleider; diese Therapie hat mich wieder schöne Mengen Gelds gekostet. Grüsse Paveln. Das DT laboriert eben an Menschenfresser und an Risky Marriage; ich finde den Asmodi sehr phantasievoll und sehr lustig. Sipario hat den Müller gedruckt. Schönstens,

Peter

Brief in Angelsbruck. – Der Text, auf den sich der Briefwechsel bezieht, ist Hacks' Kampfgruppen-Lied «Die roten Sterne glänzen». Mit dem «Müller» im letzten Satz ist Hacks' «Müller von Sanssouci» gemeint.

München-Ottobrunn, 28. November 1961

Lieber Peter,
Deine gemalten Perspektiven hinsichtlich der Mauer haben mich entzückt, ich habe sie in stillen Stunden der letzten Wochen auch aufgepinselt, aber ich glaube sie nicht. Ich habe merkwürdig flüchtige Solidaritätsmetamorphosen erlebt, und ich prophezeie in einigen Gebieten merkwürdige Formen der Entstalinisierung. Natürlich sind das aber Fortschritte. Mit was ist die Weltgeschichte eigentlich gegenwärtig unterwegs? Ist sie für eine Wüstenstrecke auf das alte Kamel gestiegen, oder sehe ich immerzu nur den Swinegel? Es macht mich ganz nervös, ihr nicht ein einziges Mal auf den grauen Hintern hauen zu können, und wo es diese Möglichkeit wieder gibt, dort werde ich sein. Und ich bin sicher, ich werde mit Dir dort sein.

Daß sich das Deutsche Theater mit Tell erniedrigt, ist schauderhaft, und ich hoffe, Du gehst mit Deinem Eröffnungsprolog tüchtig hinter den Schiller zurück. Ich wünsche Dir mit Sorgen Glück, kann aber gar nicht beurteilen, ob die Ohren mittlerweile gewachsen sind, die das Stück braucht. Ich meine, man muß auch hören wollen.

Mit Hund passieren verwunderliche Dinge. Die in Essen hatten im November Angst und haben infolgedessen eine akzeptable Besetzung zum vorgesehenen Termin nicht gefunden. Sie wollen jetzt im Februar mit den Proben anfangen und Ende März herauskommen. Merkwürdigerweise wollen die hiesigen Kammerspiele plötzlich das Stück machen, mit Everding als Regisseur, und da ich hier wesentlich bessere Aufführungsbedingungen habe, werden sich die Essener um die Uraufführung gebracht haben. Ich hoffe des Geldes wegen, daß die Essener das Stück trotzdem spielen, da ja ein Hannemann vorangeht. Sogar das bayrische Staatstheater verhandelt wegen Hund, was den Pavel in München in eine gute Position bei der Wahrnehmung meiner Interessen bringt. Natürlich erwarte ich böse Sachen, aber es gibt ja die verschiedensten Arten von Krach, geschäftsfördernden und geschäftsschädigenden wenigstens. Ich habe angefangen, an Oppenheimer zu schreiben, und es ist mir eigentlich lästig, mich noch einmal mit Hund zu beschäftigen, aber ich will das Stück noch verbessern.

Meine Umstände sind wie die Deinen angenehme, aber ich weiß gut, daß das Gebäude des eingeschränkten Liberalismus über Nacht von den Mikroben aufgefressen sein kann, die man immerzu nagen hört. Wohin gehe ich, wenn ich nicht dann ein berühmter Schriftsteller bin, was unwahrscheinlich ist? Asmodi, den ich ganz gut leiden mag, baut in Irland am Meer ein Haus, und er sagt, da kriegt man ganz schnell einen zweiten Paß. Aber einen Paß kann man auch nicht essen. Es hat den Asmodi sehr aufgerichtet, was Du über das Stück schreibst; wenn er nur den Anouilh vergessen könnte und sich eine Philosophie anschaffen täte.

Grüsse die Anna schön von mir, die ich immer für ein urgesundes und vitales Mädchen gehalten habe, sobald sie das auch sein will, und gib ihr einen Kuß von mir. Ich frag nicht, was sie schreibt, aber sie soll schreiben.

Herzlichst,
Dein [Heinar]

Brief-Durchschlag in Angelsbruck.

Berlin, 4. Januar 1962

Lieber Heinar,
der graue Hintern der Weltgeschichte ist gross und breit, und alle Dichter zusammen sind für sie noch nicht einmal wie Hämorrhoiden. Die Idee, dass Kunst etwas wie eine richtige Kraft sei und fähig, Bewegung hervorzurufen, – diese unmarxistischste aller Ideen, wer hat sie denn? Doch nur Marxisten.

Ich mache Grosskram und Kleinkram. Vom Tassow gibt es eine erste Fassung; sie liegt beim andern Lagerobst. Zum Frischverkauf habe ich Songs gemacht, die Düren in einer Kammer-Matinee singen wird. Jetzt bin ich an der «Frieden»-Adaption (für die Kammer, mit Besson und Dessau). Für Geld dichten wir eine ungeheure utopische TV-Schnulze von 5 Stunden.

Die Anna bekommt einen eigenen Absatz: sie hat die Lumumba-Fabel fertig. Ich weiss nicht, wieviel hundert Jahre sie im Ganzen brauchen wird, aber ich habe das Gefühl, das Projekt lohnt sich.

Für Dessau haben wir eine Glücksgott-Oper vorgesehen. Du bemerkst, dass es uns gelingt, die Schwierigkeiten der Zeit zu ignorieren, was ich von Dir auch hoffe. Natürlich fragt sich, welche Schwierigkeiten leichter zu ignorieren sind, die der Übergangsperiode oder die der Untergangsperiode. Es ist auch eine Sache der Perspektive. (Nämlich Perspektive bedeutet nicht ausschliesslich etwas, was man nicht hat. Es kann auch etwas meinen, was man haben wird).

Zu Hund wünsche ich weiterhin Glück. Der hat ja scheints für Dich etwa die Funktion wie Sorgen für mich. Was für zwei schaudervolle Titel. Ich bin gespannt, welche Sorgen Du mit Hund kriegst und auf welchen Hund ich mit Sorgen komme.

Es gibt nichts wirklich Neues. Am Montag fahren wir ins Gebirge (bis 5.2.), zwecks Aristophanes, Kreislauf, Ruhe und Unzucht. Meinst Du nicht, dass ihr nach Prag fahren könnt und uns treffen? Viele Grüsse an die Lore. Schönstens, der

Peter

Brief in Angelsbruck.

München-Ottobrunn, 10. Februar 1962

Lieber Peter,
natürlich sind die Schwierigkeiten der Untergangsperiode leichter zu ignorieren, da man, immerzu untergehend, an diese gewöhnt ist. Immerzu überzugehen macht die sehenswertesten Neurosen, wie man aus der Sexualpathologie weiß, dieser interessanten Wissenschaft. Drittens werden bestimmte lange anhaltende Übergänge von den Beteiligten nicht mehr als Untergänge erkannt. Viertens ist es angenehmer, seine Schlächter als seine Familie untergehen zu sehen. Wiewohl die besten Schlächter aus der Familie kommen, wie das deutsche Exempel zu lehren beginnt. Natürlich ist der Platz unbedeutend und die Zeit der Verwirrung von historisch geringem Gewicht. Ausser, daß wir in dieser Zeit leben und leider nicht in den Perspektiven, die man haben wird. Bin ich Kant? Du kannst doch den Aristoteles unmöglich bedrecken, um einen sauberen Plato zu kriegen. Der Marx, in Berlin lebend, den Sonntag studierend, hätte vergnügte Tage. Wir täten ihm in Frankfurt die Flüchtlingsgespräche kaufen, dem Motto gemäß, das ich kürzlich im Deutschlandsender hörte: KEINER DREHT FÜR SICH ALLEIN. Ich glaube, es ist dabei wenig an Dich gedacht worden. Ich lese in der interessanten Zeitschrift ‹Theater der Zeit›, daß man Senftenberg von Dir und Müller und auch schon dem Lange gereinigt hat. Reinigt sich das DT auch, oder gibt man Sorgen? Ich höre, es sind neue Spielplandiskussionen in Gang gekommen. Ist Albanien eine so weite Reise wert?

Ich bin sehr entzückt, daß Du arbeitest, die Tassow-Fassung tät mich sehr interessieren, wenn Du sie kurze Zeit aus der Hand geben willst. Der Aristophanes kann, glaube ich, Spaß machen, ich find, das ist eine wirklich benutzbare Struktur für so was wie ein Musical.

Die Proben zu Hund beginnen dieser Tage. Ich habe das Stück verbessert. Fehlen tut noch ein guter Czymek. Ich habe dem Theater als letzten Ausweg Herbert Richter vorgeschlagen, der natürlich zu alt ist. Den Pfeiffer spielt der Graf, den General Verhoeven, Regie Everding, Bühnenbild Zimmermann, Musik Peter Fischer. Ich habe für den Czymek noch ein Lied gemacht.

Aus welchen Gründen immer, kann der Pavel Hund gut beim Fernsehen verkaufen, er hat es meiner Firma weggenommen, weil die ja sowieso schon Geld bezahlt haben und im Moment nicht produzieren.

Oppenheimer geht bedächtig voran, ich will im August die Fernsehfassung, Ende des Jahres das Stück fertig haben. Ein Mann namens Donath hat Dich vor einiger Zeit in der Zeitschrift ‹Das Schönste› als Genie gefeiert, und er tut das in einer Hundvorbesprechung mit mir jetzt auch. Das muß ein begabter Mensch sein.

Prag ist eine schöne und verlockende Stadt, aber ich weiß nicht, ich habe schon Pferde husten sehen. Auch ein kleines Risiko ist zu groß. Jugoslawien ist auch ein schönes Land, oder Wien, wo der Geist Mozart so beständig weilt. Ist das möglich?

Grüße die Anna schön,
Herzlichst
Dein [Heinar]

Brief-Durchschlag in Angelsbruck. – Das Theater in Senftenberg hatte Hacks' Stück «Die Sorgen und die Macht» in einer 2. Fassung gespielt. Eine 3. Fassung wurde im Oktober 1962 am Deutschen Theater uraufgeführt. Noch im selben Monat gelangte dort auch Hacks' Stück «Der Frieden» (nach Aristophanes) zur Uraufführung.

Berlin, 26. Februar 1962

Lieber Heinar,

es ist wahr, dass, wer zuletzt lacht, nicht immer am besten lacht. Was sind zwei, drei Kicherer auf dem Totenbett gegen ein in Fröhlichkeit durchsumpftes Leben? Aber natürlich ist die Perspektive, von der ich rede, eine kurze, wie bei Serlio, und keine von 36 Gassen. Ich könnte Dir Possen erzählen, wenn ich könnte. Wie viele Tyrannen überlebte Anakreon.

Die Sorgen-Sorgen haben noch nicht begonnen. Jetzt sind erst Tell-Sorgen, die ausnahmsweise mal nicht meine Sorgen sind. Es geht natürlich nicht darum, dass dieses miese Stück einfach die Geschichte einer Konterrevolution ist, sondern darum, dass es nicht zum Leitartikel des vorgesterigen ND passt. Der arme Chef. Nach Tell hat er Sorgen auf dem Plan und nach Sorgen Frieden.

Letztern kannst Du bei Pavel lesen. Ich habe kein Musical davon gemacht, sondern ein ernstes und schönes Drama. Man muss das mal klarstellen, dass es keinen besseren Komödienschreiber gibt als den Aristophanes, nicht mal den Shakespeare. Das weiss nur keiner, weil dieser Dichter immer nur verkortnert oder verhellbergt oder ver-mc-collt vorgeführt wird. Ich wünschte, ich hätte noch mehr Zeit gehabt, noch mehr Poesie zu machen. Und ich habe ein schlechtes Gewissen, weil ich den onanierenden Perser Datis gestrichen habe.

Die Hund-Besetzung ist vielversprechend. Graf ist ein guter Schauspieler. Verhoeven nicht, aber das ist für den General nicht nötig. Herr Donath ist ungeheuer begabt. Es wäre vielleicht noch angenehmer, wenn er nicht immer so schreckliche Dummheiten vorbrächte, wenn er einen lobt.

Jugoslawien und die Stadt Mozarts sind, wie Du wissen solltest, extramuritanische Territorien. Wenn ich von Prag rede, weiss ich warum. Ich habe nie gehört, dass dort bundesdeutsche Touristen belästigt worden wären, und ich bin sicher, dass Du auf keiner unserer Fahndungslisten stehst, obwohl Du das gewiss verdientest. Auch Pferde husten nur im Dunkeln. Aber man kann noch ein Jahr warten. Tritt mal den Pavel, dass der sich, gegen seine Gewohnheit, nach der Premiere anstrengt und Hund mit Fleiss nach Prag, Warschau und Moskau verkauft. Dann ist das gesettled.

Ich will dieses Jahr kein Stück mehr anfangen. Ich will meine drei Stücke (Müller, Sorgen, Tassow) schlussredigieren und mal eine Zeit ausruhen und mich dem Suff und der Lyrik ergeben. Diesem Programm steht entgegen, dass ich 1. kein Geld mehr und 2. ein faszinierendes Stück-Projekt habe. Wünsche mir also Stärke.

Liebende Umarmungen an Lore. Schreib mir mal die Oppenheimerfabel. Schönste Grüsse,

Peter

Brief in Angelsbruck.

7. April 1962

Lieber Peter,
ich frag mich, an welcher Sauerei es liegt, daß Hund den Leuten gefällt. Die bisherige Presse ist fast hymnisch, und ich hoffe zuversichtlich, daß mich wenigstens einige der ärgsten Mistblätter anpissen. Sonst muß ich noch selber Leserbriefe schreiben. Dabei ist die gespielte Bühnenfassung viel schärfer als die Fassung, die Du kennst, und dabei hat die Aufführung die Fabel und die Beweisfüh-

rung des Stückes deutlich, wenn auch nicht mit besonderer Schönheit erzählt. Die Inscenierung von Everding war straff, sauber und hatte ein gutes Tempo, mehr nicht. Detailschönheiten gab es so gut wie keine. Hoffmann als General war richtig und ganz interessant, Graf war gut, Czymek (Kappen) recht mittelmäßig, was natürlich die kretinisierte Kritik nicht bemerkt. Fischer hat zwei schöne Lieder und eine gute Tonmontage gemacht. Das Bühnenbild von Zimmermann war unter dem Durchschnitt, aber alle Welt fand die mittelgute Aufführung blendend. Everding war äusserst fleissig, und ich habe ganz gut mit ihm gearbeitet, was nötig war. Pavel ist guter Dinge, und ich lese die Kritiken mit dem emotionalen Interesse, das man sonst nur Bankauszügen entgegenbringt. Ein paar Bühnen haben gekauft und andere sind dabei, wie es aussieht.

Theaterdienst, wenn das jemand lesen täte ausser Erpenbeck, wäre eine gute Reklame. Was sind das für Vollidioten, und wer veranlasst sie, ihrer Dummheit gerade jetzt zu frönen?

Der Prolog hat mir gefallen. Für das Amüsement sorgte Langhoffs Aufsatz über den halbnationalen Tell als solchen. Sag ihm, daß ich da keine Eigentumsansprüche erhebe.

Deine Arbeit an dem Aristophanes habe ich sehr bewundert, aber ich glaube nicht, daß das ohne Musik und Tanz einen Abend unterhalten kann. Ich meinte nicht den amerikanischen Dreck, wenn ich von Musical geredet habe. Es ist auch richtig, daß die Bearbeitungen, wenigstens die mir bekannten, Leichenbegatterei sind, aber die Allegorienfabel bleibt dünn, und die Allegorie auch beim Aristophanes eine mindere Gattung. Die blendenden pornografischen Partien wird man Dir wegstreichen, und ich weiß nicht, was dann noch tragen soll, wenn nicht die große Revue. Ich hoff, ich täusch mich.

Was ich mich beim Studium der berliner Zeitungen frage, ist, ob Du mit Sorgen nicht noch warten solltest. Stricke werden ja nicht nur geworfen, um jemanden aus dem Wasser zu ziehen, manchmal fassen die nur den Kopf. Gibt es bald Proben? Überleg das, Peter. Prag hat mir immer gut gefallen, ich überleg mir das auch. Wie willst Du Dich ohne Geld dem Suff ergeben, die Lyrik gedeiht da eher. Soll ich Dich als Neger verdingen. Das ginge ohne sehr viel Arbeit für Dich. Oder die Anna als Negerin, die fleissige. Grüß sie schön, arbeite und laß von Dir hören.

Herzlichst,
Dein [Heinar]

Brief-Durchschlag in Angelsbruck. – Kipphardts Schauspiel «Der Hund des Generals» war am 2. April 1962 von den Münchner Kammerspielen uraufgeführt worden.

28. Mai 1962

Lieber Heinar,
der alte Calvin ist ein Mann so recht nach meinem Herzen; denn er liess den Dr. Servet, den Erfinder des Blutkreislaufs, verbrennen. Ich sage Dir, es ist eine teuflische Erfindung. Das Wetter hier liegt seit Monaten in den letzten Zügen, und die Zirkulation meiner Säfte ist, ähnlich der Zirkulation unserer Waren, aufs äusserste Minimum zusammengeschrumpft. Es ist nur mit Anspannung meiner heroischen Energie, dass ich trotzdem fast jeden Tag meine zwanzig oder dreissig Versel niederschreibe und, den Fall eines vorherigen Zusammenbruchs ausgenommen, imstande sein werde, Dir gegen Ende nächsten Monats jene Göttliche Komödie, Moritz Tassow, dieses erste unsterbliche Werk der neueren Deutschen, diesen Faust des Sozialismus, ins lasterhafte Haus zu schicken. Es ist aber einzusehen, dass ich ausserdem nichts unternehme und dass es also von mir weiter nichts neues gibt.

Die meisten Hund-Kritiken habe ich ja gelesen; die einzige, die Dich bissel ernstnimmt, scheint die Spiegel-Kritik zu sein; aber die ist leider wieder keine Kritik. Sie entdecken, dass Du ein Bösewicht bist, aber es ist schon zu schwer für sie festzustellen, dass das Stück bös ist. Alle Kritiker sind so. Wenn der Teufel nicht ein Schild umhängen hat, auf dem steht «Teufel», halten sie ihn für einen Engel oder, schlimmstenfalls, für eine Ziege. Wenn der Engel ein Schild «Teufel» trägt, halten sie ihn für einen Teufel. Sie glauben von einem aufs Haar das, was man, sagt man, sei. Es macht nicht den geringsten Spass mehr, sie zu bescheissen, weil es keine Mühe mehr macht. Wenn Du sagen würdest, Hund ist ein kommunistisches Stück, würden sies unschwer nachweisen; aber so lange Du Dich da weiter nicht äusserst, werden sie Dir ihr Lebtag nicht draufkommen.

Das beiliegende Baierl-Autoporträt enthält den grössten Satz, den je ein deutscher Dichter geschrieben. Derselbe hat jetzt eine dramatische Suite verfasst, welche «Furcht und Elend des 13. August» heisst, oder so ähnlich. Er probt es im EAW-Arbeitertheater, und es ist, da niemand es für ihn geschrieben hat, von trostloser

Niveaulosigkeit. Frau Zinner hat ein humoristisches Musical verfasst, betitelt «Ein Amerikaner in Berlin, oder: Mr. Mouth und die Mauer». Meine Konfidenten haben die erste Hälfte davon gelesen aber nicht viel lachen müssen. Hauser schreibt ein 2-Personen-Seelendrama über den dreizehnten; noch unbekannt, wie. Hingegen hat der Hartmut Lange eine sehr merkwürdige Shakespeare-Komödie angefangen, die in einem parabolischen Indochina spielt und in der Gegenwart.

Der berliner Gesamtspielplan 62/63 ist – ich muss es offen sagen – hervorragend. Zwei Mal O'Casey, zwei Mal Pogodin, zwei Mal Hacks, auch sonst viel Gutes. Käse nur im Gorkitheater und der Staatsoper. Grüsse an Pavel, Drexel und andere Kleinzimmerwalder, insonders aber an Dein schönes Weib; herzlichst

Peter

Brief in Angelsbruck.

München-Ottobrunn, 27. August 1962

Lieber Peter,

ich schreibe nicht, weil mich die Liebe verheert, diese hirnzerstörende, interessante Leidenschaft, weil ich an Oppenheimer schreibe, zweitens, was widrig ist, aber voran kommt, weil ich eine solide Kritik an Tassow machen wollte, drittens, wozu ich das Stück mehrmals lesen mußte. Nimm meine Bemerkungen als die Notate eines konkurrierenden Freundes, dessen Sehschärfe auf dem linken Auge nachgelassen haben kann, ohne daß er das weiß. Ich schicke voraus, daß Dich das Stück als das beste dramatische Talent zeigt, das gegenwärtig in deutschen Zungen predigt. Die Geschichte ist mit bedeutend verfeinerten Mitteln genußreich erzählt. Es gibt hundert scenische Details von großer Schönheit. Die phantasievolle Leichtigkeit der Fabelführung sucht ihresgleichen. Die Verse sind verführerisch und gestisch sehr präzise, die Lieder hervorragend. Ein Arsenal traditioneller Mittel wird ummontiert und benutzbar gemacht, gebildet, scharfsinnig, witzig. Ich preise die Mittel, mit der Du die Geschichte ausstattest und reich machst, aber ich kann die Geschichte selber nicht preisen. Ich kritisiere auch ihren Wahrheitsgehalt. Ich finde, Du verklärst Dummheiten, die in Deutschland ohne Notwendigkeit gemacht wurden, und die fürchterlichen Folgen sind vor aller Augen. Die Albernheit bestand doch darin, daß man das Modell des möglicherweise unvermeidlichen Hickhacks in der Bauernfrage nach der Oktoberrevolution in Rußland auf ein Industrieland dogmentreu übertrug, obwohl der russische Umweg ja nur notwendig war (wenn überhaupt), weil es keine Industrie und somit kein Proletariat gab. Weil das Land ruiniert war, sah sich Lenin gezwungen, auf das Programm der Sozialrevolutionäre zurückzugreifen, bäuerlichen und bürgerlichen Kapitalismus in der NEP zu fördern, sehr zur Freude der Rechten, Sinowjew, Kamenew, Bucharin, den Freunden von Väterchen Robespierre, des Zentristen, der die Linken unter anderem erledigte, weil sie ein Industrieprogramm hatten, das er wenig später übernehmen mußte, um ein paar Millionen bäuerlicher Kleinbesitzer zu schlachten, die er mit den Rechten produziert hatte. Wenn ich sehr nachsichtig bin, kann ich das für ein revolutionäres Fortbewegen in Widersprüchen ansehen, wenngleich der vorgeschlagene Weg der Linken nicht probiert und infolgedessen auch nicht widerlegt worden ist. Wenn Deine Geschichte in Rußland zur damaligen Zeit spielte, dürfte sie wesentliche Elemente der Historie enthalten, aber in Deutschland trafen alle diese Umstände 1945 nicht zu. Die verlogene deutsche NEP oder Nationale Front war die Einführung des gregorianischen Kalenders im naturwissenschaftlichen Zeitalter. Die Photokopie mit törichter Pedanterie einem Industrieland aufzuzwingen ist komisch, und Du rechtfertigst diesen Vorgang zu Unrecht. Es ist eine Art von Schönfärberei, und da die Kunst groß ist, mit der Du das machst, ist die Rechtfertigung des imbecilen deutschen Dogmatismus groß. Die siebte Kopie, die am wenigsten gelungene dazu, ist auch historisch nicht bedeutend, und ich fürchte deshalb, daß die Geschichte einem großen Interesse nicht begegnen wird.

Weiter bemängele ich eine Neigung zu idealischen Gestalten. Der russische Kommandant und Mattukat benehmen sich wie die Leute in Minna von Barnhelm, die sich immerzu grundlos Geld schenken. Sie sind idealistisch an sich, und ihre Interessen sieht man kaum. So große Denkmäler dem Materialismus in den Details gesetzt werden, so unbrauchbar und niedrig wird er als historische Kategorie gefunden. Mir will scheinen, daß da gelegentlich nicht nur der Hegel, sondern auch der Kant und der Schopenhauer auf die Füße gestellt werden (Seite 5), und ich glaube, die können auf den Füßen nicht gehen.

Eine merkwürdige Wirkung macht übrigens der Reichtum an Wörtern, Gedanken und Bildern: idiotische Bauern, von idiotischer Arbeit äusserst reduziert, wie man weiß, erscheinen als geräumige, philosophische Naturen. An ein paar Stellen, wenigen, gibt es auch die Gefahr der Naturidylle.

Die große Zahl Deiner Personen sind bedeutende Erfindungen, haben sehr krasse Widersprüche und zeigen das scenisch sehr lustig. Ich nehme nur Sack, Achilles, Melitta, Mattukat und den Kommandanten aus. Bei den ersten dreien frage ich mich, ob es Dir erlaubt ist, so erledigte Figuren zu nehmen und so oft in Witzblättern beschriebene. Bei letzteren ist mir vor ihrer Gottähnlichkeit bange. Großartig ist der Einbau Blasches in die Fabel. Du weißt natürlich, daß man Dir das Stück deshalb vermutlich nicht spielen wird. Und wenn man es ohnehin nicht tut, würde ich da deutlicher werden.

Lieber Peter, ich habe so lang geschrieben, weil ich ein bißchen müde bin, und ich fürchte, der Brief gibt die Relation nicht wieder, in der ich das Stück gleichzeitig preise und die Geschichte bedenklich finde. Was ich sagen will, ist, daß Du nach Sorgen und Tassow eine Geschichte brauchst, die vom Stoff her bedeutend ist, und die Du Dir nicht zurechtbiegen mußt, weil die Wirklichkeit so miserabel ist. Warum verbeißt Du Dich in Stoffe, die derzeitig nicht behandelbar sind und die man Dir nirgendwo spielt? Überlegs.

Herzlichst,
Dein Heinar

Schönsten Dank für das Turmverlies, das gestern kam. Und grüße die Anna schön. Und wann sieht man sich?

Brief im Besitz von Hacks. – «... weil mich die Liebe verheert»: Kipphardt hatte zu dieser Zeit Pia Pavel kennengelernt, die bald seine neue Lebensgefährtin wurde, und begann die Lösung von seiner ersten Frau Lore. Hacks' Stück «Moritz Tassow», geschrieben 1961, wurde im Oktober 1965 von der Berliner Volksbühne uraufgeführt. «Das Turmverlies» ist ein Kinderbuch von Hacks.

München-Ottobrunn, 27. Oktober 1962

Lieber Peter,

ich entnehme den hiesigen Journalen spärlichste Notizen des Inhalts, daß Du Eueren Kritikern nach ein Marxist nicht seist, aber die hiesigen scheinen denen das nicht zu glauben. Schreib mal, welche Lehren Du den Kritikern entnimmst und erheitere mich auch durch die originalen Beiträge der Herren, denn Du weißt, daß ich immer zu lernen begierig bin.

Vor ein paar Tagen gingen hier die erstbesten Diskussionen, ob die Schweiz nicht ein sehr gesundes Land sei, oder Irland, und ob die schweizer Franken nicht jedenfalls eine aesthetisch viel schönere Währung sind. Ich entschloß mich, Jan einen starken Bogen mit Stahlpfeilen zu kaufen, und ich fühle mich nun gerüstet, die Vorräte der näheren oder ferneren Umgebung zu erobern. Ich stütze mich in diesem Vorhaben auf die kirchlichen Autoritäten, die der Auslegung huldigen, daß Christus nur gesagt habe, daß man seinen Nächsten wie sich selbst lieben solle, nicht mehr als sich selbst. Da ich mich selbst sehr wenig liebe, ich kenne mich, habe ich die Hände bis zum Ellbogen frei.

Hab ich Dir schon gesagt, daß ich neuerdings einen Autorenvertrag mit der Bavaria habe? Er ist günstig, und ich hab nichts mit einem Büro zu tun. Die machen HUND für Köln, Köln nach einigem Geziere. Ein Hörspiel davon kommt in Baden-Baden und Stuttgart. Für Bertelsmann hatte ich einen Film nach BARTLEBY von Melville gemacht, der abgedreht und an Mainz verkauft ist. Die Fernsehfassung OPPENHEIMER ist dreiviertels fertig, das Stück wird im Frühjahr gar sein, so hoffe ich. Ich krieg zur Zeit Heuschnupfen, wenn ich Dokumente sehe, und ich habe eine lustige Fabel mit einer Rolle für die Giehse gemacht.

Erfreulich ist, daß mir jemand hier einen gut dotierten Preis geben will, und ich denke, das ist nicht nur des Geldes wegen ganz gut. Privat geht es mir mies, von komplizierteren Leidenschaften zerrüttet eben und der Trunksucht nahe. Wenn Du nicht willst, mußt Du zu meinem kritischen Tassow-Geseires nicht hin hören. Ich mach mir halt Sorgen, borniert möglicherweise.

Ich hör von Deiner Mutter, daß Ihr im Begriffe seid, eine Wohnung zu kriegen, die höheren Ansprüchen entgegenkommt. Da werde ich die laufenden Wasserkräne mein Leben lang nicht wiedersehn, die vertrauten. Grüß die Anna und arbeite schön.

Dein Heinar

Brief im Besitz von Hacks. – Der Brief nimmt Bezug auf die heftigen Kritiken zur Uraufführung von Hacks' «Die Sorgen und die Macht» am Deutschen Theater im Oktober 1962. Jan ist der Sohn Kipphardts aus der Ehe mit seiner damaligen Frau Lore.

Berlin [im Frühjahr 1963]

Lieber Heinar,

merkwürdigerweise hat, dass ich nicht geschrieben, wirklich keinen anderen Grund als die Wohnung. Mitte Dezember sind wir umgezogen; bis da hin lebten wir auf einer Parkbank. Und die Zeit danach war sehr angefüllt mit nachträglichen Anschaffungen und Reparaturen und einigen Versuchen, zugleich das Geld dafür zu verdienen. Ich habe noch nicht die mindeste Kraft, Briefe zu schreiben, aber ich kann den vorwurfsvollen Hundeaugen der Deinigen nicht länger widerstehen.

Die Geschäfte gehen, seit Sorgen abgesetzt sind, nicht glänzend; Frieden spielt immerhin noch eine Menge ein. Ich habe seither einen Band Kindergedichte gemacht und (für Güstrow) eine neue Fassung der Kindermörderin, enthaltend einen anderen Schlussakt und eine Zwischenakts-Ballade. Es ist nun keine Tragedi mehr, sondern ein Lust- und Trauerspiel; ich schicks, wenn ichs eingerichtet, dem Pavel.

Schönsten Dank für Tassow-Kritik. Sie hat mich gefreut, denn ich sehe immer lieber meine politischen Einsichten getadelt als mein Talent, auch von dir. Politisch hastu natürlich unrecht. Wenn wir lauter Staatsgüter gehabt hätten, wären wir spätestens 1950 verhungert. Ich wusste nicht, dass Du gegen NEP bist, nach der ich barme und bete. Du Albaner.

Ich glaube auch nicht, dass Sack eine Witzblattfigur. Ein Ausbeuter, der seine Klasseninteressen über sein Privatinteresse stellt; wo gabs den? Der Kommandant ist kein Kommandant, sondern die Zusammenfassung eines Jahrhunderts. (Wobei ich einräume, dass da ein Rest zu tragen peinlich). Mattukat ist gross von Hirn und wird rausgeschmissen für den Fehler, dass er Moritzen begreift. Natürlich mach ich die Burschen alle gross, aber so lange der Widerspruch real bleibt, ist das nicht Idealism.

Dass ich die drei Stücke, die ich vorhabe und leicht machen könnte (denn zur Zeit weiss ich erstmals in meinem Leben, wie man ein Stück schreibt), nicht machen kann, ist ärgerlich. Statt ihrer mache ich Kinder-Ulk und TV-Scheisse. Ich denke aber, in diesem Jahr werde ich mein Defizit korrigiert haben und im nächsten mit shakespearischer Geschwindigkeit die Weltdramatik retten. Denn ich habe gemerkt, dass man Zeit nur mit dem Herausfinden seines Stils verplempert; und ich sag dir, ich hab ihn.

Schick mir einen Oppenheimer. Geht Hund noch nicht in den Volksdemokratien? Ich höre von allen Leuten nur das Beste darüber, aber das nützt dir nix. Ich wünschte, Du entschlössest Dich, Deinen dogmasionistischen Fuss mal diesseits der Mauer zu setzen. Im übrigen: schreib schön und grüss Deine Frauen.

Herzlichst,
Peter

Brief in Angelsbruck. – Hacks' «Die Sorgen und die Macht» war, nach scharfen öffentlichen Angriffen auf Stück und Autor, vom Spielplan des Deutschen Theaters abgesetzt worden; die letzte Aufführung fand am 9. Januar 1963 statt. Der Intendant Wolfgang Langhoff trat anschließend zurück. Hacks' Stück «Die Kindermörderin» (nach Wagner) wurde 1965 in Wittenberg uraufgeführt.

Die an diesen Brief anschließende Korrespondenz zwischen Hacks und Kipphardt (bis zum April 1965) ist abgedruckt im «Oppenheimer»-Band der Kipphardt-Werkausgabe (rororo 12111). Der weitere Briefwechsel, 1965 bis 1980, wird in dem Band «Ruckediguh – Blut ist im Schuh» (rororo 12572) publiziert.

11.
Über Erwin Piscator (I)

Die erste größere literarische Arbeit, die Kipphardt nach seiner Übersiedlung in die Bundesrepublik fertigstellte, war das 1962 uraufgeführte Schauspiel «Der Hund des Generals». Das Stück handelt von den Kriegsverbrechen eines Nazi-Generals. Es ist wie kein anderes Werk Kipphardts geprägt von dramaturgischen Mitteln aus der Schule Erwin Piscators: mit einer Bühne aus mehreren Spielebenen, mit szenischen Rückblenden, Foto- und Filmprojektionen, Umbauten auf offener Szene usw.

Schon 1955 hatte Kipphardt mit Piscator Kontakt aufgenommen. Er besuchte ihn in der Bundesrepublik, wo dieser nach seiner Rückkehr aus dem USA-Exil von vereinzelten Regie-Aufträgen lebte. Kipphardt sondierte die Chancen, Piscator als Leiter eines Theaters in die DDR zu holen. Aber trotz der Fürsprache von Persönlichkeiten wie Brecht und Langhoff scheiterten die Pläne. Piscator solle erst einmal «sein Verhältnis zur Partei in Ordnung bringen», lautete die Antwort des DDR-Kulturministers auf Kipphardts Vorstoß.

Heinar Kipphardts Wunsch, Piscator 1961/62 als Regisseur für die Uraufführung von «Der Hund des Generals» zu gewinnen, ging nicht in Erfüllung. Auch das Vorhaben, Piscators Bekenntnis- und Programmschrift «Das Politische Theater» (aus dem Jahre 1929) gemeinsam neu zu bearbeiten, wurde – vor allem aus Termingründen – nicht realisiert. Erst 1964 sollte es zu einer intensiven Zusammenarbeit von Kipphardt und Piscator kommen: bei der Uraufführung des Stückes «In der Sache J. Robert Oppenheimer» an der Freien Volksbühne in West-Berlin. Zu deren Leiter war Erwin Piscator 1962 berufen worden.

Der erste Briefwechsel (1955)

Deutsches Theater und Kammerspiele   Berlin, 9. Juni 1955

Sehr geehrter Herr Piscator!
In werde in der zweiten Juni-Hälfte eine Reihe von Theatern in Westdeutschland aufsuchen und wäre sehr froh, wenn ich Sie in diesem Zusammenhang zu einem kurzen Gespräch in Ihrem Haus oder an einem anderen Ort sehen könnte. Ich möchte Ihnen die Grüße von Ernst Busch – eine Erinnerung an frühere Zeiten – bringen und mich mit Ihnen über ein paar Theaterfragen unterhalten.

Ich vermute, daß Sie über das Wochenende 18./19. Juni in Dillenburg sind, und werde Sie von irgendeinem Ort Westdeutschlands anrufen, um mit Ihnen einen Termin zu vereinbaren.

                                        Mit vorzüglicher Hochachtung!
                                        Dr. Kipphardt

Brief im Erwin-Piscator-Center der Akademie der Künste, Berlin (West).

                                                Tübingen, 13. Juni 1955
Sehr geehrter Herr Dr. Kipphardt!
Besten Dank für Ihr Schreiben vom 9.6. ds. Mts. Grüssen Sie Ernst Busch herzlich von mir.

Ich freue mich, Sie zu sehen.

Vom 19.–25. Juni bin ich in Dillenburg. Dort können Sie mich jederzeit erreichen, unter der Fernsprechnummer Dillenburg 238. Dillenburg liegt mit dem Wagen oder der Bahn zwei Stunden von Frankfurt entfernt.

                                        Hochachtungsvoll
                                        [Erwin Piscator]

Brief-Durchschlag im Erwin-Piscator-Center, Berlin (West).

Deutsches Theater und Kammerspiele   Berlin, 6. Juli 1955

Sehr geehrter, lieber Herr Piscator!
Ich erinnere mich gern des freundlichen Gesprächs, das wir kürzlich miteinander hatten. Die Fragen, die sich daraus ergeben haben, bewegen mich noch immer, weil sie so entscheidenden Einfluss auf die Entwicklung des Theaters haben können. Mir schien es gut, wenn wir eine Gelegenheit fänden, das Gespräch fortzusetzen, wenn Sie in Berlin sind. Alle Ihre Freunde danken Ihnen herzlich für die Grüsse und bedenken die besprochenen Fragen nach bestem Gewissen. Lassen Sie uns also bitte wissen, wann Sie nach Berlin kommen oder wann Sie sonst eine Möglichkeit zu einem Gespräch sehen.

Mich selbst interessiert natürlich besonders, was Sie zu meinem neuen Stück sagen, was Sie zu kritisieren hätten. Es liegt mir auch daran, gerade von Ihnen zu erfahren, ob Sie eine Realisierung des Stücks an einer westdeutschen Bühne unter den gegenwärtigen Bedingungen für möglich halten. Gesprächsweise und ohne Kenntnis des Stücks interessierte sich Buckwitz und auch der Chefdramaturg Sistig der Münchener Kammerspiele für das Stück. Ich habe dem Desch-Verlag ein Exemplar zur Lektüre da gelassen und warte auf den Bescheid, ob er willens ist, die Rechte für Westdeutschland wahrzunehmen. Wenn Sie ein gutes Verhältnis zu Buckwitz haben, so schicken Sie ihm doch bitte das bei Ihnen befindliche Lese-Exemplar mit Ihren Bemerkungen, das natürlich nur, wenn Sie das für tunlich halten.

Nehmen Sie die herzlichsten Grüsse von Wolfgang Langhoff und Heinrich Kilger.

Herzlichst
Ihr Dr. Kipphardt

P.S. Unserer Absprache gemäß habe ich Wolfgang Heinz unterrichtet. Er wird sich vermutlich an Sie wenden, da nach den neuerlichen Verhältnissen in Österreich und Wien eine Änderung in der Lage seines Theaters eingetreten ist. Auch Anna Seghers habe ich angerufen und Ihre Grüsse bestellt.

Brief im Erwin-Piscator-Center, Berlin (West). – Kipphardt hatte Piscator offenbar ein Manuskript seines zweiten Theaterstücks «Der Aufstieg des Alois Piontek» mit nach Dillenburg gebracht. Es wurde am 12. Februar 1956 im Deutschen Theater Berlin uraufgeführt.

[Piscator war sehr nötig]

1971 berichtete Kipphardt in einem Diskussionsbeitrag zur Erwin-Piscator-Konferenz der Akademie der Künste (West-Berlin), Piscator sei in den fünfziger Jahren für die jungen Theaterleute in der DDR «wirklich ein Mythos und eine Legende» gewesen. Weiter heißt es in der Tonbandabschrift des Beitrags:

Ich erinnere mich, als Piscator zum ersten Mal eine Vorstellung bei uns am Deutschen Theater, wo ich damals arbeitete, besuchte, und in dem Lokal unten war und Dutzende von jungen Schauspielern unbedingt mit ihm sprechen wollten, weil sie alle sein Buch irgendwie kannten. Also Piscator war ein ungeheurer Attraktionspunkt. Und wir jüngeren Theatermacher wollten unbedingt, daß Piscator ein Theater in Berlin bekam, wo ja einige Theaterpinten waren, die nichts Produktives hervorbrachten. [...] Piscator war sehr nötig. Ich ging also selber zu Brecht damals, und Brecht sagte mir – das spielt vielleicht eine gewisse Rolle: die ganz andere Entwicklung, die beide bei vielleicht gleichen Ausgangspositionen genommen haben – Brecht sagte zu mir ganz klar, das sei eine Schweinerei und ein Unfug und ein Unsinn, Piscator kein Theater zu geben, aber eine Zusammenarbeit mit ihm, das sei auch nicht sinnvoll, sondern Piscator brauche ein eigenes Theater. Ich sprach mit Langhoff, dem Intendanten der beiden Theater, an denen ich arbeitete, und Langhoff war sehr daran interessiert, Piscator nach Berlin zu bekommen. Wir wurden uns klar und sagten, wir schaffen die Position einer Schauspieldirektion, und wenn man ihm kein anderes Theater geben kann, dann soll er doch zu uns kommen. Ich ging daraufhin zu Johannes R. Becher, der der damalige Kulturminister war und der eigentlich sehr viel tat, auch in bezug auf Brecht, um bestimmte Schwierigkeiten, bestimmte Dummheiten, bestimmte Borniertheiten in der Kulturpolitik etwas auszugleichen – Becher hat da bestimmte Verdienste. Und Becher sagte mir, er fände das sehr richtig, solche Gedanken anzustellen, und er wollte das untersuchen und mit Leuten besprechen, die darüber etwas befinden könnten, und bat mich zu einem späteren Gespräch wieder zurück. Ich kam zu ihm wiederum, und er sagte, er habe das besprochen, er habe das geprüft, und er könne mir nur sagen, daß Piscator sein Verhältnis zur Partei in Ordnung bringt, das ist alles. [...] Ich muß ergänzend sagen, es gab Angebote sowohl von Brecht wie von uns an Piscator zu inszenieren, aber dagegen sprachen wieder ganz simple

Repressionsgründe in der Zeit. Piscator sagte das auch ganz klar: Ich kann kommen, wenn ich weiß, das und das erwartet mich und so und so geht das weiter. Ich kann nicht kommen, um *eine* Inszenierung zu machen, dann liefere ich eigentlich der bundesrepublikanischen Seite genau das, was sie haben will: der arbeitet auch noch im Osten, und jetzt werden wir ihm gar nichts mehr zu arbeiten geben.

Arbeitsnotat

Ich bin auf drei Tage bei Piscator in Dillenburg, weil er mir vorgeschlagen hat, mit ihm zusammen ein Theaterbuch für Rowohlt zu machen.

Ist das der Mann, der noch heute ein Theater auf die Beine bringen kann, das geeignet ist, Abbildungen der Welt zu liefern? Ein Theater, gerichtet auf die Veränderung der Welt? Ich zweifle. Aber es findet sich auch niemand, der ihm ein Theater gibt. Weder in West- noch in Ostdeutschland.

Ich sehe auf die Falten seines Halses, ich sehe den 67jährigen Mann einen ungeschickten Sprung über ein Bachrinnsal tun, und ich denke, da sind noch 30 Jahre, die dir gegeben sind. Und ich denke, 30 Jahre, bis du verbittert bist wie er.

Die Chance ist: ich brauche nicht so nötig einen Apparat wie er. Eine Schreibmaschine ist billiger.

Aus den Notatheften Kipphardts, datiert: 8. Mai 1960.

Aus dem Briefwechsel
Kipphardt – Piscator (1960/61)

Büderich bei Düsseldorf, 25. Januar 1960

Lieber Herr Piscator,
ich trage vermutlich Eulen nach Athen, wenn ich Sie auf die Lage am Theater der Volksbühne in Berlin aufmerksam mache. Ich meine,

Sie sollten erwägen, ob da nicht eine günstige Konstellation für Sie da ist oder zu machen wäre. Ich weiß, daß Noelte damals die Leitung des Hauses durch Vermittlung von Herrn Seelow bekam, einem Theateragenten aus Berlin. Es gibt sicher bessere Wege, wenn Sie interessiert sind. Ich denke mir, daß die Herren der Verwaltung allmählich müde geworden sind, und daß sie sich der Öffentlichkeit gegenüber keinen zweitrangigen Mann leisten können. Schreiben Sie mir bitte, wenn Sie meine Überlegungen nicht ganz abwegig finden.

Ich habe mittlerweile in Büderich bei Düsseldorf eine Wohnung genommen, sicher nur übergangsweise, denn mir ist Düsseldorf sehr zuwider. Wenn Sie irgendwo von einer besseren Möglichkeit hören, so lassen Sie mich das bitte wissen. Die endgültige Fassung von «Esel schrein im Dunkeln», die Barfuss in Wuppertal machen will, ist fertig. Wollen Sie die mal lesen? Ich überlege, ob ich nicht der grossen Aktualität wegen an ein Stück über den Warschauer Ghettoaufstand gehe, Materialarbeiten dazu habe ich schon vor längerer Zeit gemacht. Ich glaube, der Stoff ist heisser als der Oppenheimerstoff. Was meinen Sie dazu?

Was sind Ihre Pläne für die nächste Zeit? Wann sieht man sich mal?

Herzlich
Ihr Kipphardt

Brief im Piscator-Center. – Kipphardts Stück «Esel schrein im Dunkeln» erhielt später den Titel «Die Stühle des Herrn Szmil».

Kassel, 29. Januar 1960

Lieber Herr Kipphardt,
Dank. Aber Nestriepke lehnt mich systematisch-automatisch ab. [...]

Mein Semmer, der mit mir das Buch machen wollte, ist mir wieder ausgerückt (krank) – Hätten Sie irgendein Interesse? Keine leichte Arbeit! Aber könnte was werden! Viel Material: aus dem heraus man alles Prinzipielle für heutiges Theater sagen könnte, im breiteren Sinne als Brecht und Kortner – oder Erpenbeck von drüben.

Nicht nur *eine* Methode, nicht *so* Ich-bezogen, *ohne* Scheuklappen
– und doch...
[...]

                                    Beste Grüsse, auch an Ihre Frau
                                    Ihr E. P.

Verzeihen Sie die Handschrift, ich war nervös.

Brief im Nachlaß Kippenhardts, Angelsbruck. – Siegfried Nestriepke war der Direktor und 1. Vorsitzende der Deutschen Volksbühnen-Vereine e. V. Berlin. Nestriepke hatte schon in den zwanziger Jahren Piscators Theaterarbeit in Berlin bekämpft. Der Schriftsteller Gerd Semmer sollte offenbar Piscators Buch «Das Politische Theater» (1929) für eine Neuausgabe überarbeiten helfen.

                                           Büderich, 16. Februar 1960

Lieber Herr Piscator,
ich dachte mir schon, daß dem Herrn N. der dicke Haken noch im Halse sitzt. Solange N. dort ist, ist da wohl nichts zu machen. Die Presse schüttelt ihn ja ein bißchen. Von Darmstadt hörte ich nur gerüchtweise, daß sie Koch ein Angebot gemacht hatten. Ich meine immer noch, der Weg zu einem eigenen Theater geht in Ihrem Fall über die öffentliche Darlegung in der Presse. Aber vielleicht sind das auch Illusionen. Natürlich müsste das geschickt angepackt werden. Es ist eine dreckige Schande, daß Sie ohne Theater sind. Die Theaterlandschaft, wie sie sich meinem Auge bietet, ist wüst und leer, von Dummheit, Dilettantismus und Charakterlosigkeit überwuchert. Düsseldorf ist in dieser Landschaft ein zentraler Punkt der Scheusslichkeit, man kann sich krank lachen, was da so unter Theaterarbeit verstanden wird, ich bin froh, daß ich nur einen Autorenvertrag habe, den ich natürlich erfülle. Wenn ich in den nächsten anderthalb Jahren keine wirklich lohnende Theaterarbeit finde, setze ich mich in ein kleines italienisches Dorf, schreibe mein Zeug und fertig. Wuppertal wird zu Beginn der neuen Saison «Esel schrein im Dunkeln» machen. Barfuß ist ein Mann, mit dem sich wirklich reden läßt. Er ist auch politisch vernünftig. Er beklagte sich ein bißchen, daß Sie bei ihm nichts machen. Er hat Ihnen wohl mal ein Angebot gemacht. Das neue Stück werde ich Ende Mai fertig haben. Meine Stücke

sind bei Drei Masken in München, und ich bin mit dem Verlag sehr zufrieden. Langen Müller, München, bringt einen Band Kriegsgeschichten von mir heraus. Wenn ich ein bißchen Glück habe, komme ich finanziell über die Runden, ohne einen Theatervertrag machen zu müssen. Ich habe Pavel, Drei Masken, gebeten, Ihnen ein Exemplar von «Esel schrein im Dunkeln» zu schicken, ich glaube aber nicht, daß Sie mit dem Stoff viel anfangen können. Ich sehe das Stück auch als eine Nebenarbeit an. [...]

Ihre Bemerkungen über das Buch finde ich beunruhigend. Es ist wichtig, daß es bald erscheint, und es begegnet einem ziemlich breiten Interesse. Ich würde mir gerne mal das Material ansehen und mit Ihnen sprechen, falls Sie mit Semmer nicht weiterkommen. Die Schwierigkeit bei mir wird ganz simpel in dem Umstand liegen, daß ich eine vierköpfige Familie ernähren muß. Vielleicht vereinbaren wir ein Zusammentreffen in Dillenburg, wir brauchten dazu wohl ein paar Tage, da können wir in Ruhe die Einzelheiten erörtern. Mein Interesse ist groß.

Machen Sie mir einen Terminvorschlag, ich bin unabhängig. Seien Sie herzlich gegrüßt

Ihr
Heinar Kipphardt

Wann hat Courage Premiere?

Übrigens ist ja auch die Volksbühne in Ostberlin frei, man hat sie Wolfgang Heinz angeboten, der hat aber abgelehnt. Ich glaube, daß sich unter den gegenwärtigen Bedingungen kein ernsthafter Theatermann findet. Es ist ein Jammer, aber es sind einfach keine Arbeitsbedingungen vorhanden. Erpenbeck ist dort Chefdramaturg geworden. Rodenberg scheint nach letztem Gerücht der kommende Intendant, wozu man nur «Gut Holz!» rufen kann.

Brief im Piscator-Center. – Kipphardts Kriegsgeschichten erschienen 1964 unter dem Titel «Die Ganovenfresse» im Verlag Rütten & Loening. Piscator inszenierte 1960 Brechts «Mutter Courage» am Staatstheater Kassel.

Büderich, 17. Mai 1960

Lieber Herr Piscator,
ich bedanke mich für die Tage in Dillenburg. Der Knellessen hat fleißig gearbeitet, sehr trocken, aber man kann ersehen, wo Material ist, besonders auch Bildmaterial. Ich glaube, wenn wir uns acht Wochen irgendwohin setzen, kann das Buch in den Grundzügen fertig sein. Ich müßte vier Wochen vorgearbeitet haben und vier Wochen auf die Schlußredaktion verwenden. Das Buch ist sehr wichtig, und Sie müssen sich die Zeit nehmen. Ich halte es nicht für möglich, daß Sie diese Arbeit neben einer Regiearbeit machen, und ich halte auch nicht viel davon, das Buch in kleinen Etappen zu schreiben. Die Frage bleibt: wann?
[...]

Herzlichen Gruß
Ihr Kipphardt

Brief im Piscator-Center. – Vorausgegangen war ein Arbeitsbesuch Kipphardts bei Piscator (vgl. Notat S. 227). Friedrich Wolfgang Knellessen schrieb ein Buch über das politische Theater der Weimarer Republik.

Dillenburg, 22. Mai 1960

Lieber Herr Dr. Kipphardt,
stimmt es, aber ich kann's mir nicht denken, daß Sie «Das Politische Theater» mitgenommen haben? Ich kann es nirgends finden – wohin haben Sie es gelegt? (Einziges Exemplar, sollte das Haus nicht mehr verlassen, machte böse Erfahrungen! Falls Sie es haben, bitte eingeschrieben zurückschicken!)

Danke für Ihren Brief. Fliege morgen nach Berlin, danach müßten wir über Termine fürs Buch entscheiden. Schade, daß Sie in diesem Falle, daß ich die Oper nicht mache, nicht einen Monat vorarbeiten können, sondern erst am 15. August frei werden. Ich muß in München Anfang Oktober beginnen – und bin dann fest bis Mitte Dezember (Frankfurt). Danach könnte ich versuchen frei zu bleiben. (Wird dann aber ein teures Buch!!) Aber Sie haben recht, es könnte ein «sehr wichtiges» Buch werden, wenn wir uns genügend Zeit und freie Gedanken lassen. [...]

Herzlich
Ihr Erwin P.

Brief im Nachlaß Kipphardts, Angelsbruck.

Büderich, 1. Juni 1960

Lieber Herr Piscator,
anbei das Buch, ich nahm es mit, um es durchzuarbeiten, ich ahnte natürlich nicht, daß es Ihr einziges Exemplar ist, und meinte, Sie hätten es mir zu diesem Zweck gegeben.

Die Volksbühne hat scheints den Intendanten gefunden, den sie verdient oder doch ertragen kann. Vielleicht ist es ganz gut, da Sie vermutlich in ein paar Monaten mit großem Krach gegangen wären, nach allem, was man von den Leuten und den Umständen hört. Der nächste große Reinfall wird vielleicht endlich die Volksbühnenleitung zu Fall bringen, dann sind andere Voraussetzungen da.

Es ist widersinnig: ein auf den Tod daniederliegendes Theater, manchmal denke ich, er ist schon eingetreten, weigert sich beharrlich, einen Arzt auch nur ins Zimmer zu lassen. Ist Darmstadt schon entschieden?

Ich sah in Mülheim Mamlock von Wolf, eine Aufführung des Deutschen Theaters. Das Stück ist äußerst schwach, die Aufführung war biedere Hausmannskost, damit ist nichts zu gewinnen. Mamlock ist ein gutes Beispiel, was herauskommt, wenn man einen politischen Stoff in eine Familie hineinkriegen will. Sicher kommt ein guter Dramatiker damit weiter als Wolf mit seinem Spürsinn für banale Theatereffekte, aber die Grenzen einer bestimmten Dramaturgie werden gut sichtbar. Ich weiß, daß mein Urteil Wolf gegenüber auch ungerecht ist, er wollte möglichst schnell etwas gegen die Nazis machen, hatte wenig Material und wenig Zeit usw.

Wie haben Sie sich in Berlin entschieden, werden Sie die Oper machen? Dann wären Sie erst Ende Dezember frei, nicht wahr? [...]

Mit herzlichen Grüßen,
Ihr Kipphardt

Brief im Piscator-Center. – Zum Intendanten der Freien Volksbühne Berlin war Günter Skopnik berufen worden. Die angestrebte Zusammenarbeit von Kipphardt und Piscator bei der Neufassung der Schrift «Das Politische Theater» scheiterte schließlich an Terminproblemen. Das Buch erschien dann 1963 im Rowohlt Verlag, neubearbeitet von Felix Gasbarra.

München, 24. April 1961

Lieber Herr Piscator,
der Drei Masken Verlag informiert mich, daß Essen HUND DES GENERALS machen will. Sie wissen, wie sehr ich mir wünsche, daß Sie ein Stück von mir inscenieren, und wenn Sie das Stück schon gelesen haben, dann wissen Sie auch, wie unentbehrlich Sie für dieses Stück sind. Ich verwende da einige der von Ihnen entwickelten Mittel des epischen Theaters, und wer kann in Westdeutschland damit umgehen, so schlimm das ist. Da Sie mit Essen vermutlich noch Ihre alten Abmachungen haben, kann es nur schwierig werden, wenn Ihnen das Stück nicht gefällt. [...]

Herzlichst,
Ihr Heinar Kipphardt

Brief im Piscator-Center.

Frankfurt, 6. Juni 1961

Lieber Herr Kipphardt,
[...] Die ganze Sache mit der Essener Annahme des Stückes ist eigenartig. Ich glaube, Schumacher möchte es selbst machen oder seinem Adlatus Fontheim zuschieben – und daß er ausgerechnet den Oktober als Aufführungstermin nennt – und angibt, er wisse nicht, ob ich «in der vorgesehenen Probenzeit frei sei» –: Im Monat Oktober soll ich nämlich dort 1913 inscenieren – also weiß er, daß ich frei bin... allerdings nicht im September – sondern ab 2. oder 3. Oktober.

Nun habe ich ja bereits mit ihm darüber gesprochen – und natürlich hat er mir freigestellt, das Stück zu inscenieren, wenn ich es wolle. Aber er hat nicht «gedrängt».

Allerdings – und hier komme ich auf Ihre Frage – besteht m. A. nach das Problem lediglich darin, ob es taktisch-politisch richtig ist, daß wir beide gemeinsam auftreten – aber die Entscheidung darüber liegt letzten Endes – im Erfolg – und der Notwendigkeit, Ihre Arbeit so tief und ehrlich ins Bewußtsein der Menschen zu bringen wie nur möglich – ich glaube, darum wollen Sie mich haben, und ich glaube, darum kann ich gar nicht nein sagen, wenn ich gefragt werde.

Herzlichst
Ihr Erwin Piscator

Brief im Nachlaß Kipphardts, Angelsbruck.

München, 8. Juni 1961

Lieber Herr Piscator,
von Essen kommend, fand ich gestern abend Ihren Brief vor, der mich sehr vergnügt machte. Die Aussicht, mit Ihnen zu arbeiten – ein sehr alter Wunsch – macht mich begierig, Sie möglichst bald zu sprechen. [...]

Ihre taktische Frage habe ich bedacht, aber ich glaube nicht, daß die Hypothek, die wir übernehmen, sehr groß ist. Mir scheint, ich bin mittlerweile – und glücklicherweise ohne Aufsehen – zu einem hoffnungsvollen westdeutschen Dramatiker avanciert, und es ist nicht das Stück, eine politische Rechnung aufzumachen. Sogar die Bundesregierung will ja immerzu die Vergangenheit bewältigen. Wesentlich wird der Erfolg sein, und wenn es auf der Welt jemanden gibt, der das mit dem Stück machen kann, dann sind Sie das. Schließlich haben Sie ja auch die Mittel entwickelt, mit denen ich hier arbeite, diese Schuld werden Sie nicht bestreiten können. Ein bißchen Sprengstoff gehört schließlich zum Geschäft, wenn es Spaß machen soll, und das haben auch wieder Sie in Deutschland gelehrt. [...]

Herzlichst
Ihr Heinar Kipphardt

Brief im Piscator-Center.

München, 14. September 1961

Lieber Herr Piscator,

[...] Die prinzipiellen Erwägungen, die Sie anschnitten, habe ich noch mal durchdacht. Ich kann nicht finden, daß die Fragen des Stückes nach den politischen Ereignissen der letzten Zeit nicht gestellt werden sollten. Wenn das Fernsehen kein Risiko sieht, dann sollten wir nicht übertreiben. Jedenfalls sollten wir Schumacher nicht auf Ideen bringen. Manche Leute wird das Stück nicht freuen, wenn man sich aber davon beeindrucken läßt, dann kann man die Wirklichkeit auf dem Theater überhaupt nicht mehr beschreiben. Unsere Personalunion halte ich nicht für so gravierend, Verschönerungsarbeiten an dieser Welt und Erbauungen der deutschen Seele werden von uns ja nicht erwartet. Ausserdem: das Stück braucht Sie wirklich. [...]

Herzlichst,
[Ihr Kipphardt]

Brief-Durchschlag im Nachlaß Kipphardts, Angelsbruck. – Der Plan, Kipphardts Stück «Der Hund des Generals» in Piscators Regie uraufführen zu lassen, wurde wegen Termin- und Besetzungsproblemen dann doch nicht realisiert. Die Uraufführung erfolgte im April 1962 an den Münchner Kammerspielen in der Regie von August Everding.

Weitere Auszüge aus dem umfangreichen Briefwechsel Kipphardt – Piscator sind im «Oppenheimer»-Band der Werkausgabe (rororo Bd. 12111) publiziert.

Die Briefe Piscators werden gedruckt mit freundlicher Genehmigung der Erbengemeinschaft nach Erwin Piscator, West-Berlin.

12.
Aus den Notatheften
(1959–64)

Schon in den fünfziger Jahren begann Heinar Kipphardt, kleinformatige Arbeitsbücher bei sich zu führen. Notathefte nannte er später diese Kladden, in denen er gelegentlich Ideen, Beobachtungen, Formulierungen, Zitate, Träume, Gedichte, auch ganze Projektentwürfe und Stoffskizzen handschriftlich festhielt. In seinem Nachlaß fanden sich schließlich mehr als vierzig solcher Notathefte.

Für den Autor Kipphardt enthielten die Notathefte wichtige Vorarbeiten und Materialstudien. Er schrieb oder stempelte vorn in die Hefte seinen Namen und seine Adresse, darüber setzte er den Vermerk: «Bei Verlust bitte zurück.» Etliche Passagen aus den Notatheften fanden – direkt oder bearbeitet – Eingang in seine Werke. Besonders für die Bearbeitungen des «März»-Stoffes, die Kipphardt in den siebziger Jahren intensiv beschäftigten, gibt es in den Heften zahlreiche Vorstudien.

Aber viele Aufzeichnungen blieben auch unausgewertet. Nicht wenige davon sind als Aphorismen, Reflexionen oder literarische Entwürfe lesenswert. Jedenfalls geben die Notate, da sie als Skizzen zum persönlichen Gebrauch entstanden, oft ganz ungeschützt Auskunft über ihren Verfasser. Seiner politischen Enttäuschung über die DDR zum Beispiel hat Kipphardt wohl nirgends so unverblümt Ausdruck gegeben wie in den Notatheften (vgl. S. 163–165).

Im vorliegenden Buch und im zweiten Band mit Essays, Briefen, Entwürfen Heinar Kipphardts («Ruckediguh – Blut ist im Schuh») wird eine Reihe von Auszügen aus den Notatheften zum ersten Mal veröffentlicht.

Die Tugend der «Sparsamkeit», «Enthaltsamkeit» etc., bei Weisen, Philosophen und Religionsstiftern immer gepriesen, scheint doch zu tun zu haben mit der Sorge des Käufers von Arbeitskraft, daß ihn der Verkäufer von Arbeitskraft nicht um den Wert der Ware Arbeitskraft bringe. Daher die heftigsten und unduldsamsten Tugendnormen, als die kapitalistische Produktionsweise in die Geschichte kommt, und zwar gerade in dem wirtschaftlich entwickelsten Lande, England. Der Puritanismus ist eine sehr konsequente Arbeitgeberideologie, natürlich besteht ein starkes Interesse, auch außerhalb des zu kontrollierenden Arbeitstages vermittels der Religion darüber zu wachen, daß die Ware Arbeitskraft, als eine leicht verderbliche Ware, [nicht] beschädigt wird durch Trinken, Sonntagsarbeit, Ausschweifungen in venere usf. Die heutige Gesetzgebung in England verwahrt starke Überreste davon, z.B. den ab 10^{∞} abends gesperrten Alkoholausschank, den Sonntag ohne Vergnügungen, Restaurants.

18. August 1959

Es scheint notwendig, sich klar zu machen, daß die großen Erkenntnisse die Welt in fortschreitendem Masse vereinfacht haben.

So entdeckte Galilei (und Newton perfektionierte das), daß am Himmel dieselben Gesetze wie auf der Erde gelten. So entdeckte Marx, daß die kompliziert scheinenden historischen Bewegungen auf wenige ökonomisch bestimmte Klasseninteressen reduzierbar sind, die exakt beschrieben werden können. So entdeckte die neuere Physik, insbesondere die Kernphysik, daß die vielen komplizierten Formen der Materie aus denselben wenigen Atomarten zusammengesetzt sind und daß diese Atome einfachen und genau beschreibbaren Gesetzen unterworfen sind. Gleichzeitig aber werden die Weltzustände von den meisten Menschen als zunehmend komplizierter werdend begriffen.

Das mag auch für das Zusammenleben der Menschen zutreffen. Der Zustand des menschlichen Zusammenlebens widerspricht dem wirklichen Stand des Wissens ungeheuer. Der Sozialismus, den wir bisher nur als eine büroherrschaftliche Maschinerie kennen, wird vermutlich imstande sein, die große Einfachheit im menschlichen Zusammenleben herzustellen, die dringlich gebraucht wird.

5. Dezember 1959

Die Geschichte verbannt das Komische nicht aus dem Bereich des Bedeutenden, wie das die auch heute noch geltende Ästhetik tut. Sowohl die bürgerliche als auch die proletarische.

So verlas Lenin am 10. Oktober 1917 seine Resolution, die den bewaffneten Aufstand vor dem Zentralkomitee zur Diskussion stellte und durchsetzte, mit einer Perücke auf dem Kopf. (Lenin war seit den Juliaufständen illegal, großenteils in Finnland)

So vertrat Malinowski, zaristischer Polizeispitzel und Mitglied des sozialdemokratischen Zentralkomitees, bis Mai 1914 die Leninsche Linie gegen die «Versöhnler» in der Partei und bemühte sich, die Anschauungen Lenins gegen andere Revolutionäre durchzusetzen, z. B. gegen Kamenew, um ein guter Polizeispitzel bleiben zu können. Übrigens wurde er bolschewistisches Dumamitglied und gab in dieser Funktion die Leninschen Stellungnahmen als seine eigenen ab und verteidigte sie. Die Stellungnahmen wurden ihm von Lenin aus der Emigration übermittelt.

13. Dezember 1959

Ich kaufte heute ein paar Möbel. Dabei beriet mich der Sohn des Möbelhändlers, ein junger, angenehm aussehender, ziemlich eitler Mann. Er mühte sich, meinen Geschmack herauszufinden, stellte sich schnell darauf ein und versuchte, seine Urteile so abzufassen, daß sie meinen eigenen entsprachen. Er formulierte dabei vorsichtig, auslegbar, damit er immer in der Lage blieb, sein Urteil dem meinen anzupassen. Als wir später über andere, allgemeine Gegenstände sprachen, behielt er diese Haltung bei.

Das heißt, er behielt über den Verkauf hinaus zu seinen Mitmenschen die Verhaltensweise eines Verkäufers zu einem Kunden. An die Stelle von Meinungen und Emotionen war ein Service in Meinungen, ein Service in Emotionen getreten.

Das ist eine verbreitete Haltung in der späten Bürgerwelt, wo nur wenige Menschen produktiv sind, vielmehr das Verhältnis zum Produkt durch ein Warenverhältnis ersetzt ist.

Der Mensch, der zu den anderen Menschen das Verhältnis des Verkäufers zum Kunden hat, ist eine interessante und bezeichnende Figur. Sie hat in der Literatur meines Wissens noch keine große Ausprägung erfahren. Sie ist sowohl als tragische wie auch als komische Figur zu machen, das kommt auf die Position an, von der man sie beschreibt, das kommt auf die Leser an, für die man sie beschreibt.

Es muß eine sehr lustige Liebesscene sein, in der die Partnerin als Kundin behandelt wird oder umgekehrt. Die Komik wird stärker, wenn beide Partner zueinander das Verhältnis zu einem Kunden einnehmen. Es ist ein wesentliches Element heutiger Liebe unter Bürgern übrigens.

Die literarische Figur wechselt ihre Verhaltensweisen abrupt, sobald sie die Lage des Kunden einnimmt. Dann tritt sie mit der Forderung auf, nicht als Mensch, sondern als Kunde behandelt zu werden. Dann verlangt sie Service zum Beispiel auch im Disput. Es wäre ein Stück denkbar, in dem nur Menschen vorkommen, die sich abwechselnd als Verkäufer und Kunden verhalten. Charmierend servil als Verkäufer, eklig fordernd als Kunden. Und zwar eben gerade in den sogenannten höheren Sphären des Lebens. Vielleicht kommt mir mal eine Geschichte dazu in den Kopf.

Die komische Liebesscene gewinnt, wenn beispielsweise ein widerspenstiger Bräutigam in der Braut seine Kundin sehen muß. Service eines Widerspenstigen.

6. Januar 1960

Ich las eine Zeitungsnotiz, die bekannt machte, daß der jüdische Schauspieler Kurt Gerron wenige Monate vor dem Kriegsende in Theresienstadt von den Nazis gezwungen wurde, einen Film zu drehen, der das Wohlleben der 20000 Juden in Theresienstadt dokumentierte. Als der Film fertig war, wurden die 20000 Juden (unter ihnen 1600 Kinder) nach Auschwitz deportiert und dort ermordet. Gerron war 1928 an der Uraufführung von Brechts «Dreigroschenoper» beteiligt.

Das ist der Stoff zu einer bedeutenden Erzählung.

31. März 1960

Das deutsche Wort ‹anführen› wird im Sinne von ‹irreführen› gebraucht. Historische Erfahrungen erscheinen in der Sprache. ‹Er hat mich angeführt›.

19. Mai 1960

Die Lektüre Swifts läßt mich unvermittelt die Scheuklappen bemerken, die ein borniert er Realismusbegriff auch mir angelegt hat. Obwohl ich ihn (den Realismus) nie im platten Sinne der Wirklichkeitswiedergabe begriffen habe, obwohl ich in der abgeschmackten Wirklichkeitsbeschönigung aus dem Winkel einer parteipolitischen Augenblickstaktik (sozialistischer Realismus genannt) stets eine Prostitution der Literatur gesehen habe. Als könne dem Sozialismus etwas anderes als die Wahrheit nützlich sein. Es muß ein schlechter Sozialismus sein, der die Verbreitung von Wahrheit für ein ästhetisches Vergehen oder gar für ein Delikt quasi krimineller Art hält.

Aber sogar in Opposition zu den dummen Verfälschungen des Realismusbegriffes bin ich seinen Scheuklappen nicht entronnen.

Swift lesend wird mir ganz klar, warum Brecht einen so großen Bedacht auf die Verfremdung legte. Warum er, Brecht, an einem Begriff festhielt, der hartnäckig mißverstanden wurde und seiner Theorie des Theaters fast nur Feinde brachte.

Was B. Verfremdung nannte, ist das allgemeine Mittel großer Literatur, das gewöhnlich Furchtbare, das unbemerkt Furchtbare bemerkbar zu machen. In einem Irrenhaus lebend, seine Gewohnheiten übend, akzeptierend, kann ich die wirklichkeitsgetreue Darstellung eines Irrenhauses nicht auffällig, nicht änderswert finden. Ich bemerke die getreue Schilderung aller Details, aber nicht seinen Irrenhauscharakter, gerade der vielen gewohnten, geliebten Details wegen. Aber ich finde es befremdend bemerkbar vor der Folie der philosophischen Naturrepublik der Pferde, es entsetzt mich in der

Schilderung der tierischen Yahooherden (der Menschen im weisen Pferdestaat).

Das Gewöhnliche unseres Lebens, das widersinnig Scheußliche wird bemerkbar erst, wenn wir es mit Kunstgriffen als ungewöhnlich darstellen. Freilich nur, um das Gewöhnliche, das ändernsbedürftig [ist], sichtbar zu machen. Das Ungewöhnliche, dem diese Qualität nicht innewohnt, ist ganz unnütz, ganz kunstlos, ganz cock-and-bull-story, Ausflucht in die phantastische Misere, eine andere Art der Hurerei.

Diese Zeilen werden in den beiden Stücken, die ich jetzt mache («Hund des Generals» und «Oppenheimer»), keine Berücksichtigung finden. Es sind Stücke, die von der Fascination des Fakts getragen sind, notwendige Durchgangsstadien, Genauigkeit übend, eine Tugend jeder Literatur.

19. Juni 1960

Die Yahooherden kommen in Jonathan Swifts Roman «Gullivers Reisen» vor, dessen Lektüre offenbar Kipphardts Notat zugrunde liegt.

Ich lese in der Zeitung, daß am 14. Dezember der Prozeß gegen den früheren Leibarzt des Papstes Pius XII., Riccardo Galeazzi, beginnen werde. Der Leibarzt hatte Bilder des sterbenden Papstes der Presse verkauft. Das erinnert mich an meine Erwägung, eine große Geschichte oder einen Roman zu machen, der den Titel ‹Der Tod des Papstes› haben sollte. Die Geschichte der Public-relations, die der Tod des Chefs eines großen, sakralen Geschäftsunternehmens mit sich bringt. Die kleinen Geschäfte, die alle mit dem Sterben befaßten Dienste dabei privat machen, erscheinen als Konsequenzen am Rande. Das große Spektakel, das mit dem Tode des Stellvertreters Christi aufgezogen wird, vor den internen Interessen und Machtkämpfen im Apparat des Unternehmens. Das Ganze müßte im Stil der Hirtenbriefe geschrieben sein. Auch die Geschäfte werden in diesem Stil geführt. Die Ironie sehr fein, die Gefahren der Farce vermeidend, die der Sache ja eigentlich zukommt.

25. September 1960

Ich besuchte einen Philosophen, den ich damit beschäftigt fand, in einen neuen Hut Stearinflecke zu bügeln. Den neuen Hut in einen alten, noch gut erhaltenen verwandelnd auf diese Weise. Danach putzte er seine Schuhe und minderte den erzielten Glanz, indem er diese mit Terpentin abrieb an einigen Stellen.

«Was machen Sie?» fragte ich, und er antwortete: «Ich bereite einen Ausgang vor, von dem ich zurückkehren möchte. Ich versuche, nicht aufzufallen infolgedessen.»

Ich fragte: «Ist das ein Gleichnis, die Äußerung von neuen Gedanken betreffend?» Er sagte: «Es ist weniger ein Gleichnis als ein Berufsgeheimnis. Ein neuer Gedanke braucht einen alten Hut, um passieren zu können. Auch muß sein Glanz gemindert werden, damit er erscheine als ein alter und ungefährlicher. Es fehlen uns alte Bücher, deren dunkle Stellen ausgelegt werden können. Es fehlt die Bildung, die gebraucht wird, neue Gedanken als alte zu erweisen.»

«So sind Zitate Angstschreie?» – «Sie sind die Stearinflecke in meinem Hut.»

1. Oktober 1960

In den Weinbergen des Rhonetals haben die Bauern ihre Steinhütten, die bei Gewittern Schutz geben, durch Autowracks ersetzt, die sie billiger kommen.

Die schwarzlackierten Karosserien, über die zartgrünen Hänge verstreut, verfremden die Natur auf eine naive Weise, machen ihre Schönheit bemerkbar. Der komfortable Schutt unseres Zeitalters, Weinbauern vor Regen schützend, macht die Schönheit der lieblichen Hügel des Rhonetals als eine Schönheit unseres Zeitalters kenntlich. Es mildert die Schönheit durch eine Art von Ironie, die zum Genusse der Schönheit so unentbehrlich ist.

23. September 1962

Palmen, deren Wedel abgeschlagen sind, sind erträglich. Palmenpeitschen, wie von Dali gemalt, dem Friseur.

4. Oktober 1962

Es ist zu beobachten, daß die Religion der Liebe, die christliche, von allen denen bevorzugt wird, die die Liebe in ihrem Leben vermissen, die der Liebe nicht oder nur sehr nebenher fähig sind.

Je weiter Eros ihrem Lebensumkreis entfernt ist, umso reger wird ihre Affektation zur Religion der Liebe. Gegen die frommen Christen spricht so beredt ihr unglückliches, von der Liebe kaum gestreiftes Aussehen.

12. Januar 1963

Sagte die Pia sinngemäß: «Um zu wissen, daß Schweine Schweine sind, muß ich doch nicht zu ihnen hinriechen.»
«Doch», sagte ich.

14. März 1963

«Hast Du einmal großen Durst, so nimm einen Schluck kalten Wassers, spucke es wieder aus – und sage es niemand.» Eine hübsche Verfeinerung des Lobes der Bedürfnislosigkeit. Wenn große Genüsse unerreichbar sind, kann man nur sich genießen.

4. April 1963

Hat der Krieg – die Fortsetzung der Geschäfte mit anderen Mitteln für seine Anstifter ohne Zweifel – für die, die ihn führen müssen, den Charakter eines exzessiven Festes, wo erlaubt ist, was verboten ansonsten? Wird die gehaßte Gegebenheit eines entfremdeten Daseins im Exzeß durchbrochen? Wird im Fremden die hassenswerte Autorität erschlagen, die für ein frustriertes Leben verantwortlich gemacht wird?

Hatte der Exzeß der Judenvernichtung nicht durchaus etwas von dem Exzeß einer Totemmahlzeit, wie sie von kannibalischen Kulturen beschrieben ist? Das Gefühl des Verbotenen, des Verbrecherischen erzeugt den Wunsch, daß alle beteiligt sein sollten, daß niemand verantwortlich wäre, indem alle schuldig wären. Es genügte bekanntlich durchaus in Deutschland, einen einzigen «guten Juden» ausnehmen zu wollen, um in die Lage der Juden gestoßen zu werden.

Ich erkläre nicht die Planung des Massenmords, ich spreche von der Psychologie der kleinen und mittleren Schlächter. Die Gedichte, die geschrieben wurden, eine Begeisterung am Kriege und seinen Bluträuschen zu machen, haben durchaus den Zug zur Verbrüderung in der Kannibalenhorde. Sie machen Mut, das Totem-Tier zu zerreißen und mit Haut und Haar zu fressen, und ihrer Hysterie liegt die Furcht zugrunde, der Bestrafung für die Untat nicht entrinnen zu können, schließlich.

Januar 1964

Es wird von wilden Stämmen Borneos der Brauch berichtet, die abgeschnittenen Köpfe der Feinde nach Hause zu bringen und dort mit ausgesuchter Liebenswürdigkeit zu behandeln. Sie werden mit den zärtlichsten Namen angesprochen, und man steckt ihnen Lekkerbissen und Zigarren in den Mund. Gleichzeitig überredet man sie, mit ihren ehemaligen Freunden zu brechen und den neuen Wirten, den Mördern, ihre Liebe zu schenken.

Indem die Tat vollbracht ist, der Mord, sind die Mörder beherrscht von dem ambivalenten Gefühl, die Tat in ihrem Gegenteil, der Liebe, aufzuheben, um sich den Folgen der Tat, die sie fürchten, zu entziehen.

Es wäre die Scene denkbar, daß ein systematischer Massenmörder aus Gewinnsucht einen Kultus der Verehrung und Liebe mit seinen ausgestopften Opfern betreibt, mit ihnen wie mit Lebenden umgeht, ihnen seine bedauerlicherweise notwendig gegen ihr Leben gerichteten Handlungen erklärt, ihr schließliches Einverständnis durch Argumentation erzielt und danach zum nächsten Mord schreitet.

Vielleicht wäre das in einem von Buckschens Träumen (Tutta La Famiglia) unterzubringen.

14. Februar 1964

«Tutta La Famiglia» war der Arbeitstitel der Komödie, die Kipphardt 1966 unter dem Titel «Die Nacht, in der der Chef geschlachtet wurde» fertigstellte.

13.
Stoffe und Projekte

Wichtig finde er, betonte Heinar Kipphardt in einem Gespräch Ende der siebziger Jahre, daß ein Schriftsteller mitten in seiner Zeit stehe: «Er muß erlebend und erleidend und an der Zeit verzweifelnd auf die richtigen Stoffe stoßen. Diese Stoffe kann er dann auch umsetzen. Die Stoffwahl ist nicht alles, aber ich halte das Finden eines richtigen Stoffes für eine ästhetische Kategorie.»

Diese Überzeugung gilt für sein gesamtes literarisches Werk. Die Stoffe, die Kipphardt bearbeitete oder in Erwägung zog, hatten stets beunruhigende, tabuverletzende Themen. Sie sollten Fragen aufwerfen und bestehende Verhältnisse in Frage stellen. Schon in seinem ersten erhaltenen Heft mit Arbeitsnotaten, geschrieben Mitte der fünfziger Jahre, findet sich unter Stichworten für ein Interview die Maxime, der Schriftsteller dürfe «nicht Bestätiger, Rühmer» sein, er müsse stets «die ganze Wahrheit» sagen.

In Kipphardts Nachlaß finden sich zahlreiche Projektentwürfe, Stoffskizzen, auch Fragmente von nicht zum Abschluß gebrachten Werken. Eine Reihe davon wird im vorliegenden Buch und in dem anschließenden Band «Ruckediguh – Blut ist im Schuh» erstmals veröffentlicht.

Anzumerken bleibt dabei, daß Kipphardt – der ohnehin nur langsam und eher unter Qualen schrieb – das Verfassen von Exposés eigentlich haßte. Von einigen wichtigen Plänen und Arbeitsvorhaben existieren daher trotz intensiver Materialstudien keine oder nur marginale Aufzeichnungen. Über manche Projekte geben lediglich vereinzelte Hinweise in Kipphardts Briefen eine spärliche Auskunft.

Das Krokodil

Skizze zu einer Satire

«Das Krokodil» wird respektlos der Mann genannt, der in die Geschichtsbücher leicht als Retter der Nation hätte eingehen können, wenn Hitler auf ihn gehört hätte. Er ist jünger als Hindenburg und steht dessen staatspolitischem Format nicht nach, und er ist älter als Konfuzius, dessen Weisheit und dessen Liebe zum Zeremoniell er übertrifft. Das wird jedermann klar werden, wenn seine militärphilosophischen Schriften und seine «Aphorismen zur männlichen Lebensweise» der Öffentlichkeit unterbreitet sind. Er übertrifft nicht nur Konfuzius, sondern auch Binding. Er ist ein rüstiger deutscher General außer Diensten, 75 Jahre alt, in guten Pensionsverhältnissen lebend und verkannt. Sein Name erscheint in keinem Beitrag zur Geschichte des zweten Weltkrieges, nicht in der Memoirenliteratur und in keinem militärpolitischen Aufsatz. Nicht einmal in einem Prozeß. Er hält das für eine Intrige. Man schweigt ihn tot, weil er der eigentliche Gegenspieler Hitlers war, die mutige Gegenstimme in allen kriegsentscheidenden Situationen. Weil er der Mann war, der gegen Hitler und seine Speichellecker den kriegsentscheidenden Zweifrontenkrieg vermieden hätte. Weil er der Mann war, der das «Unternehmen Seelöwe» zum Erfolg geführt hätte und das «Unternehmen Barbarossa» und viele andere Unternehmungen. Er war der Mann, dem Hitlers Korporalsstrategie und die rückgratlose Beflissenheit des deutschen Generalstabs den Krieg verloren hat. Die Leute, die den Dolch im zweiten Weltkrieg führten, hießen Hitler, Göring, Keitel, von Bock, und er hat sie auf dramatische, unerschrockene Weise bekämpft und immer recht behalten. Das wird er beweisen. Es scheint ihm nicht verwunderlich, daß sein Name nicht in den Protokollen der Führerbesprechungen erscheint, da diese von Hitlers Speichelleckern redigiert wurden, aber er hat die entscheidenden Auseinandersetzungen festgehalten, er ist dabei, die «wirkliche Geschichte» herzustellen.

Er hat über dieser Beschäftigung tatsächlich vergessen, daß er sich seit fast 25 Jahren in einer Art von Ruhestand befunden hat, einer früh einsetzenden Hirnsklerose wegen, so daß er seit etwa 25 Jahren mehr formal als tatsächlich einem der Archive des Heeresgeneralstabes vorgestanden hat. Es ist ihm entfallen, oder er weiß es nur ganz selten und verdrängt es augenblicklich, daß er nie die geringste Rolle gespielt hat. Er ist regelmäßig befördert worden, wenige Tage vor Kriegsende, zu Hitlers Geburtstag, tatsächlich zum Generalmajor. Er hat sich in der Stille mit den einzuordnenden Protokollen beschäftigt, und seine Gedanken dazu sind ihm zu einer Wirklichkeit geworden. Er kämpft darum, daß seine Retterrolle erkannt wird, und er ist davon überzeugt, daß die Nation sich seiner erinnern wird und ihn zu ehrenvollen Aufgaben berufen wird, sobald er die «wirkliche Geschichte» gegen alle Intrigen bekannt gemacht hat.

Seine wichtigste Arbeit besteht seit einiger Zeit darin, die Protokolle der entscheidenden Auseinandersetzungen im Führerhauptquartier zu berichten. Es geht ihm vor allem darum zu zeigen, welche entscheidende Rolle er dabei gespielt hat, wie rücksichtslos und unerschrocken er seine strategisch richtigen Ansichten gegen die Dummheit der anderen vertreten hat. Der Authentizität halber legt er die Scenen in Dialogen nieder und spielt sie zur Kontrolle mit seinen Bedienten durch. Er legt großen Wert darauf, daß die Scenen historisch exakt wiedergegeben werden. Die Bedienten stellen Hitler, Göring, Keitel, Brauchitsch, von Bock oder Jodl dar, der General sich selbst. Er hat sich ein Arsenal von Requisiten und Uniformen geschaffen, und da nicht genug Bediente da sind, hat er historische Puppen anfertigen lassen.

Genau gesagt verfügt der General gegenwärtig über einen Bedienten. Genauer gesagt, ein Bedienter verfügt über ihn. Es ist ein alter Landstreicher namens Filz, der seines Rheumas wegen den Beruf quittieren und in einem Hafen landen mußte. Er behandelt den General, wie ein reicher Kranker in einem unterbelegten Privatsanatorium behandelt wird. Das will heißen, er sorgt dafür, daß sich der Patient in seiner Krankheit wohlfühlt, daß sie System bekommt und Dauer. Der einfache, von Filz beschrittene Weg dazu ist, den Wünschen und Anregungen des Patienten zu folgen. Er dient dem General bis zur Selbstaufgabe und bis zur Verwaltung der Pension und des kleinen Vermögens. Er lebt in den Illusionen des Generals wie die Made im Speck und fördert sie gewissenhaft. Er ist des Generals Sekretär und dessen historischer Partner, dessen Bursche und dessen Stabschef, dessen Diätkoch und dessen Clausewitz, dessen Waffenpfleger und dessen Zeremonienmeister, dessen Schreiber und dessen Biograph, dessen Reitknecht und dessen Vermögensverwalter. Er ist der Mitautor der historischen Führerhauptquartierscenen, die im Dienste der «wirklichen Geschichte» allwöchentlich rekonstruiert werden. Er ist der Requisiteur, der Maskenbildner, der Regisseur, der Hauptdarsteller dieser historischen Scenen, und er ist auf gutem Wege, sich selbst ein kleines Vermögen zu schaffen.

In der Darstellung der «wirklichen Geschichte des zweiten Weltkrieges» sind der General und Filz bis zum «Unternehmen Citadelle», der Offensive aus dem Kursker Bogen im Mai 1943 fortgeschritten. Die dramatische Scene der grossen Auseinandersetzung im Führerhauptquartier zwischen Hitler, Göring, Keitel, der Heeresführung einerseits und unserem General andererseits ist niedergelegt, und Filz befindet sich dazu in den Proben.

Die unbedingt benötigten Akteure hat sich Filz gegen Honorar aus einem Obdachlosenasyl geholt. Es sind zwei Leute: Powidel, Josef, ein alter Bekannter von Beppo Filz, ein kleiner, stiller Mann, der ein Leben lang Klinken geputzt hat und alle Demütigungen der Welt kennt. Er ist der Besitzer eines äusserst zärtlichen Lächelns und eines Exemplars der Sprüche des Lao-tse, die er vorträgt und kommentiert, sobald er getrunken hat. Denn er trinkt natürlich nach diesem Leben, und sein Geist wird scharf, wenn er getrunken hat, und er sieht der Welt bis auf die Knochen. Wenn er nüchtern ist, hat man einen linkischen, demütigen Mann vor sich, und im Stück erlebt man ihn nur einmal betrunken. Die zweite Person ist eine junge, verwahrloste Taschendiebin, kürzlich aus dem Gefängnis entlassen. Sie ist einigermaßen hübsch, und ihre Gedanken und ihre Gefühle sind sehr exakt von ihren Interessen bestimmt. Indem sie das nicht weiß und eine solche Unterstellung wirklich beleidigend fände, verhält sie sich wie eine Bürgerin. Sie ist großer Sentimentalitäten und großer Tugenden fähig und ist nicht erstaunt, diese geschäftlich honoriert zu finden. Sie vereinigt in ihrem hübschen Kopf die widerspruchvollsten Ansichten und die widerspruchvollsten Gefühle. Sie kann ganz naiv Gedanken oder Gefühlen keinen anderen Wert als den der Interessenbeförderung beimessen. Infolgedessen hält sie es für niedrig, wenn jemand mit Gedanken oder Gefühlen ausdrücklich Interessen verfolgt, es scheint ihr unnatürlich. Sie hat eine große Anfälligkeit Idealen gegenüber, und sie ist eine Verfechterin der Ordnung. Es ist gut zu sehen, daß sie ihren Weg machen wird.

Beppo Filz probiert die historische Scene mit großem Ernst und großem historischen Wissen. Er arbeitet nach den historischen Vorbildern, legt deren Haltungen nach Fotos fest und legt den Tonfall an Hand von Reden fest, die er in seinem Tonarchiv hat. Da Filz, ein ausschweifender und phantasievoller Genußmensch, infolge seines guten Lebens fett geworden ist, muß die Rolle Hitlers von dem äusserst sanftmütigen Powidel, Josef übernommen werden. Filz hat große Mühe, Powidel zu einer angemessenen Darstellung zu bringen. Powidel trifft die dämonische Fascination nicht, und er braucht etwa so lange, wie Hitler selbst gebraucht hat, die wirkungsvollen Schauspielerhaltungen zu lernen. Auch kann Powidel lange Zeit den Text nicht behalten, da er nur Sätze lernen kann, die einen ihm einleuchtenden Sinn haben. Filz bringt ihm die große Rede am Sandkasten mittels einer verwirrenden Mnemotechnik bei. Er zeigt ihm, wie eine eindrucksvolle Rede mit 8 bis 10 Schlagworten zu machen ist, wenn die Rhetorik verlogen genug und die Gedanken einfältig genug sind. Er demonstriert das an einem Teil einer Hitlerrede.

Das Mädchen erweist sich als ein wahres Affentalent. Ihr künstlerischer Enthusiasmus ist so groß, wie ihr menschliches Interesse an dem General für Filz beunruhigend ist. Sie sucht die schwachen Punkte, ins Geschäft zu kommen, und sie findet sie.

Besonders genau wird von Filz der Schluß der Scene probiert. Es ist die große Abrechnung des Generals mit Hitler. Da dieser seine Vorschläge verwirft und ihn mangelnder strategischer Kühnheit bezichtigt, kommt er um seinen Abschied ein, der ihm von Hitler verweigert wird.

Wenn die historische Scene beendet ist, wird der General einen militärwissenschaftlichen Aufsatz zitieren, in dem seine entscheidende Rolle nicht einmal erwähnt wird. Er wird sich daraufhin entschließen, dem würdelosen Intriguenspiel durch seinen Selbstmord ein Ende zu bereiten. Das ist das Nachspiel zu jeder historischen Scene. Die Beteiligten haben ihn anzuflehen, davon abzusehen. Ihrer Bitten ungeachtet pflegt er dem Darsteller des Hitler die Pistole zu entreissen. Die Pistole ist nachgesehen und geht nicht los.

Die zu Teilen probierte Scene findet mit dem General statt. Sie muß abgebrochen werden, da Josef Powidel, durch Improvisationen des Generals verwirrt, steckenbleibt, seinerseits improvisiert, so daß der General die Scene abbricht und Filz zurechtweist. Daraufhin übernimmt Filz die Rolle Powidels (Hitler) und Powidel die Rolle von Filz (Göring).

Zum Schluß der theatralischen Selbstmordscene entreißt der General Filz (Hitler) die Pistole. Er gibt gegen seine sonstige Gewohnheit bekannt, daß er sich an historischer Stätte zu erschießen gedenkt und verläßt das Haus. Die Beteiligten atmen auf, daß die Arbeit getan ist, sie entledigen sich ihrer Kostüme, richten den Raum zu einer kleinen Feier unter sich, da bemerkt Filz, daß der General die falsche Pistole an sich genommen hat. Der Irrtum ist durch den Rollentausch mit Powidel entstanden, und die Pistole ist geladen. Ein toter General aber ist ein pensionsloser General. In der allgemeinen Beratung, was zu tun sei, schellt es. Ein Bote überbringt einen Brief. Er enthält für den General die Einladung, die Ehrenpräsidentschaft bei einem Traditionstreffen zu übernehmen. Es ist die erste Reaktion auf einen der vielen Beschwerdebriefe, die Filz im Auftrag des Generals an unzählige Verbände gerichtet hat. Sie machen sich auf, den General zu finden.

Einige Tage später zusammen sitzend, sehen die beiden Landstreicher und das Mädchen ihre Existenzgrundlage zerstört. Der General ist nicht zurückgekommen. Sie studieren die Polizeiberichte aller Zeitungen auf etwaige Selbstmordfälle. Sie finden ein Inserat, das für denselben Abend ein Traditionstreffen unter der Ehrenpräsidentschaft des Generals in der Kreisstadt ankündigt. Die ganze Last der Vorwürfe trifft Powidel, Josef. Sie versuchen vergeblich, die Ehrenpräsidentschaft loszuwerden. Ihre vorsichtigen Erkundigungen ergeben immerhin, daß der General dem Verband persönlich nicht bekannt ist. Als sich Vertreter des Verbandes zur Rücksprache anmelden, sagt Filz die Teilnahme des Generals zu. Powidel, Josef muß die Rolle des Generals übernehmen. Er tut das nach vielem Widerstreben, um seine Schuld wiedergutzumachen. Sie studieren die Vergangenheit des Generals und arbeiten nach klassischen Vorbildern eine knappe, stolze und bittere Rede aus. Powidel wird als General hergerichtet, er ist eine eindrucksvolle Erscheinung. Sie gehen die Rede mit ihm durch. Seine Hemmungen zu überwinden, beginnt Powidel zu trinken. Der von Alkoholgenuß verwandelte, Bosheiten sprühende Powidel, Josef hält eine blutrünstige, sarkastische Rede über den Krieg, den Vater aller Dinge, und alle gängigen Slogans der Schullesebücher. Er wetteifert mit dem ebenfalls trinkenden Filz. Als Powidel zu dem Traditionstreffen abgeholt wird, entlassen sie ihn mit Sorge.

In der Erforschung von Filzens Vermögensverhältnissen entdeckt das Mädchen ununterdrückbare Herzensneigungen zu diesem. Sie erweist sich als ein Geschäftstalent mit einem Zug zum Großen. Filz auch. Sie wirft sich nicht weg ohne Sicherheit. Filz auch nicht.

Am nächsten Morgen. Powidel ist in der Nacht nicht zurückgekommen. Es fehlt von ihm jede Nachricht. Das Mädchen macht die Erfahrung, daß Filzens Sinn für höhere Werte unentwickelbar ist. Er findet ihre geschäftlichen Ideen ausbaufähig.

Als das Telefon klingelt, erwarten sie endlich Nachricht von Powidel. Es meldet sich die Redaktion einer größeren Zeitung. Ein Journalist erbittet ein Interview. Filz erfährt, daß der General mit einer sensationellen Rede das Traditionstreffen gesprengt hat. Der Journalist hat sich für 11 Uhr angemeldet, das ist in einer Stunde. Filz telefoniert mit allen Lokalen der Stadt und der näheren Umgebung, Powidel aufzufinden. Er hat keinen Erfolg. An Stelle von Powidel ruft eine verliebte Frau an, die Filz mit Kosenamen bedenkt. Sie ist vor 35 Jahren die Geliebte des Generals gewesen, hat seinen Namen in dem Inserat gefunden, die Adresse beschafft und ist angereist. Sie befindet sich am Bahnhof und wird ihn in einer halben Stunde überraschen. Filz entschließt sich, die Rolle des Generals zu übernehmen. Die Herzensneigungen des Mädchens erzwingen eine geschäftliche Beteiligung. Filz wird ummontiert. Sein Pferdegesicht und sein massiger Körper bereiten Schwierigkeiten. Es wird Erfindergeist benötigt.

Die ehemalige Geliebte trifft ein. Ihre jugendliche Erscheinung ist ein unübertreffliches Kunstgebilde. Ihr Lächeln, ihre Zähne, ihre Körperformen, ihre Haare sind künstlich. Ihr gerühmter Charme ist so anziehend wie je. Sie bereitet Filz schwere Minuten, da sie in Erinnerungen schwelgt. Sie besteht darauf, ihre körperliche Beweglichkeit und Frische unter Beweis zu stellen. Sie führt die Tanzübungen vor, die sie vor 45 Jahren in der Ballettschule gelernt hat. Sie ist entschlossen, den General und dessen Pension der Einsamkeit zu entreißen. Seltsamerweise nimmt sie an dessen äusserer Veränderung keinen Anstoß. Der Grund ist, außer seinem Namen hat sie keine Erinnerung an ihn. Der General hat ihr damals keinen Eindruck hinterlassen. Sein Name stand neben anderen in ihrem Taschenbuch, wenn sie in Erinnerungen schwelgt, fabuliert sie. Die Wiedersehensscene wird von dem zurückkehrenden Powidel gestört. Er kommt mit einem heruntergekommenen Saufbruder, beide in erbarmungswürdigem Zustande, und verlangt, daß ihnen Steaks gemacht werden. Er berichtet von seinen Triumphen. Filz erklärt der Geliebten, daß es sich um einen Kameraden handelt, den das Unglück wahnsinnig gemacht hat. Mit Hilfe des Mädchens gelingt es ihm, die beiden im Dachgeschoß zu internieren. Es schellt. Das Mädchen meldet den Journalisten. Filz bittet die Geliebte, in einem Nebenzimmer zu warten.

Filz entwickelt dem Journalisten, einem älteren, pedantischen Herrn, die «Aphorismen zur männlichen Lebensweise». Es gibt Schwierigkeiten, da diese in ziemlichem Widerspruch zu den Ausführungen Powidels stehen, die dem Journalisten von einem Reporter berichtet worden sind. Der pedantische Mann hat auch eine Beschreibung des Powidel als General. Filz hat Mühe, über die Runden zu kommen, als es neuerlich schellt. Er bittet den Journalisten in das andere Nebenzimmer. Der Besucher ist der zurückkehrende General.

Er beginnt ohne Umschweife mit dem Diktat eines neuen Abschnittes der «wirklichen Geschichte des zweiten Weltkrieges», als habe er das Zimmer nur soeben für ein paar Minuten verlassen. Filz versucht vergeblich, ihn aus dem Zimmer zu bringen. Der General duldet keinen Aufschub und läßt keine Erklärung zu. Die Scene wird laut. Filz will sich verdrücken. Der General schreit ihn zusammen, er beschuldigt ihn, ihm wiederum eine unbrauchbare Pistole mitgegeben zu haben. Er zieht sie zum Beweis heraus und drückt sie gegen die Decke ab. Die Pistole geht los. Filz nimmt einen Mantel und läuft davon. Der General ist echt betroffen, daß man ihm eine geladene Pistole mitgegeben hat.

Aus den beiden Nebenzimmern kommen die ehemalige Geliebte und der pedantische Herr. Der General fragt sie nach ihrem Begehren und stellt sich vor. Die beiden halten ihn für einen Wahnsinnigen, da sie ja soeben mit dem General (Filz) gesprochen haben. Der General kämpft verzweifelt und vergeblich um seine Identität. Er gerät so außer sich, daß er sie mit der Waffe bedroht und aus dem Hause jagt. Sie fliehen wie vor einem Wahnsinnigen. Der General ist einem Zusammenbruch nahe.

Von dem Lärm herbeigerufen, erscheint das Mädchen. Der General fragt sie, ob er der General sei. Sie sagt ihm, daß er der heimliche Retter der Nation sei, und wiederholt alle Lügen, die er um sich aufgebaut hat. Sie spielt ein kleines patriotisches Mädchen, das einen großen Helden verehrt. Der General ist gerührt. Er sagt, daß er das sehr nett von ihr findet, daß er aber kein Retter sei, kein Held und kein großer Heerführer, sondern ein ganz unbedeutender Stabsoffizier in einem Archiv, der 14 Tage vor Kriegsende routinemäßig zum Generalmajor befördert worden sei. Er habe nie das Mindeste geleistet, als Mensch nicht und nicht als Soldat. Sie sagt, daß er dann ihr Retter jedenfalls sei, es seien nicht die großen Menschen, die groß seien. Sie sei froh, daß er nun für sie allein groß sei. Sie werde nie vergessen, daß er sich um sie gekümmert habe, und sie müsse jetzt gehen. Sie spielt die große, entsagungsvolle Liebe einer Unwürdigen. Der General läßt sie nicht gehen. Sie fragt, ob er wisse, daß sie vor einer Woche aus dem Gefängnis gekommen sei, verurteilt wegen Taschendiebstahls. Der General sagt, daß er besser als die Gerichte wisse, daß sie keine Diebin sei, daß er glücklich wäre, wenn sie immer bei ihm bleiben könne. Sie sagt, daß sie bleiben wolle, so lange er sie dulde und sie ihm nützlich sein könne. Das Telefon läutet. Sie nimmt den Hörer ab, es ist die Zeitung. Wer am Apparat sei? Frau Generalmajor Prümkorte. Sie bedauert, daß der Herr mit diesem närrischen Kranken zusammengestoßen sei, ein tragischer Fall, ja, ein neuer Termin werde sich jetzt nicht finden lassen, da sie in wenigen Stunden eine Reise zu den Kanarischen Inseln anträten. Leider. Sie entschuldigt sich bei dem General, daß sie ein bißchen hätte lügen müssen. Der General findet, daß die Reise eine ausgezeichnete Idee sei. Sie telefoniert, drei Flugplätze zu buchen. Wieso drei? Sie habe einen äußerst anstelligen jungen Menschen, der General könne nicht ohne Diener verreisen.

Sie ruft die Bank an, um mitzuteilen, daß Filz die Prokura entzogen ist, und ordnet Verkauf und Kauf bestimmter Papiere an. Der General ist von soviel Fürsorge sehr gerührt. Sie hören Stimmen. Powidel kommt mit seinem Kumpan und versucht eine kleine Erpressung, um weiter trinken zu können. Er sieht sich einer unerbittlichen Geschäftsfrau gegenüber, vor der sein Mut zusammenschrumpft. Er verläßt das Haus in seinen Landstreicherlumpen, das abgezählte Geld für zwei Übernachtungen, für ein Frühstück und ein Steak in der Tasche. Er wünscht dem General Glück mit seinem zärtlichen Lächeln. Der General fragt das Mädchen, ob sich der junge Mann denn auch mit Militärgeschichte befaßt habe. Vorwiegend, sagt das Mädchen. Der General findet das glänzend.

Ende

Nachtrag:
Es ist ein anderer Schluß denkbar.
Der zurückgekehrte General kämpft verzweifelt und vergeblich um seine Identität. Er fordert die Anerkennung seiner historischen Rolle durch die Nation. Verkannt und des festen Glaubens, eine ungeladene Pistole zu tragen, inszeniert er einen seiner routinemäßigen Selbstmordversuche. Durch die Pistolenverwechslung erschießt er sich tatsächlich. Der Journalist hat seine Geschichte, die ehemalige Geliebte erkennt ihn an seiner Neigung zu theatralischen Effekten wieder.

Es ist vielleicht besser, bei Powidel auf die Verwandlung durch Alkoholgenuß zu verzichten. In diesem Fall würde er bei dem Traditionstreffen der allgemeinen Aufmerksamkeit zum Opfer fallen, die er nie im Leben erfahren hat. Er würde Geschmack an der Rolle des Generals finden und eine rührselige Geschichte des bitteren Undanks erfinden, die ihm allgemeinen Erfolg einträgt und zu einem Interview veranlaßt. Er würde dann zur Stunde der beiden Besuche aus Angst verschwunden sein.

Es kann sich als notwendig erweisen, für den 1. Akt eine weitere Person, und zwar einen heruntergekommenen ehemaligen Schauspieler zu beschäftigen. Das könnte der spätere Kumpan Powidels sein.

Die Realisierung ist einfach. Eine Dekoration, vier Hauptrollen, zwei Episodenrollen.

Der Stil ist der einer satirischen Farce.

Entwurf für ein nicht realisiertes Fernsehspiel, entstanden vermutlich 1960. Typoskript im Nachlaß.

Der Hungerkünstler

(nach einer Erzählung von Franz Kafka)

Scenischer Ablauf.
Garderobe des Hungerkünstlers Andas Vedas (Andreas Setzwein). Grosse Fotografien seiner Karriere, London, Chicago, Buenos Aires, Hamburg, Plakate.
Der Hungerkünstler wird für die Eröffnung hergerichtet. Sein

spärliches ergrauendes Haar wird schwarz gefärbt, sein Gesicht bleich geschminkt. Schwarzes Trikot.

Eine kräftige, blonde Frau mittleren Alters, ordinäre Züge, ist ihm behilflich. Es ist seine Frau, die ihn verachtet.

Der Impresario geht in der Garderobe auf und ab, Würstchen von einem Pappteller essend. «Wie ist der Verkauf?»

Gespräch über den Niedergang der Hungerkunst, das erlahmende Interesse. Der Hungerkünstler sieht sich vor neuen großen Leistungen, spricht von dem notorisch geringen Interesse am Eröffnungstag. Beispiel Chicago, das ein Triumph wurde. Sein Alter, kann es an seinem Alter liegen? Er hungert so gut wie immer, seine Kunst ist eher gereift. Liegt es daran, daß die Leute allesamt selber ein halbes Dutzend Jahre gehungert haben?

Der Impresario hat die Erfahrung von drei finanziellen Mißerfolgen in einem Jahr. Er setzt zu. Muß am Eröffnungstag Zuschauer kaufen. Ausgaben. Musik. Ärzte, Wachen.

Fertigmachen zum Auftritt. Der Hungerkünstler muß vor dem Einlaß in seinem Käfig sein.

Wirtshaussaal. Aufgeschlagene Holztribüne wie auf einem Sportplatz. Der Käfig ist von einem weissen Zelt wie ein Denkmal verhüllt.

Der Impresario preist den größten Hungerkünstler aller Zeiten. Die Bedeutung der Hungerkunst, die gebotenen Vergnügungen. Der Käfig mit dem Hungerkünstler wird enthüllt.

Andas Vedas auf einem Holzbrett hoheitsvoll sitzend, sich flüchtig verneigend. Die wenigen Zuschauer auf der Tribüne essen und trinken. Der Käfig ist geschmückt, auf goldgestickten Bändern sind seine internationalen Erfolge aufgezeichnet.

Der Künstler wird von zwei Ärzten gewogen, sein Blutdruck wird gemessen, seine Pulszahl etc. Die Werte werden vom Impresario bekanntgegeben, auf eine schwarze Tafel geschrieben. Die Wache für die erste Nacht wird gewählt, drei Fleischergesellen, die ein Nachtmahl neben dem Käfig serviert bekommen. Die Musik spielt einen Tusch. Der Hungerkünstler spricht von der Kunst des Hungerns, der Würde des Opfers, der edlen Tugend der Enthaltsamkeit. Die Kunst der Selbstüberwindung.

Die Zuschauer zeigen sich erheitert. Musik.

Der Impresario kündigt an, daß im Nebensaal die Dame zu sehen ist, die Ketten sprengt und Steine an ihrem Kopf zerschlägt. Die Zuschauer strömen in den Nebensaal.

Ein einziges Kind geht mit seinem Vater an den Käfig und möchte ein Autogramm. Der Vater erklärt dem Jungen, warum die Hungerkunst ein Schwindel ist.

Die essenden Fleischergesellen vertrauen dem Hungerkünstler an, daß sie es in kommenden Nachtwachen so genau nicht nehmen würden. Der Hungerkünstler ist in seiner Würde tief verletzt und weist sie zurecht. Er prophezeit, dass die Stadt in wenigen Wochen ihm zu Füßen liegen wird, die Verachtung bereuend, die sie ihm heute entgegenbringt.

Am 21. Tag beklagt sich der Impresario, flüsternd angesichts der kartenspielenden Wache, daß er noch immer die Karten verschenken muß, daß die Sache nicht mehr zieht. Der Hungerkünstler gibt die Schuld dem Impresario, der durch niedere Mätzchen die Kunst entwürdigt. Die Musik zieht ein. Wenig Zuschauer. Der Impresario kündigt die Ärzte an, die den Hungerkünstler wiegen, messen etc., die Werte angeben, die laut verkündet werden, aber wenig Interesse finden.

Der Impresario macht bekannt, daß im Nebensaal ein Preisskat mit großem Entenessen stattfindet. Die Zuschauer beeilen sich, dorthin zu kommen. Die drei Fleischergesellen der ersten Nacht lösen die Wache ab. Sie stellen ihm eine Schüssel mit Wurst so hin, daß er sich bequem bedienen könnte. Gespräch über die Unmöglichkeit, einen Hungerkünstler zu überwachen.

Drei Frauen kommen herein, um den Künstler zu besichtigen, die Werte auf der Tafel zu vergleichen etc... Sie entdecken die Wurstschüssel. Der Hungerkünstler verteidigt sich, ohne Glauben zu finden, und gerät in große Wut. Ein Betrunkener kommt aus dem Nebensaal und philosophiert mit ihm. Die Fleischergesellen gehen mit den Frauen weg. Der alleingelassene Hungerkünstler verlangt nach einer Wache, die ihn kontrolliert. Seine Frau macht ihm klar, daß seine Zeit vorbei ist, daß es niemanden interessiert, ob er ißt oder nicht, daß sie die Sache abbrechen wollen. Er bittet sie innig, wenigstens den 40. Tag abzuwarten. Er ist bereit, die Verluste des Impresario selber zu tragen.

Am 40. Tag ist der Käfig mit Blumen bekränzt. Auf den Tribünen sind mehr Zuschauer als bisher. Die Kapelle spielt. Der Hungerkünstler sitzt entkräftet, aber selig auf seinem Holzbett. Die beiden Ärzte betreten den Käfig, die abschliessenden Messungen vorzunehmen, die dem Saal durch ein Megaphon verkündet werden. Zwei Damen werden ausgewählt, den Hungerkünstler aus dem Käfig zu geleiten. Er weigert sich mit schwachen Kräften, den Käfig zu verlassen, und verlangt flüsternd weiterzuhungern, da er jetzt fähig sei, sich selber zu übertreffen. Musik übertönt seine Worte, der Impresario faßt ihn um die dünne Taille und trägt ihn aus dem Käfig an einen geschmückten Stuhl. Die beiden Damen versuchen, ihm Suppe einzuflößen. Der Hungerkünstler wehrt sich so gut er kann. Der Impresario verkündet den Trinkspruch, den ihm der Hungerkünstler angeblich für das Publikum zugeflüstert hat, und läßt den Hungerkünstler von einem Diener in die Garderobe tragen.

Garderobe. Andas Vedas wird von dem routinierten Diener gefüttert. Da er nicht schlucken will, führt er ihm eine Magensonde ein. Es sind die üblichen Komplikationen am Ende einer Hungerkur. Der Impresario kommt wenig später mit der Frau des Hungerkünstlers und teilt Vedas mit, daß dessen Vertrag beendet ist, daß er, der Impresario, in ein neues Geschäft gehe, das Arrangieren von Catcherveranstaltungen, und daß es ihm leid tue, wenn sich Vedas nichts besseres als Hungern einfallen ließe. Die Frau muß ihn leider auch verlassen. Vedas teilt mit, daß er ihnen auf eigene Faust beweisen werde, zu welchen grandiosen, die Welt in Erstaunen versetzenden Leistungen er noch immer fähig sei.

Einige Zeit später versucht Andas Vedas vergeblich, ein Engagement als Hungerkünstler zu finden. Nicht einmal in den Biergärten oder auf dem Jahrmarkt gibt es eine Verwendung für seine Kunst. Er ist heruntergekommen, abgerissen, ungepflegt. Sein Stolz läßt es indessen nicht zu, eine andere Tätigkeit anzunehmen. Nachdem ihm sein ehemaliger Impresario die Bitte abgeschlagen hat, während der 14tägigen Catcherturniere einen bescheidenen Platz in der Erfrischungshalle mit seiner Kunst einzunehmen, findet er ein Unterkommen in einem großen Zirkus, seines einstmals berühmten Namens und seiner jetzigen geringen Ansprüche wegen. Allerdings kann ihm der Direktor nicht anbieten, im Programm aufzutreten, sondern er bietet ihm einen Platz auf dem Wege zu den Tierkäfigen an, die in den Pausen von dem Publikum gut besucht werden. Dort bekommt er einen bunt ausgestatteten Käfig, Aufschriften, die seine einstige Berühmtheit bezeugen, Tafeln, die anzeigen, daß Vedas den soundsovielten Tag mit dem und dem Gewichtsverlust hungere. Auch einige seiner Maximen sind plakatiert, und es liegen Fotos von ihm aus, die er auf Wunsch mit Autogrammen versieht.

Als er endlich nach längerer nicht öffentlicher Hungerzeit präsentiert wird (Vedas hat es abgelehnt, mit einer betrügerischen Zahl von

Tagen zu beginnen), strebt das sehnsüchtig erwartete Pausenpublikum an ihm vorüber zu den Stallungen. Auch die Nachzügler eilen blicklos an ihm vorüber. Ein Familienvater berichtet seiner Familie vor dem Käfig, was für großartige Veranstaltungen er früher mit Hungerkünstlern erlebt habe, diesem armseligen Abklatsch nicht vergleichbar. Die Kinder zeigen sich unverständig und brauchen lange Erklärungen. Es zeigt sich, daß der Familienvater von einer Veranstaltung mit dem berühmten Andas Vedas berichtet. Er wirft dem Hungerkünstler vor, diesen Namen betrügerisch zu führen.

Der Hungerkünstler erwirkt beim Direktor, daß die Käfige vor ihm, die bisher der Ablage von Heu dienten, ebenfalls mit Tieren besetzt werden, damit er nicht länger im Durchgang allein ist. Das Interesse an ihm vergrößert sich aber nicht. Die Plakate verschmutzen im Laufe der Zeit, die Aufschriften werden unansehnlich. Der Hungerkünstler zieht sich mehr und mehr in das Dunkel seines Käfigs zurück, wenn die Pause beginnt. Man vergißt, das Licht im Käfig anzumachen, man vergißt, die Tafeln zu wechseln, die anzeigen, den wievielten Tag Vedas hungert. Leute, die eine Woche vorher den gleichen Tag angegeben gesehen haben, halten den Betrug dadurch erwiesen. Allmählich vergißt ihn sogar die Zirkusverwaltung.

Eines Tages, als die Vorstellung zu Ende ist, entdeckt ein Tierwärter auf dem Weg zu den Stallungen einen leeren, ziemlich verschmutzten Käfig. Er findet, daß man hier den neu erworbenen jungen Berberlöwen gut unterbringen könne. Er öffnet die Tür, wendet das Stroh um und findet den Hungerkünstler darunter in einem trancehaften Halbschlaf. Er kann sich nicht erklären, wie der Mann hierher kommt, und erfährt von ihm, daß er der aus jedermanns Bewußtsein geschwundene Hungerkünstler sei, der noch immer hungere. Er erkundigt sich nach dem wirklichen Datum, und der Wärter rechnet eine unglaubliche Zahl von Tagen aus, die der Hungerkünstler mit großer Genugtuung vernimmt. Auf seinem Gesicht erscheint ein glückliches Leuchten, und er erklärt mit schwacher Stimme den tiefen Sinn seines idealischen Beispiels der Enthaltsamkeit und stirbt verklärt.

Am nächsten Tag in der Zirkuspause findet der junge Berberlöwe, große Fleischstücke genußvoll verzehrend, ein ungleich größeres Interesse als der Hungerkünstler Andas Vedas.

Typoskript im Nachlaß Kipphardts, Angelsbruck. Entstanden ca. 1963, als Entwurf eines Fernsehspiels.

König Kyros

Exposé für ein Fernsehspiel

Der Sänger berichtet, daß sich in alter Zeit in Persien begab, daß König Astyages, Herrscher der Meder über die Perser und ganz Asien, von Angst um seine Herrschaft verfolgt ward.

1. Scene
Königlicher Palast

Astyages unterbreitet seinen Traumdeutern ein Traumgesicht zur Auslegung. Er hatte seine Tochter Mandane im Traum gesehen, wie sie so viel Wasser verlor, daß seine ganze Stadt und ganz Asien davon überschwemmt war. Die Traumdeuter sind sich uneinig. Einer, der Wasser für ein Glückszeichen hält, wird gehenkt. Da sehen die anderen, daß Unheil für Astyages von seiner Tochter Mandane ausgehen wird.

Um dieses Unheil abzuwenden, rät Harpagos, ein Mederfürst und der engste Vertraute des Astyages, diesem, die Tochter an einen Perser zu verheiraten. Auf diese Weise könne von ihrer Nachkommenschaft keine Gefahr für des Astyages Thron ausgehen, und die Perser würden außerdem in dieser Heirat eine Ehrung sehen. Astyages findet diesen Rat weise und gibt dem Harpagos den Auftrag, seine Tochter ins Perserland zu verheiraten.

Der Sänger berichtet: Im ersten Jahr, da Mandane an den Perser Kambyses verheiratet war, hatte Astyages ein neues Traumgesicht.

2. Scene
Königlicher Palast

Astyages unterbreitet seinen Traumdeutern das Gesicht, daß nämlich aus seiner Tochter Schoß ein Weinstock emporwüchse, und der überschatte ganz Asien. Sie weissagen ihm, dass seiner Tochter Sohn König werden würde an seiner Statt. Ein Bote seiner Tochter bringt ihm die Nachricht, daß sie guter Hoffnung sei, und daß sie wünsche, das Kind möge in ihrer Heimat zur Welt kommen. Astyages sendet ein großes Aufgebot, seine Tochter in den königlichen Palast zu geleiten.

Sänger.

3. Scene
Königlicher Palast

Der neugeborene Sohn der Mandane wird Astyages vorgeführt. Er soll den Namen Kyros erhalten. Den Großvater freut die große Ähnlichkeit, die seine Tochter zu berichten weiß. Er schreie schon außerordentlich königlich. Der besorgte Großvater läßt den kleinen Kyros von seinem Leibarzt untersuchen. Der Leibarzt findet leider, daß das Klima dem Kind nicht bekommen könne. Er empfiehlt einen klimatisch günstigeren Ort, fern von seiner Mutter. Der besorgte Großvater Astyages verspricht, die Sorge um den Enkel selbst zu übernehmen, da er ja keinen eigenen Sohn habe. Nach dem Abschied der Tochter. Er ruft den Harpagos und übergibt ihm den Knaben mit dem Auftrag, diesen in seinem Hause umzubringen und zu begraben. Harpagos verspricht, den Auftrag gehorsam zu erfüllen.

4. Scene
Palast des Harpagos

Im Hause des Mederfürsten Harpagos ist ebenfalls ein Knabe geboren. Ein Husten beunruhigt die Frau und die Ärzte. Harpagos kommt mit einem Korb, der für ein Geschenk gehalten wird. Er bittet seine Frau, den Korb zu öffnen. Er erklärt ihr den Auftrag, den er übernommen hat. Sie beraten, was nun zu tun sei. Sie entscheiden sich, den Knaben zwar töten zu lassen, aber sie wollen ihn durch einen von Astyages' Leuten umbringen lassen. Damit hätte Harpagos den Auftrag des Königs einerseits erfüllt, und er sei andererseits nicht der Mörder des Knaben, wenn das Königreich beim Tode des Astyages an dessen Tochter Mandane fiele.

Sie beschließen, das Kind zu einem leibeigenen Rinderhirten des Astyages zu bringen, der seine Herde auf Bergen voll reißender Tiere hütet, um dieses dort aussetzen zu lassen.

Der Sänger berichtet, daß der Rinderhirte Mitradates drei Tage unterwegs war zu Harpagos, zurück aber vier Tage, einen Korb tragend.

5. Scene
Hütte des Rinderhirten Mitradates

Sein Weib Kyno säugt einen Knaben. Mitradates, ein wortkarger, harter Mann, kehrt aus der Hauptstadt zurück. Er schiebt einen Korb, den nämlichen, den Harpagos heimbrachte, unter eine Plane. Seine Frau bringt ihm Käse. Er mäkelt an dem Käse herum, er sei zu frisch, er sei nicht von den Bergwiesen, die einen guten Käse ergäben. Seine Frau berichtet ihm, daß sie in seiner Abwesenheit geboren habe, daß es ein Knabe geworden sei. Er ißt, er mäkelt an dem Käse. Ob er ihn nicht sehen wolle? Nach dem Essen. Was in dem Paket sei? Er ißt. Ob er eine gute Reise gehabt habe? Er ißt. Säuglingsgeschrei unter der Plane. Die Frau findet das Kind, legt es an ihre Brust. Der Mann befiehlt ihr, es in den Korb zurück zu legen. Sie sieht die feine Wäsche, das kostbare Amulett. Mitradates berichtet, daß ihm Harpagos den Auftrag des Königs gegeben habe, den Knaben im wildesten Gebirge auszusetzen, daß er umkomme sobald als möglich. Andernfalls werde Mitradates eines schmählichen Todes sterben. Harpagos selbst werde die Ausführung des Befehls überprüfen.

Was für ein Kind das sei. Der Sohn der Mandane. Die Frau rät, die Aussetzung nur vorzutäuschen, Mitradates lehnt ab, ihrer aller Leben wegen eines königlichen Bankerts aufs Spiel zu setzen. Was aber werde im Falle, daß der Tochter das Königreich eines Tages zufalle? Was, wenn Astyages anderen Sinnes werde? Sie entscheiden sich, das königliche Kind zwar auszusetzen, aber die feine Wäsche und das Amulett zurückzuhalten. Gegebenenfalls können sie dann sagen, daß ihr eigenes Kind das Kind der Mandane sei, daß sie es nicht über sich gebracht hätten, sich an königlichem Blut zu versündigen. Der Vorsicht halber wollen sie auch ihr eigenes Kind Kyros nennen, ihm eine Narbe machen, wo der andere ein Muttermal hatte. Mitradates macht sich mit dem Knaben auf, um ihn auszusetzen.

Sänger. Kommentierendes Lied.

6. Scene
Königlicher Palast

Der Mederfürst Harpagos berichtet Astyages, daß er das Kind getötet und begraben habe. Der König verlangt Details, die ihm Harpagos vorlügt. Um sein Gewissen zu entlasten, verlangt er danach, von Harpagos zu hören, daß er auf dessen Rat gehandelt habe, daß er nicht anders habe handeln können angesichts der Weissagungen, daß es ein göttlicher Ratschluß gewesen sei gewissermaßen. Harpagos bestätigt das. Ob der Leibarzt instruiert, ob alles für die Benachrichtigung seiner Tochter vorbereitet ist. Er, Harpagos, habe sogar veranlaßt, daß er sich eine wirkliche Wunde beibringe.

Astyages läßt seine Tochter Mandane und den Leibarzt rufen und bricht in Klagen aus.

Mandane kommt, findet Astyages, der sich mit Selbstvorwürfen quält, den Tod seines Enkels verursacht zu haben, indem er dieser Reise zugestimmt habe. Der Leibarzt berichtet in einer vorzüglichen schauspielerischen Darbietung, wie der Reisewagen mit dem Kind von räuberischen Bergstämmen überfallen worden sei, die alles niedergemacht hätten, er selber sei nur mit dem Leben davongekommen, da sie ihn, ohnmächtig und schwer am Kopf verletzt, für tot gehalten hätten. Das Kind und alle Begleiter seien hingemordet. Er biete sein eigenes Leben an, er wolle nicht mehr leben. Mandane befiehlt, den Kopfverband abzumachen. Als sie die tatsächliche Wunde sieht, bricht sie in Klagen aus.

Astyages befiehlt die Vernichtung des räuberischen Bergstammes als ein Exempel.

Der Sänger berichtet: Zwölf Jahre danach stand die Rinderherde, die Mitradates zu hüten hatte, in einem Dorf in der Nähe der Hauptstadt.

7. Scene
Hütte des Rinderhirten

Kyno, sein Weib, packt Käse in Körbe, die Mitradates in den königlichen Palast bringen soll. Sie benutzt auch den Korb, in dem einstmals das Kind der Mandane lag; Mitradates fragt, ob sie verrückt sei. Wer sich denn nach zwölf Jahren an diesen Korb erinnern solle. Sie verspricht sich einiges, wenn ihr Käse dem König Astyages schmecke. Der Mann äußert sein Unbehagen, in der Nähe der Hauptstadt zu sein, wegen dieser damaligen Geschichte. Astyages sei alt, und er habe noch immer keinen Sohn. Wenn er plötzlich anderen Sinnes geworden? Alter mache kindisch. Dann hätten sie noch immer ihren Kyros. Wem sie das erzählen wolle, das sähe ein

Blinder, daß er sein Sohn sei. Mitradates bringt die Käselieferung in den königlichen Palast.

Ihr zwölfjähriger Sohn kommt vom Spielen, zerrauft, Blut an den Händen, das er abwäscht. Er hat Hunger, er ißt. Die Mutter kann nicht herausbringen, woher das Blut kommt. Er ist ein dickfelliger, ziemlich unverschämter Bursche, zu Jähzorn und Verschlagenheit neigend. In seinem Benehmen ähnelt er dem Vater. Die Mutter liebt ihn abgöttisch. Sie bedient ihn. Sie erfährt etwas von einem Spiel, da sei er König gewesen, auch daß er sich geprügelt hätte.

Als ein Wagen vorfährt, dem der Leibarzt des Königs entsteigt, verschwindet der Junge durch die Hintertür.

Der Leibarzt des Königs berichtet Kyno, daß ihr Junge den seinen viehisch mißhandelt habe, er hätte ein Ohr nähen müssen, das Nasenbein sei gebrochen, die Augen verschwollen, ihr Sohn habe mit einem Stein so lange auf ihn eingeschlagen, bis er liegengeblieben sei. Der Sohn eines Leibeigenen habe den Sohn des Leibarztes mißhandelt. Warum, fragt Kyno. Die Jungen hätten König gespielt, und ihr Sohn hätte als König verlangt, daß sein Sohn als dessen Leibarzt des Königs Wasser trinke. Kyno lacht. Der Leibarzt fordert Genugtuung, daß sie ihn hier vor seinen Augen dafür züchtige. Kyno lehnt das ab, wenn er ihn prügeln wolle, dann solle er ihn suchen. Sie schmäht ihn. Der Leibarzt droht mit dem König. Sie wirft ihn hinaus. Ihr Sohn, der sich versteckt hatte, kommt zurück. Ob er das getan habe. Ja. Weil der gesagt habe, daß er der Sohn einer Hündin sei, was Kyno ja bedeutet. Nur um die Ehre der Mutter zu schützen, habe er ihn leider mißhandeln müssen. Sie solle dem Vater nichts davon sagen. Die Mutter verspricht das.

Sänger. Kommentierendes Lied, die mütterliche Liebe betreffend.

8. Scene
Königlicher Palast

Der Leibarzt gibt dem König Astyages eine Analyse seiner Ausscheidungen, die auf eine herrliche Gesundheit, ein langes Leben und eine unerschöpfliche Manneskraft schließen lassen. Eine Hymne.

Nichtsdestoweniger hat er, Astyages, fernerhin keinen Sohn, keinen Enkel auch. Er hätte vielleicht damals nicht auf Harpagos hören sollen, meint er. Der Leibarzt verspricht ihm bald einen Sohn, er gibt die Sternkonstellation, die sich am besten für die Zeugung eines Sohnes eigne. Im übrigen erlaube er sich, den König an die Mißhandlung seines Sohnes und die Mißachtung seiner Person durch eine Leibeigene zu erinnern. Astyages, obzwar von dem Vorkommnis gelangweilt, gibt den Auftrag, den Rinderhirten Mitradates und dessen Sohn vor ihn zu bringen.

Der Sänger berichtet, wie Mitradates den Befehl aufnahm, vor Astyages zu erscheinen. Hat Astyages seinen Sinn geändert?

9. Scene
Königlicher Palast

Astyages verhört den Sohn des Rinderhirten zu der Beschuldigung des Leibarztes in dessen Gegenwart und in der Gegenwart des Mitradates. Astyages macht sich einen Spaß daraus, das unbedeutende Vorkommnis wie eine Staatsaktion zu behandeln. Er spielt den Richter. Der Leibarzt bringt die Beschuldigung vor. Der Knabe verteidigt sich mit der dreisten Lüge, daß er als König nur recht gehandelt habe. Der andere sei ungehorsam gewesen wider den König, und er habe ihm das Trinken des Wassers nur als eine Prüfung seines unbedingten Gehorsams auferlegt. Da er diese nicht bestanden habe, habe er an ihm ein Exempel statuieren müssen. Ungehorsam gegen den König verdiene die härteste Strafe. Wenn er damit Unrecht getan habe, siehe, hier sei er, zu jeder Sühne bereit.

Dem König gefällt die Antwort des Jungen, und er fragt den Rinderhirten im Scherz, ob das der Sohn eines Rinderhirten vorbringen könne, ob nicht in seinen Adern königliches Blut fließen müsse. Der Rinderhirte vermutet eine Anspielung, weiß nicht, was er antworten soll. Der König fragt, wie der Junge heiße. Kyros. Der Rinderhirte wirft sich vor ihm auf den Boden und lügt, daß er das Kind damals nicht ausgesetzt habe, weil er sich an königlichem Blut nicht vergehen konnte. Er habe den Auftrag nicht ausgeführt. Vor ihm stehe sein Enkel Kyros. Er weist das Amulett vor. Weitere Beweise? Ein Muttermal am Halswirbel, das er weggeschnitten habe, damit man ihn nicht erkenne. Dort sei jetzt eine Narbe. Wer ihm diesen Auftrag gegeben habe? Harpagos. Astyages befiehlt, den Rinderhirten zu foltern, ob er auch da bei seiner Geschichte bleibe.

Er läßt Harpagos rufen und befragt ihn, ob er damals gehorsam seinen Auftrag ausgeführt habe. Als dieser das bejaht, konfrontiert er ihn mit dem Rinderhirten, der auch auf der Folterbank bei seiner Lüge bleibt, daß er aus Königstreue lieber sein eigenes Kind ausgesetzt habe.

Harpagos bittet den König um Gnade, er sei weich gewesen, weil ihm damals gerade selbst ein Knabe geboren worden sei.

Er schwört fernerhin absoluten Gehorsam, und wenn es um seinen eigenen Sohn gehen solle.

Astyages zitiert seine Traumdeuter und legt ihnen die Frage vor, ob ihre Weissagung aus seinem Traumgesicht fernerhin Bestand habe. Ihre Antwort ist, wenn der Knabe lebt und König gewesen ist, sei es auch nur im Spiel, so wird er nicht zum anderen Mal König. Es sei dies einer der Fälle, wo eine Weissagung auf das Unbedeutende gegangen sei.

Astyages preist die glückliche Wendung und verkündet, daß er den Göttern einen Dankschmaus herrichten wolle. Harpagos möge ihm seinen Sohn schicken, dem Astyages letztlich diese glückliche Wendung verdanke, damit er ihn beschenke. Der falsche Kyros bleibt bei Hofe, damit er nach Persien zu seiner Mutter gebracht werde. Leider müsse der Leibarzt sterben, da er sie mit seinem Bericht vom Tode des Knaben arglistig getäuscht habe.

10. Scene
Königlicher Palast

Mahl im königlichen Palast. Harpagos und dessen Frau sind mit anderen Fürsten geladen. Harpagos und dessen Frau wird aus besonderen Schüsseln aufgetragen, was sie für eine Ehre nehmen. Astyages fragt, wie es ihnen geschmeckt habe, und Harpagos lobt die Speise. Ob er denn wisse, von welchem seltenen Wildbret er gegessen habe. Harpagos rät einige seltene Fleischarten und verlangt dann noch einmal zu kosten. Da bringen ihm die Diener in einer Schüssel verdeckt des Sohnes Kopf und decken die Schüssel auf. Ob er das Wildbret jetzt kenne, fragt Astyages. Harpagos verbeißt sein Entsetzen und sagt, er kenne es sehr wohl, und was der König tue, das sei wohlgetan.

Der Sänger berichtet von dem in Persien heranwachsenden Kyros, dem über die Maßen königlichen, was er denke, was ihn in Melancholie geworfen habe, so daß er den Palast nicht mehr verlasse.

11. Scene
Palast der Mandane in Persien

Kyros, ein völlig verwandelter Mensch, hochmütig, distanziert, hamletisch, bespricht mit seiner vorgeblichen Mutter Mandane die Möglichkeiten, dem Astyages auf dem Thron nachzufolgen. Astyages hat es abgelehnt, seinen Enkel an den Hof zu berufen. Um seinem Ansehen die Gloriole einer Legende zu geben, hat die Mutter verbreiten lassen, daß er ausgesetzt, von einer Hündin Kyno gesäugt und am Leben erhalten worden sei. Ein Richtspruch der Götter.

Der Sänger berichtet, daß die, die ihn gesäugt hat, zu ihm unterwegs sei, mit Käse, mit warmen Strümpfen, und daß sie empfangen wurde am dritten Tag.

12. Scene
Palast der Mandane

Kyros empfängt seine Mutter, die er für seine Pflegemutter hält. Die Mutter erkennt ihren Sohn nicht mehr. Der Sohn erinnert sich von Ferne an die Zeit, da er für ihren Sohn gehalten wurde. Die Audienz ist beendet. Er läßt sie reich beschenken und gibt die Anweisung, sie nie wieder vorzulassen.

Der Sänger berichtet: Als aber das Ansehen des Kyros wuchs, sah Harpagos die Gelegenheit kommen, Rache zu nehmen an Astyages. Da Astyages ein strenger Herr über die Meder war, überredete er die Mederfürsten, daß man Kyros an seiner Statt zum König einsetzen wolle, und er machte einen Bund mit ihm, als der Umsturz vorbereitet war.

13. Scene
Haus des Harpagos

Harpagos entwickelt Kyros den Plan, die Perser zur Empörung gegen die Meder zu bereden, von denen sie unterdrückt würden. Sobald sich die Perser empören, werde Astyages entweder ihn oder einen anderen Mederfürsten mit dem Oberbefehl über das Heer gegen die Perser betrauen, und das Heer werde danach zu Kyros übergehen und den Astyages stürzen, der ihm, Kyros, nach dem Leben getrachtet habe.

Sänger.

14. Scene
Palast der Mandane

Kyros entwickelt seiner Mutter den Plan, wie die Perser zur Empörung zu bringen sind. Nämlich, daß er die Führer der Perserstämme zusammenrufen wolle, um ihnen einen gefälschten Brief vorzulesen, in dem ihn Astyages zum Obersten der Perser bestellt habe.

Darauf wolle er befehlen, daß sich ein jeglicher mit einer Sichel einfinde, und sie sollten drei Tage lang ein Gebiet roden, das voller Disteln war, und auch schlafen in diesem unwirtlichen Gebiet. Danach sollten sie baden und sich wiederum bei ihm einstellen. Da sollten alle Ziegen und Rinder seines Vaters geschlachtet werden, und er wolle sie drei Tage lang bewirten mit den besten Speisen und dem besten Wein. Darauf wolle er sie fragen, was ihnen besser gefallen habe, und wenn sie sagen würden, wie jetzt, dann würde er zu ihnen sprechen, daß sie es tausendmal besser haben könnten, wenn sie sich mit ihm gegen die Meder empören würden. Folgt mir also und macht euch frei. Fallt ab von Astyages und macht mich zu eurem König.

Der Sänger berichtet von dem Aufstand der Perser gegen die Meder.

15. Scene
Königlicher Palast

Astyages ordnet die Mobilmachung der Meder an. Die Traumdeuter legen ihm ein Traumgesicht so aus, daß an seinem Sieg kein Zweifel wäre. Auch das Orakel von Delphi gibt eine gute Expertise. Astyages befiehlt reichliche Opfer.

Er bestimmt den Harpagos zum Oberbefehlshaber, da er seine unerschütterliche Treue bewiesen habe, sogar als er seinen Sohn gegessen.

Harpagos hält eine blutrünstige Rede gegen die Perser und Kyros.

Der Sänger berichtet, wie die Meder mit ihren Anführern in der Schlacht zu den Persern übergingen.

16. Scene

Als Astyages das erfährt, läßt er die Traumdeuter auf dem Markt ans Kreuz hängen, die ihm geraten hatten, den Kyros laufen zu lassen. Danach befiehlt er den Rinderhirten und dessen Frau zu sich, daß sie unter der Bedrohung mit der Folter schwören, daß sie gelogen hätten, daß Kyros in Wahrheit ihr Sohn und nicht königlichen Blutes sei. Die beiden Alten erklären, daß es sich wirklich so verhalte, und bringen Beweise bei.

Astyages bewaffnet alle Meder alt und jung und läßt verkünden, daß Kyros ein leibeigener Verbrecher sei. Er selbst wolle die Meder in die entscheidende Schlacht führen.

Der Sänger berichtet, daß die Stadt schon umzingelt sei, daß Astyages lebendig gefangen.

17. Scene
Innenhof des Palastes

König Astyages wird in einem Käfig den Mederfürsten vorgeführt. Harpagos und Kyros verspotten seine Dummheit.

Astyages wirft ihnen die Torheit vor, nicht einen der Ihren zum König gemacht zu haben, sondern sich eigenhändig in die Botmäßigkeit der Perser zu begeben. Astyages soll auf dem Scheiterhaufen verbrannt werden.

Der Sänger berichtet, daß ein Regen kam, der das Feuer löschte, was für ein Gotteszeichen gehalten wurde.

Kyros läßt die Traumdeuter vom Kreuz abnehmen und befragt sie. Sie raten nach diesen Zeichen, Astyages zu begnadigen. Mit ihrer letzten Lungenkraft rühmen sie die Unwiderleglichkeit ihrer Weissagungen, die auch ihn, den Kyros, als den künftigen König vorhergesagt hätten. Astyages schmäht, daß aber nicht ein König, sondern ein leibeigener Bastard gekommen sei. Kyros, von seiner königlichen Abkunft überzeugt, befiehlt ihm, das zu beweisen. Wenn ihm das gelinge, werde er auf den Thron verzichten, andernfalls ihn töten mit eigener Hand. Mitradates und Kyno werden vorgeführt. Die eingeschüchterten Alten, die nicht mehr begreifen, um was es geht, bestätigen einmal diese, einmal jene Version. Harpagos schwört, daß er selbst die Aussetzung eines Lammkadavers angeordnet habe an Stelle des königlichen Kindes, und daß er sich vom Leben des Kyros überzeugt habe.

Mandane schwört, daß Kyros von einer Hündin gesäugt worden, daß die Götter selbst ihn gerettet hätten.

Die Mederfürsten erheben Kyros zum König. Seine erste Amtshandlung ist, den Rinderhirten Mitradates und dessen Weib Kyno wegen Schmähung des königlichen Blutes und Ansehens zum Tode zu verurteilen.

Typoskript im Nachlaß Kipphardts, datiert: 7. September 1963. Entstanden im Zusammenhang mit Kipphardts Arbeit für die Bavaria Film. 1967 erwog Kipphardt, vielleicht unter dem Eindruck der Demonstrationen gegen den Schah von Persien, den Stoff wiederaufzunehmen (vgl. seinen Brief an Peter Hacks, 3. November 1967, abgedruckt im Band «Ruckediguh – Blut ist im Schuh» der Werkausgabe).

Kipphardts Exposé ist wesentlich von Herodots Darstellung der historischen Vorgänge inspiriert. An einem entscheidenden Punkt weicht Kipphardt von seiner Quelle ab: bei Herodot wird der leibliche Sohn von Kyno und Mitradates tot geboren, und sie legen ihn in die Berge und ziehen statt seiner den Kyros auf. Der Fabelpunkt, daß der König Kyros in Wahrheit der Sohn eines leibeigenen Rinderhirten sei, ist demnach Kipphardts ureigene Erfindung.

«König Kyros» läßt sich als eine implizite Auseinandersetzung mit Bertolt Brechts Stück «Der kaukasische Kreidekreis» lesen. In beiden Fällen geht es um die Frage der wahren Mutter- bzw. Elternliebe. In Brechts optimistischer Version des Motivs spricht der weise Richter Azdak der Magd Grusche das Kind zu, weil sie es nicht mit Gewalt an sich zu reißen vermag; Kipphardts Perspektive ist ungleich düsterer, bei ihm steigt das Hirten-Kind zum blutigen Monarchen auf und läßt als erste Regierungstat seine leiblichen Eltern ermorden.

Möglicherweise meinte Kipphardt sein «Kyros»-Projekt, als er am 12. November 1962 an Karlheinz Braun schrieb, er arbeite an «einer ziemlich makabren komischen Fabel mit einer großen Giehse-Rolle, mit Liedern und der Verletzung aller höheren Werte». Ausgeführt zu Dialogen hat er lediglich die allererste Szene seines «Kyros», sie wird nachfolgend erstmals veröffentlicht (Typoskript im Nachlaß).

König Kyros

SÄNGER König Astyages,
        Herrscher der Meder
        über die Perser,
        über die Lyder,
        Dorer,
        Syrer,
        über die Paphlagoner,
        Vater der Gärten beider Asien,
        kurz auch ‹der Abscheu› genannt,
        hatte ein Traumgesicht.

1. Scene
Königlicher Palast
Astyages, Harpagos, der Leibarzt, zwei Magier.

ASTYAGES Die Frage an den Arzt: Wie fühl ich mich?
LEIBARZT Gut, Herr.
ASTYAGES Du lügst.
LEIBARZT So lügt die Wissenschaft. Die Analyse der Ausscheidungen –
ASTYAGES Die Sterne?
1. MAGIER Ihr objektiver Stand, die Ascendenz im ersten Haus der Venus, bestätigt – *Astyages winkt ab, dann:*
ASTYAGES Was?
1. MAGIER Dein Wohlbefinden, Herr.
LEIBARZT Der Galle helles Gold, des Wassers Bernsteinfarbe, ohne Trübung –
ASTYAGES Ich fühl mich schlecht. Ich träumte. – Mit wem hast du gegessen, gestern abend, lieber Harpagos?
HARPAGOS Mit dir.
ASTYAGES Mit mir, ja gut. Und Loxidas?
HARPAGOS Ich sah ihn nur bei dir, um deine Tochter werbend.
ASTYAGES Gut, ja. Ich trau ihm nicht. Ich träumte, wie gesagt. –
Ich sah im Traum Mandane, meine Tochter, sah ihren Schoß, und

sie verlor viel Wasser. Daß diese ganze Stadt davon erfüllt ward und überschwemmte dieses Land und überschwemmte Asien. – Was bedeutet das? Du!

2. MAGIER Ich bitte um Bedenkzeit.
ASTYAGES Und du?
1. MAGIER Glück, Herr. Das Wasser, unzweideutiges Symbol des Lebens, das von deiner Tochter ausgeht, beglückt die Stadt, das Land, ganz Asien, das sich im Glücke des Gehorchendürfens sonnt.
ASTYAGES Gehorche.
1. MAGIER Wie, Herr?
ASTYAGES Du wirst gehenkt. Weil du bestechlich bist, ein Schmeichler, ja!
1. MAGIER Nein, Herr, es ist die Wahrheit!
ASTYAGES Ich brauch sie nicht! Das Urteil ist kassiert. Hundert Piaster an die Staatskasse.
Der Mann wird ohnmächtig. Ein Wächter schleift ihn hinaus.
ASTYAGES Jetzt du, was dieser Traum bedeutet.
2. MAGIER *der in Handbüchern und Tabellen nachschlägt*: Hundert Piaster! – Erlaubt die Kontrollfragen: War dieses Wasser, wenn ich fragen darf, war dieses Wasser vielleicht eher schwarz?
ASTYAGES Silbern.
2. MAGIER Wurden Strudel bemerkt? Oder Wirbelstürme, die es peitschten, sagen wir?
Astyages verneint.
Auch keine Geier, kreisend, Beute suchend irgendwie?
ASTYAGES Keine.
2. MAGIER Und war das Wasser heiß?
ASTYAGES Nein, angenehm. Es stieg vollkommen lautlos. Asien ward ein Meer. Es schien die Sonne.
2. MAGIER Dann erbarmt euch unser, Götter! Nie war ein Traumgesicht so klar.
ASTYAGES Gut, kurz, die Tatsachen.
2. MAGIER Unheil geht aus vom Schoße deiner Tochter. Bewahr dein Haus, bewahr den Frieden beider Asien vor Mandane. Das Meer, das Asien verschlang, ist Blut, die Stille Todesstille. Hätt ich nie gelebt!
ASTYAGES Ich habe das befürchtet. Schrecklich, schrecklich! Laßt mich mit Harpagos. – Ich brauch den Spruch von Delphi zur Kontrolle.

Leibarzt und 2. Magier ab.

ASTYAGES Was mach ich, Harpagos? Sie ist doch meine Tochter. Wenn sie nicht schön ist, gut, wenn sie den kranken Ehrgeiz ihrer Mutter in sich hat, die Bosheit, gut, sie ist doch meine Tochter, und ich lieb sie. Was mach ich da? – Es geht ja nicht um mich. Das Reich, das Reich, der Frieden und die Wohlfahrt Asiens. Und ich hab keinen Sohn. Soll all das Blut, das zur Befriedung fließen *mußte*, auch königliches Blut, du weißt es, vergebens ausgegossen sein? Was mach ich da? Ich lieb sie andrerseits. –

Harpagos schweigt.

Wenn nur die Prophezeiung im geringsten unklar wäre! Ich träumte das dreimal, das mit dem Wasser. – Du weißt wie jede Bluttat mir zuwider ist, und wie ich an ihr leide. Du weißt das, damals.

HARPAGOS Ich hab mir oft gedacht bei diesen Sachen, die unumgänglich waren, kein Mörder und kein Opfer leidet so wie du.

ASTYAGES Denn auch zum guten Zweck bleibt Bluttat Freveltat. Sag du, was mach ich, Harpagos?

Harpagos schweigt.

Denn eines ist doch klar: Wenn ich Mandane geb dem Loxidas, oder einem anderen Mederfürsten, irgendeinem, so ist nicht Ruhe bis sie hier drauf sitzt mit ihrer Brut, an meiner Stelle. Tohuwabohu, Bürgerkrieg und Unterstes zu oberst, du kennst ihr kaltes Herz, ihr Rattenhirn, das jede Kränkung registriert methodisch, sie mag dich nicht. Wenn ich an Asien denke, der Springquell unsres Reichtums zugestopft von Blut, und wer drauf wartet – jedoch ich kanns nicht, kann mich nicht entscheiden! Entscheide du, das Wohl der beiden Asien leg ich in deine Hand. Und denk daran, ich liebe meine Tochter.

HARPAGOS Ich hätte da den Plan, Astyages, den Widerspruch in deinem Herzen tief empfindend und die Verantwortung, der einzige Ausweg wäre –

ASTYAGES Niemals! Die Bluttat nie! Soll ich der Gorgo heißen beider Asien, der Bluthund? Nie!

HARPAGOS Weil ich dich kenn und weiß, wie dir das immer an die Nieren geht, und weil wirs nicht gebrauchen können jetzt, denn dir würd man das in die Schuhe schieben, gehässig, schließ ich das aus.

ASTYAGES Und Asien? Das Meer ist Blut. Das ist das.

HARPAGOS Wenn ich den Traum durchgehe in den Einzelheiten,

weißt du, da war von dieser Stadt die Rede, glaub ich, von der das Wasser ausging.
ASTYAGES Und?
HARPAGOS Ganz klar, daß du die Laus nicht hier im Pelze haben willst, nicht kannst, nicht darfst. Kein Mederfürst, nichts Ebenbürtiges entfernt, ganz klar. Wenn du sie nun, Mandane, an einen Perser gäbst? Da kann sie zwanzig Söhne zeugen, und niemand käm darauf, das Reich an einen Bastard hinzuschenken. Der Traum sagt nicht, daß dieses Wasser auch aus Persien käme, glaube ich.
ASTYAGES Das wär zu überlegen, ja. Aus Vaterliebe. – Man müßte das als eine große Geste machen, die alte Feindschaft zu begraben, das fleißige Volk der Perser auszuzeichnen undsoweiter, geb ich, Astyages, die eigne Tochter, einem ihrer Fürsten.
HARPAGOS Das wär mein Rat.
ASTYAGES Dein Rat, deine Verantwortung, deine Entscheidung, denn du siehst, ich kanns nicht, als Vater und als Mensch, ich kanns nicht, wenn ich an die Kinder denke, Enkelkinder –
Er schlägt die Hände vors Gesicht.
Wir könnten Truppen sparen, wie?
HARPAGOS Es wär, Astyages, an ein besonders altes Geschlecht zu denken, in jeder Hinsicht, Kambyses, sagen wir, berühmt als impotent. – Da er den Wollhandel kontrolliert, andererseits –
ASTYAGES Ich kann nicht, nein! Mein eigen Fleisch und Blut – mach du's, entscheide du's, auf deine Kappe, denn es zerreißt mich. Erklär's den Mederfürsten und Mandane. Warum denn hat ein König und ein Vater nur ein Herz?
Dunkel.

SÄNGER So heiratete Mandane den Kambyses,
So ward Persien, das schafreiche,
das wollhaltige, das unruhengeplagte,
befriedet als Kronkolonie.
Es wurde mehr Wolle erzeugt,
es wurden mehr Häute erzeugt,
es wurden mehr Därme erzeugt.
Es blühte die Kunst.
Als jedoch erzeugt wurde Kyros
in einer glücklichen Stunde,
hatte Astyages wieder ein Traumgesicht.

14.
Das Geschäft des Schriftstellers

Aus Reden und Aufsätzen 1962-64

Als Heinar Kipphardt 1959 in die Bundesrepublik übersiedelte, hatte er ein neues Stück fertig, das in der DDR nicht gespielt werden durfte: «Die Stühle des Herrn Szmil». Die Uraufführung 1961 in Wuppertal wurde zu einem Achtungserfolg. Aber die auf sozialistische Verhältnisse zielende Satire wirkte im Westen doch ein wenig deplaziert.

1962 wurde in München «Der Hund des Generals» uraufgeführt; «man wird mir schon drauf kommen, was ich für ein Nestbedrecker bin», schrieb Kipphardt seinem Freund Heinrich Kilger. Mit dem Stück, das die nichtbewältigte Nazi-Vergangenheit auf die Bühnen der BRD holte, avancierte Kipphardt zu einem bekannten Dramatiker. Noch im selben Jahr erhielt er die Fördergabe des Schiller-Gedächtnispreises.

1964 dann gelang Kipphardt mit seiner Geschichte des Atomphysikers J. Robert Oppenheimer – zunächst als Fernsehspiel, wenige Monate später als Theaterstück – der endgültige Durchbruch. Innerhalb weniger Monate wurde er mit zahlreichen Preisen ausgezeichnet. Das «Oppenheimer»-Stück ging buchstäblich um die Welt, wurde in Dutzende von Sprachen übersetzt und gehört seither zu den Klassikern des modernen Theaters.

Aus den Jahren 1962-64 stammen auch die folgenden Texte Kipphardts über Fragen der Ästhetik. Sie gehören zu den wenigen programmatischen Äußerungen des Schriftstellers, die er nach seinem Weggang aus der DDR veröffentlichte. Einem befreundeten Kollegen gestand er einmal: «Aufsätze sind nicht meine Sache, die kosten mich viel Zeit und bringen mir viel Verdruß.» So erklärt sich, daß Kipphardt, der «Meister des Dokumentar-Dramas» (Axel Eggebrecht), die theoretische Fundierung seiner literarischen Arbeit nur in Ansätzen formuliert hat.

Soll die Vergangenheit
nicht endlich ruhen?

Soll die Vergangenheit nicht endlich ruhen? Soll es den Schriftstellern erlaubt bleiben, ihr Fleisch aus unserer schlimmen Vergangenheit zu schneiden? Die Frage scheint zulässig und vernünftig, solange die nationalstaatlichen Vorstellungen des 19. Jahrhunderts als vernünftig gelten. Die Antwort jedoch lautet: Die Vergangenheit wird erst ruhen, wenn sie wirklich Vergangenheit geworden ist. Und die Schriftsteller werden die schlimme Vergangenheit erst dann nicht mehr behandeln, wenn sie behandelt ist. Zur Stunde ist sie das nicht. Weder theoretisch, noch praktisch. Wir werten unsere Vergangenheit wie eine unerklärliche Krankheit, die auf unerklärliche Weise ausgebrochen ist und uns Angst macht. Aber ihre Ursachen sind untersuchbar, die Erkrankung ist abwendbar, die Wiederholung vermeidbar, hier und an anderen Plätzen der Erde.

Können schreckliche, durch und durch unerfreuliche Begebenheiten auf dem Theater genossen werden? Verwunderlicherweise unterhält das Theater seine Zuschauer seit einigen tausend Jahren vorwiegend mit schrecklichen und unerfreulichen Begebenheiten. Die Voraussetzung zum Genuß scheint, daß der Zuschauer die Bedeutung der auf dem Theater erzählten Geschichte für sich selber erkennt oder empfindet. Die Geschichte, die ihn unterhalten soll, muß ihn betreffen. Die Annehmlichkeit, einer schrecklichen Geschichte zu folgen, scheint unter anderem darin zu bestehen, ihren Sinn für sich selber und für die eigenen Ansichten über die Welt herauszufinden.

Warum wenden sich einige der heutigen Bühnenschriftsteller von herkömmlichen Formen der Theaterstücke ab, die uns so lange Zeit glänzend unterhalten haben und die es mit gewissen Einschränkungen noch heute tun? Warum verschmähen sie insbesondere das Familienstück, das subtile Seelendrama und die erhebenden Wandlungen, die aus Gewissensentscheidungen hervorgehen, wie sie der wunderbare Ibsen in seinen letzten Akten stets bietet? Ist das Theater in seinem gegenwärtigen Zustand nicht gerade darauf hervorragend eingerichtet? Warum brauchen sie für ihre Begebenheiten in der Regel so viele Schauspieler und so viele Schauplätze? Ist das Unfähigkeit?

Es scheint, sie bringen die Stoffe, die sie auf dem Theater behandeln wollen, nicht in die Familienstücke hinein, es scheint, sie können die komplizierte Wirklichkeit, die sie zeigen wollen, nicht in ein Seelendrama zwingen. Sie finden es nicht zureichend, die Welt im seelischen Reflex einiger Menschen abzubilden. Sie wollen nicht nur die Gardine zeigen, die ins Zimmer weht, sondern auch den Wind, der sie bewegt. Nicht nur die Wirkung, sondern auch die Ursache. Das Wie und das Warum. Die Armut kommt nicht von der Povertät, die Trauer nicht von der Traurigkeit, der Krieg nicht von kriegerischen Trieben. Geld kann sehr sinnlich machen; ein Krieg, der verlorengeht, kann die Entscheidungen der Militärs zunehmend sittlicher machen. Selbst KZ-Kommandanten bekommen da hamletische Züge. Übrigens vollkommen real, nicht heuchlerisch. Zureichende Beschreibungen der Wirklichkeit können auch auf dem Theater nicht durch die bloße Abbildung der psychischen Reaktionen auf die Wirklichkeit geliefert werden.

Die Methode des psychologischen Theaters, die darauf verzichtet, die wirklich bewegenden Kräfte der großen Welt darzustellen, legt vielmehr die Annahme nahe, daß der Gang der Welt von psychischen Haltungen ursächlich bestimmt sei. Die moderne Wissenschaft von der Natur und der Gesellschaft weiß das anders. Aber es wird nicht bestritten, daß das psychologische Theater bedeutende Beiträge zur Kenntnis der menschlichen Seele geliefert hat. Nur ist der Ausschnitt zu klein. Der Wassertropfen, Welt abbildend, liefert nicht nur unzureichende, sondern eben verzerrte Bilder. Die auf dem Theater auf diese Weise erzählten Geschichten, große Kunst der Erzählung durchaus vorausgesetzt – sind unwahr durch ihre Beschränktheit. Die unbegrenzt offene Welt, die erkennbar ist, die sich verändert, die durch den Menschen veränderbar ist, kommt als eine öde Wiederkehr des Gleichen, der gleichen Triebe, der gleichen psychischen Grundsituationen zur Darstellung. Die großen, solitären Wandlungen aus Gewissensnot finden zur Zeit nur noch auf dem Theater statt, dieser Oase der Unwirklichkeit, die es aber nicht bleiben kann, ohne Schaden zu nehmen.

Wie immer, die Kunst des Theaters muß sich in den Stand setzen, die Tatsachen unserer Welt in die Geschichten aufnehmen, die sie erzählt, und die Genüsse, die das Theater bereitet, dürfen dadurch nicht kleiner werden.

Beitrag im Programmheft zur Uraufführung von «Der Hund des Generals», Münchner Kammerspiele 1962.

Der Schriftsteller in der Gesellschaft

Viele Schriftsteller, ich gehöre zu dieser Sorte, haben die eigentümliche Neigung, der Gesellschaft, in der sie leben, ein schlechtes Gewissen zu machen, sie zu beunruhigen, unbequem zu sein. Warum? Warum zeigen sie sich ihren Kritikern gegenüber so unbelehrbar, die ihnen sagen, daß es eine schönere und dankbarere Aufgabe sei, ihren Mitmenschen Mut und Lebensfreude und Trost zu geben? – Es gibt viele Gründe. Ich beschreibe einen, der mit der Qualität der Arbeit zusammenhängt.

Ich beobachte, daß auch talentierte Schriftsteller ihre Bücher, ihre Theaterstücke, ihre Filme ruinieren, seltsamer Weise, wenn sie mit den bestehenden Verhältnissen in der Welt ihren Frieden schließen, wenn sie sich mit den Kräften der Erhaltung des gegenwärtigen Weltzustandes verbinden, wenn sie rühmen. Das mag einigen Gattungen noch bekömmlich sein, von denen man traditioneller Weise gewisse subjektive Informationen erhofft und objektive Informationen nicht erwartet. Wenn die rühmende Haltung die Schönheit eines Gedichtes auch nicht vollständig zerstören muß, so mindert sie dessen Informationswert aber jedenfalls. Ein rühmendes Stück von einiger Bedeutung ist mir nicht bekannt geworden, und ein Festspiel hat für mich etwas zu tun mit Sodomiterei.

Indem sich ein Schriftsteller meiner Art der Wirklichkeit nähert, indem er sie zu beschreiben, ihre Ursachen zu erkennen sucht, will er den Punkt herausfinden, wo sie unzulänglich ist, will er sie zulänglicher machen, will er sie verändern. Ich weiß nicht, ob dies nicht die wirklich menschliche, die wirklich schöpferische Haltung zur Welt ist, aber ich bin sicher, daß es für mich die einzig mögliche schriftstellerische Haltung ist.

Der Schriftsteller versucht, seinen Zeitgenossen den Weg zu verlegen, die Welt in ihrem bestehenden Zustande zu akzeptieren, und er stellt ihnen die Fragen, die sie zu verdrängen wünschen. Er zeigt ihnen die Welt, wie sie ist, in der Bewegung ihrer Widersprüche.

Er bemüht sich das zu tun, er macht eine Anstrengung. Und wenn seine Bemühungen einigen Erfolg haben sollen, so darf er sich vor keiner These und keinem Vorurteil bücken, so bequem und staatserhaltend Thesen und Vorurteile sind. Der Blick auf die Wirklichkeit ist von ihnen verstellt. Die Informationen über die Wirklichkeit, die er sammelt, Vorfabrikate seiner Arbeit, sind an ihnen erkrankt, und sie taugen nicht, ehe sie von Thesen und Vorurteilen gereinigt sind. Danach kann er einige Aspekte des «Wie», des gegenwärtigen Zustandes der Wirklichkeit beschreiben. Das genügt nicht.

Das «Wie» ist die Folge von Ursachen, und erst wenn er das «Warum» beschreibt, stellt er die Wirklichkeit als veränderbar dar, regt er Änderungen an. Indem er das in der Form von Geschichten tut, versucht er die Lust nach Änderungen zu erregen, als wären Änderungen leicht. Änderungen sind jedoch unbequem. Sie machen unruhig, wo Ruhe war, sie machen unsicher, wo Sicherheit war. Eben das Machen dieser Unbequemlichkeit, eben das Machen dieser Unruhe ist die Funktion des Schriftstellers in der Gesellschaft.

Um diese seine Arbeit zu tun, braucht der Schriftsteller ein Übermaß an Freiheiten, und aus den Bedingungen seiner Arbeit reagiert er empfindlicher als andere Berufe auf Beschränkungen. Wir haben Beispiele aus unserer jüngeren Vergangenheit. Ein Techniker, ein Bauer, ein Werkzeugmacher konnte durch den Faschismus in seinen Lebensgewohnheiten tief geschädigt sein, er konnte nichtsdestoweniger weiter seine Arbeit tun.

Ein Schriftsteller war jedoch in seinem Leben wie in seiner Arbeit tief geschädigt, und wenn er sich aus Bequemlichkeit entschlossen hatte, sich zu arrangieren, selbst wenn er sich zu einer Literatur entschlossen hatte, die den Untertanen einigen Trost spenden sollte, hatte er nur die Zerstörung seiner Produktion beschlossen. Die Freiheit des Schreibens schließt andere Freiheiten ein, die Freiheit des Lebens, die Freiheit der Kritik, die Freiheit der Bürger endlich. Wenn die Freiheit bedroht ist, muß sie der Schriftsteller um der einfachen Bedingungen seiner Arbeit willen verteidigen.

Das lehrt ein Vergleich zwischen der Literatur, die von 1933 bis 1945 in Deutschland entstanden ist, und der Literatur der deutschen Emigranten. Und das war keine Frage des Talentes, denn auch der große Hauptmann hat in dieser Zeit kein Werk von wirklichem Informationswert hervorgebracht.

Der Beruf des Schriftstellers scheint demokratische Freiheiten stärker zu benötigen als jeder andere Beruf, und die demokratischen Freiheiten benötigen ihn. Denn die demokratischen Formen des Zusammenlebens sind keine von der Verfassung gegebene Realität, auf denen sich ruhen ließe, das Maß ihrer Freiheiten muß von ihren Bürgern vielmehr erkämpft und der Versuch, sie zu beschränken, muß abgewehrt werden.

Wenn ich von Freiheiten spreche, so sehe ich sie durchaus auch in ihrem materiellen Aspekt. Ich halte die materiellen Freiheiten für demokratische Einrichtungen und für eine der Voraussetzungen des Glücks. Wenn ich von wünschenswerten Formen der Demokratie spreche, dann verstehe ich darunter ein Maximum an materiellen und geistigen Freiheiten und ein Minimum an Obrigkeit.

Gefragt, wie sich der Schriftsteller zur Wirklichkeit verhalten solle, denke ich an ein jüdisches Sprichwort: «Wenn man eine Kuh melken will, muß man sich vor ihr bücken.» Die Kuh ist die Wirklichkeit. Bücken wir uns vor ihr, sie ernährt uns.

Von Kipphardt überarbeiteter Auszug aus seiner Rede zur Entgegennahme des Fernsehpreises der Deutschen Akademie der darstellenden Künste, zuerst veröffentlicht in der «Frankfurter Rundschau» vom 6. November 1964.

Das Geschäft des Theaters ist es, unbequem zu sein

Der Preis, den die Jury der Volksbühne meiner Arbeit zuerkannt hat und der mich ehrt, trägt den Namen Gerhart Hauptmanns. Ich bin in einem schlesischen Weberdorf der Hauptmann-Gegend aufgewachsen. Von der Arbeit an ihren mechanischen Webstühlen heimgekehrt, berichteten alte Arbeiter von der Zeit der Hungerrevolten zu Ende des vorigen Jahrhunderts, als der mechanische Webstuhl ihre arme Existenz zu vernichten drohte. Sie wußten viele Geschichten aus dieser Zeit, und sie erzählten sie in der Sprache, der Gerhart Hauptmann ihren Rang gegeben hat, als er den Reichtum dieser Dialekte, ihre Lebendigkeit, ihre Fremdheit, benutzte, um aus ihnen eine gestische Bühnensprache zu entwickeln, die ihn befähigte, große politische, große menschliche, große soziale Geschichten anschaulich, prägnant und poetisch zu formulieren. Eine Kühnheit, die in der jüngeren Sprachgeschichte ihresgleichen sucht. Von Büchners «Woyzeck» abgesehen, ein damals verschollenes, unbekanntes Stück, war Hauptmann der erste deutsche Dramatiker, der die neue Klasse der Armen und Entrechteten, das Proletariat, auf die Bühne brachte, und zwar in einem Augenblick, als es die Bühne der Weltgeschichte tatsächlich betrat. Sie waren sozial und psychologisch genau beschrieben, von außen und innen, und ihre Handlungen waren in Bedeutungen dargestellt, die man sonst nur Staatsaktionen zubilligte.

Ich möchte mich nicht der gedankenlosen Gewohnheit vieler zeitgenössischer Dramatiker anschließen, das Werk Gerhart Hauptmanns zu verkleinern, indem sie nur die naturalistischen Elemente seiner Dramaturgie sehen, nicht aber die epochale Bedeutung des Naturalismus in ästhetischer und politischer Hinsicht. Die Grenzen der Weltbetrachtung Hauptmanns und der daraus resultierenden dramatischen Techniken sind auch mir vertraut. Wer seine Stücke aber wirklich untersucht, findet eine Reihe kühner Ansätze, die über den Naturalismus weit hinausgehen, die entwickelbar sind und die dem heutigen Dramatiker nützlich sein können.

Die Dramatiker, die die Welt und ihre Veränderungen in einer epischen Weise zu beschreiben suchen, können, zum Exempel, von der hauptmannschen Behandlung der Episode viel lernen, und ich denke, sie haben einiges gelernt. Der Kampf des halb verhungerten Mannes in den «Webern», das Stück Fleisch bei sich zu behalten, das sein entwöhnter Magen abweist, seine Klage über dieses Unvermögen, das ist eine große dramatische Erfindung, und es ist eine auf Veränderung gerichtete Erfindung. Wen interessieren heute die schlesischen Weberaufstände des vorigen Jahrhunderts, wen die historischen Belege dieser Begebenheiten? Doch werden sie bekannt bleiben, weil von ihnen ausgehend eine ganz neue Form von Zeitdokument entstanden ist, das politische Drama «Die Weber» von Gerhart Hauptmann, das der deutschen Bühne die großen Inhalte zurückgab, die die Bühne braucht, und das uns einen neuen Beleg gab, was Theater unter bestimmten günstigen Zeitbedingungen zu wirken vermag. Ein seltener Glücksfall, natürlich, der einem Meisterwerk wie einer höchst mittelmäßigen Arbeit zustoßen kann. Bei beiden aber nur unter der einen Voraussetzung, daß der Dramatiker zur richtigen Stunde den Stoff gefunden hat, der die großen Fragen, die großen Widersprüche, die großen Konflikte seiner Zeit behandelt und ihre Lösung begünstigt. Das ist eine der wichtigen Fähigkeiten, die ein Bühnenschriftsteller braucht, es ist ein Mittel seiner Ästhetik, und er wird diese Fähigkeit nur haben, wenn er die Fragen seiner Zeit in sich selber bewegt, wenn er die Informationen in sich hineinschafft, die er braucht, um die Welt zu beschreiben, und zwar in ihrer Veränderung. In einem leichten Boot fährt er auf dem Strom seiner Zeit schnell dahin, in das Abenteuer dieser Fahrt einerseits tief verstrickt, kühlen Kopfes andererseits, um alle die Umstände schnell zu erfassen, die den Lauf des Flusses bestimmen. Informationen, um sein Boot mit Ruderschlägen zu dirigieren, Informationen, den Fluß regulieren zu können, erforderlichenfalls. Dabei darf der Fluß seine Schönheit nicht verlieren, die Fahrt nicht ihre Abenteuerlichkeit.

Vielleicht ist das Schreiben von Theaterstücken eine Art von permanenter Überredung, sich in die lustvollen Abenteuer der schöpferischen Veränderungen einzulassen, die diese Erde braucht, um uns immer von neuem angenehm zu sein. Jede menschliche, jede schöpferische Haltung ist auf Veränderung gerichtet. Die Quelle jeder Lust ist die Neuigkeit. Ich weiß, daß man dies auf dem Theater auf sehr verschiedene Weise versuchen kann, mit großen Geschichten und mit winzigen, mit phantastischen und nüchternen, und das Arsenal der Transportmittel für diese Geschichten, die vielerlei Arten, Geschichten auf der Bühne zu erzählen, liegt über die Jahrhunderte vor uns ausgebreitet.

Zur freien Wahl? – Ich denke nicht. Die Art Mensch, die ein Schriftsteller ist, die geht aus den Wörtern hervor, die er wählt, wie er Sätze aus ihnen macht, Dialoge, Szenen. Die Techniken seiner Szenen entsprechen den Techniken seines Denkens, und die Art Philosophie, die er zur Zeit des Schreibens hat, ist aus seiner Dramaturgie erkennbar. Wie jeder Fachmann studiert er natürlich das technische Angebot, und nicht nur das neueste, ob sich da nicht dies oder das für ihn verwendbar machen lasse. Einfach zu übernehmen ist wenig. Aber natürlich interessiert auch den Techniker die Kutsche, insofern in ihr das Automobil vorgebildet ist. Wir müssen die für unsere Stoffe geeigneten Transportmittel finden. Der Stil dient dem Transport unserer Geschichten, und er ist gut, wenn man ihn nicht bemerkt. Wenn ein Koch ein schlechtes Fleisch an den Esser bringen will, dann kann er das nur mit einer pikanten Tunke tun. Und das macht auch ein Bühnenschriftsteller mit einer schlechten Geschichte. Das Theater leidet an pikanten Soßen, die Esser merken es, das Fleisch bleibt ihnen nicht.

Wenn das Theater die Bewegungen seiner Zeit zu beeinflussen wünscht, und nur dann kann es für eine wichtige Einrichtung gehalten werden, dann muß es sich entschließen, mit den sich wandelnden Mitteln seiner Kunst bedeutende und unbequeme Geschichten zu erzählen. Es kann das Warenhaus der Bijouterien, es kann die Oase der Unwirklichkeit nicht bleiben, ohne Schaden an seiner Seele zu nehmen. Auch in Zeiten der Restauration, die kurz sind, wie man weiß, ist es das Geschäft des Bühnenschriftstellers, das Geschäft des Theaters, auf die genußvollste Art und Weise unbequem zu sein.

Rede bei der Entgegennahme des Gerhart-Hauptmann-Preises 1964, gehalten am 28. November 1964.

Namenregister

Abusch, Alexander 55, 155, 184–185, 201
Adenauer, Konrad 41, 123, 125
Alkibiades 195
Alva, Hans 78
Alvensleben, Albrecht Graf von 126
Amado, Jorge 127
Anakreon 213
Andersen-Nexö, Martin 127
Anouilh, Jean 210
Apollinaire, Guillaume 128–129
Appel, Paul-Herbert 150
Aragon, Louis 18, 127
Aristophanes 111, 197, 199, 211–213, 215
Aristoteles 212
Arnim, Achim von 139
Arnim, Bettina von 139
Arnold, Franz 174
Asmodi, Herbert 199, 209–210
Astyages 259–273

Bach, Ernst 174
Bacon, Francis 105
Baierl, Helmut 191, 196–197, 201, 216
Balzac, Honoré de 63
Bamm, Peter 152
Barbusse, Henri 127
Barfuss, Grischa 228–229
Barthel, Kurt 185
Bäuerle, Adolf 115
Becher, Johannes R. 127, 226
Becher, Ulrich 82
Benn, Gottfried 152
Besson, Benno 38, 211
Bill-Bjelozerkowsky, Wladimir Naumowitsch 185

Billstein, Aurel 33, 35
Binding, Rudolf G. 246
Blumenthal, Oskar 81
Bock, Fedor von 246–247
Brahm, Otto 15, 97
Brauchitsch, Walther von 247
Braun, Karlheinz 269
Brecht, Bertolt 36, 82, 94, 127, 140, 144, 169, 174, 177, 181, 197, 207, 223, 226, 228, 230, 240, 269
Breton, André 128–129
Breughel, Pieter 204
Brod, Max 16
Bruckner, Ferdinand 82
Bucharin, Nikolai 218
Büchner, Georg 146, 280
Buckwitz, Harry 225
Buffon, Georges Louis Leclerc 63
Bunge, Hans 199
Burnham, James 126
Busch, Ernst 55, 96, 142–144, 179, 194, 224

Calvin, Johannes 216
Čapek, Karel 196
Carle, Heinrich 178
Carossa, Hans 152
Casanova, Giacomo 126
Chaplin, Charles 72, 90, 145, 177
Chateaubriand, François René de 66
Clausewitz, Carl von 247
Clemenceau, Georges 124
Cobb, Humphrey 176
Coster, Charles de 30
Creutz, Lothar 162–163
Czwojdrak, Günther 54

Dalí, Salvador 242
De Filippo, Eduardo 146
Descartes, René 105
Dessau, Paul 211
Diderot, Denis 13
Djacenko, Boris 148, 157, 159–160, 169
Djacenko, Vera 159–160, 169
Donath, Andreas 213–214
Dorsch, Käthe 152
Dostojewski, Fjodor Michailowitsch 11
Drexel, Ruth 192–194, 196, 199, 204, 208–209, 217
Dudow, Slatan 81
Dumont, Louise 140
Düren, Fred 211
Dürrenmatt, Friedrich 181

Eggebrecht, Axel 274
Eggstein, Karl 78
Eisenhower, Dwight D. 126
Eisler, Hanns 140
Elisabeth I. 112–113
Eluard, Paul 18, 36, 68–70, 127
Engels, Friedrich 13, 119, 139
Epple, Kuno 150
Erpenbeck, Fritz 49, 91, 92, 94–95, 195, 215, 228, 230
Eustacchi, Bartolomeo 105
Everding, August 210, 212, 215, 235
Eylt, Ernst 194

Falcucci, Nicolo 104
Fast, Howard 127
Feuchtwanger, Lion 43, 82
Fielding, Henry 13
Fischer, Peter 136, 179, 212, 215
Fischer, Samuel 126
Flaubert, Gustave 41
Fontheim, Joachim 233
Franz von Assisi 110
Freyer, Paul Herbert 74–78
Frisch, Max 146
Fuchs, Gerd 7

Galeazzi, Riccardo 241
Galenus, Claudius 104
Galilei, Galileo 237

Garbe, Hans 185
García Lorca, Federico 36, 46
Gasbarra, Felix 232
Gaulle, Charles de 53
Generalić, Ivan 204
Gerron, Kurt 239, 240
Giehse, Therese 140, 220, 269
Ginsberg, Ernst 140
Giraudoux, Jean 146
Gleich, Joseph Alois 114
Goethe, Johann Wolfgang von 34, 81, 124, 194
Gogol, Nikolai W. 28, 72, 99, 146
Goldoni, Carlo 146
Göring, Hermann 246–249
Gorki, Maxim 12, 40, 103, 106–107, 127, 139, 146, 217
Gotsche, Otto 201
Graf, Robert 212, 214–215
Grassi, Paolo 178–179
Gregor, Ulrich 166
Grünberg, Karl 119
Gründgens, Gustaf 25
Grünewald, Lothar 119–120
Guizot, François 111

Haas, Helmuth de 149, 153–155
Hacks, Anna siehe: Wiede, Anna Elisabeth
Hacks, Peter 48, 51–52, 54–55, 133–138, 146, 183–222, 269
Harich, Wolfgang 152
Harpagos 259–273
Harvey, William 105
Hauptmann, Gerhart 46, 97, 279–280, 282
Hauser, Harald 198, 199, 217
Havemann, Robert 201
Hebbel, Friedrich 61
Hegel, Georg Wilhelm Friedrich 11, 13, 111, 190, 206, 218
Heine, Heinrich 13, 189–190, 195
Heinz, Wolfgang 48, 140, 207–208, 225, 230
Hellberg, Martin 213
Hellman, Lillian 48
Hemingway, Ernest 148
Hermlin, Stephan 23, 207
Herodot 269
Herzfelde, Wieland 201

Herzmanovsky-Orlando, Fritz Ritter von 174
Hindenburg, Paul von 246
Hitler, Adolf 12, 40, 53, 125–126, 140, 144, 174, 246–250
Hoffmann, Paul 215
Horváth, Ödön von 196, 204
Hubalek, Claus 16
Huchel, Peter 206
Hug, Theo 79
Huxley, Aldous 170

Ibn Sina 104
Ibsen, Henrik 94, 97, 174–175, 276
Iffland, August Wilhelm 197
Ihering, Herbert 22, 37, 43

Jansen, Cornelius 102
Jesus Christus 190, 220, 241
Jodl, Alfred 247
Jünger, Ernst 99, 127

Kadelburg, Gustav 81
Kafka, Franz 16, 145, 254
Kainz, Josef 143
Kaiser, Georg 174
Kambyses 259
Kaňa, Vašek 121
Kant, Immanuel 212, 218
Kappen, Norbert 215
Kaul, Friedrich Karl 194
Keisch, Henryk 95, 190–191
Keitel, Wilhelm 246–248
Kesselring, Albert 126
Kilger, Heinrich 38, 43, 52, 96, 160, 162, 180, 225, 274
Kilger, Urs 162, 180
Kipphardt, Elfriede (geb. Kaufmann) 8, 10, 15–56, 160, 182
Kipphardt, Heinrich 8–11, 15–56, 152, 154, 160, 182
Kipphardt, Jan 17, 40, 44, 48, 160–162, 182, 220–221
Kipphardt, Linde 17, 21, 23, 27–28, 30, 40–41, 160–161
Kipphardt, Lore 17, 21–22, 44, 50, 158, 160–162, 166, 169, 182, 184–185, 187–189, 191–192, 194, 196, 201–202, 204, 208–209, 211, 214, 219, 221

Kipphardt, Pia 166, 176, 181, 219, 243
Klee, Paul 181
Kleist, Heinrich von 60–62, 66, 81
Kluger, Herbert 196
Knauth, Joachim 197
Knellessen, Friedrich Wolfgang 231
Koch, Heinrich 229
Koestler, Arthur 127
Kohls, Walter 156–157
Kolbenheyer, Erwin Guido 99
Konfuzius 246
Korntheuer, Friedrich Joseph 115
Kortner, Fritz 194, 196, 213, 228
Kotzebue, August von 181
Kruchen, Karl Mathias 125
Krüss, James 194
Kuby, Erich 193
Kuhl, Rolf 136
Kyros 259–273

Lange, Hartmut 212, 217
Langhoff, Wolfgang 13, 15, 21–24, 30–33, 36–37, 46, 48, 50, 54–55, 89, 92, 136, 138–142, 147, 149–150, 152, 184, 185, 192, 194, 207–208, 215, 222–223, 225–226
Lao-tse 248
Laroche, Johann 115
Lenin, Wladimir Iljitsch 12, 139, 168, 218, 238
Lenz, Jakob Michael Reinhold 34
Lessing, Gotthold Ephraim 13, 28, 116
Leuschner, Bruno 138
Lindtberg, Leopold 140
Lloyd George, David 124
Lubitsch, Ernst 177
Ludwig XIV. 102
Luft, Friedrich 152
Lukács, Georg 58, 63
Lumumba, Patrice 197, 211

Mager, Marianne («Nana»), geb. Kaufmann 23, 27, 29, 31, 38
Mailer, Norman 148
Majakowski, Wladimir 123, 127, 139, 168
Malenkow, Georgi Maximilianowitsch 64–65, 127
Malinowski, Roman Vatslavovich 238

Maltz, Albert 127
Mandane 259–273
Mann, Heinrich 127
Marx, Karl 11, 13, 53, 130, 139, 168, 194, 206, 211–212, 220, 237
Matusche, Alfred 96, 118–120
May, Gisela 201, 202
McCol, Mary und Jan 214
Meisel, Karl 115
Melville, Herman 166, 220
Meyerhold, Wsewolod Emiljewitsch 168
Millowitsch, Willy 174–175
Milton, John 111
Mithridates 205
Moissi, Alexander 143
Molière, Jean-Baptiste 102–106, 111
Mozart, Wolfgang Amadeus 27, 213–214
Mueller-Stahl, Hagen 207–208
Müller, Heiner 185, 191–192, 199, 201, 212
Müller, Inge 201
Müller-Schlösser, Hans 81
Musil, Robert 127

Nadler, Josef 99
Nana, siehe: Mager, Marianne
Napoleon 61
Necker, Jacques 103
Nemirowitsch-Dantschenko, Wladimir Iwanowitsch 98
Neruda, Pablo 36, 127
Nestriepke, Siegfried 228/229
Nestroy, Johann 115, 146
Newton, Isaac 237
Nietzsche, Friedrich 99
Noelte, Rudolf 228

O'Casey, Sean 146, 185, 217
Olden, John 176
Ollenhauer, Erich 125
Oppenheimer, J. Robert 51, 133, 159, 166, 175, 178, 180–181, 183–184, 188, 190, 195, 207, 210, 212, 214, 217, 220, 222–223, 228, 241, 274
Ostrowski, Alexandr Nikolajewitsch 72
Otto, Teo 140

Palitzsch, Peter 179, 207–208
Papen, Franz von 126, 128
Paracelsus, Philippus Aureolus Theophrastus 104
Paré, Ambroise 105
Paryla, Karl 140, 201–202
Paulus 109
Pavel, Hans 136–137, 167, 175, 176, 186, 193, 207–210, 212–215, 217, 221, 230
Pavel, Pia siehe: Kipphardt, Pia
Pieck, Wilhelm 43
Piens, Gerhard 206
Pigge, Helmut 173–177
Piscator, Erwin 179, 188, 195, 203, 207, 223–235
Pius XII. 241
Plato 212
Plautus, Titus Maccius 102, 111
Pocci, Franz Graf von 174
Pogodin, Michail 217
Pollatschek, Walther 49, 95, 119

Raimund, Ferdinand 115
Rasputin, Grigori Jefimowitsch 107
Reinhardt, Max 15, 97, 121
Renn, Ludwig 28, 34
Reza Pahlevi 269
Richter, Herbert 212
Riedt, Heinz 179
Rieger, Anna 45
Robespierre, Maximilien de 218
Rodenberg, Hans 230
Rökk, Marika 202
Rolland, Romain 127
Rommel, Erwin 126
Röscher, Wilhelm 130
Rosenberg, Alfred 99
Roth, Fredy 78
Roullé, Pierre 102
Rousseau, Henri 204
Rowohlt, Ernst 21, 55, 126–127, 159, 227, 232
Ruysch, Friedrich 105

Sander, Hans-Dietrich 171–173
Sartre, Jean-Paul 146
Schalla, Hans 191–192, 204
Scheffel, Joseph Victor von 164

Schiller, Friedrich 116–117, 183, 190–191, 198, 210, 274
Schmidt, Jürgen 205–206
Schmitthenner, Hansjörg 140
Scholochow, Michail 127
Scholz, Wenzel 115
Schondorff, Joachim 170
Schopenhauer, Arthur 218
Schubert, Heinz 207, 209
Schulze-Vellinghausen, Albert 195
Schumacher, Erich 233, 235
Schumacher, Ernst 192
Schuster, Ignaz 115
Schweikart, Hans 196, 199
Seelow 228
Seghers, Anna 58–60, 127, 225
Semmer, Gerd 228, 230
Serlio, Sebastiano 213
Servet, Michel 216
Shakespeare, William 13, 36, 42–44, 47, 57, 70, 73, 81, 89–90, 96, 106, 111–113, 119, 127, 145–146, 151, 167, 173, 175, 194–196, 201, 213, 217, 222
Shaw, George Bernard 28, 109–110, 146
Sinowjew, Grigori 218
Sisley, Alfred 123
Sistig, Alfred-Erich 225
Skopnik, Günter 232
Stalin, Josef 57, 80, 165, 168, 209
Stanislawski, Konstantin S. 98, 168, 199
Steckel, Leonhard 140
Stendhal 13
Stensen, Niels 105
Sternheim, Carl 99–100, 174, 177
Stranitzky, Josef Anton 114, 115
Straparola, Gian Francesco 102
Strehler, Giorgio 179
Strittmatter, Erwin 81, 191–192
Stroux, Karl Heinz 55, 149–153, 155, 157–158, 169, 183–184, 186, 190
Swift, Jonathan 240–241

Tasso, Torquato 193, 197
Tenschert, Joachim 167, 169
Terenz 102
Thomas von Aquino 189
Thukydides 163
Toller, Ernst 144
Toussaint, Mary 16
Treuberg, Franz Friedrich Graf 150

Ulbricht, Walter 127, 152, 163
Urban 44

Valéry, Paul 58
Verhoeven, Paul 212, 214
Vesalius, Andreas 105
Voltaire 66

Wagner, Heinrich Leopold 222
Wagner, Richard 99
Wagner, Siegfried 168, 193–195, 205
Weber, Erich 135
Wedekind, Frank 174, 177
Weisenborn, Günther 82
Wekwerth, Manfred 192, 197, 199, 207–209
Wendt, Erich 55
Wessely, Rudolf 35, 38–39, 52, 89–91, 96, 144–146, 181
Wiede, Anna Elisabeth 51, 137, 183–222
Wiens, Paul 67, 69–70
Wiens, Wolfgang 25
Wilson, Woodrow 124
Wischnewski, Wsewolod 140
Wolf, Friedrich 82, 144, 232
Wolf, Konrad 185

Zimmermann, Jörg 212, 215
Zinner, Hedda 82, 198, 199, 217
Zuckmayer, Carl 82
Zweig, Arnold 82, 127

Heinar Kipphardt
Werkausgabe
Herausgegeben von Uwe Naumann

Die gesammelten Werke Heinar Kipphardts erscheinen, kommentiert und um Nachlaßmaterial ergänzt, in Einzelausgaben als rororo-Taschenbücher

Bruder Eichmann
Schauspiel und Materialien
(5716)

Traumprotokolle
(5818)

März
Roman und Materialien
(5877)

**In der Sache
J. Robert Oppenheimer**
Ein Stück und seine
Geschichte (12111)

Shakespeare dringend gesucht
und andere Theaterstücke
(12193)

Joel Brand
und andere Theaterstücke
(12194)

Schreibt die Wahrheit
Essays, Briefe, Entwürfe
Band 1
1949–1964 (12571)

Ruckediguh, Blut ist im Schuh
Essays, Briefe, Entwürfe
Band 2
1964–1982 (12572)

Die Tugend der Kannibalen
Gesammelte Prosa
(12702 / April 1990)

Außerdem lieferbar:

Der Mann des Tages
und andere Erzählungen
(4803)

Angelsbrucker Notizen
Gedichte (5605)

Heinar Kipphardt
mit Selbstzeugnissen und
Bilddokumenten
dargestellt von Adolf Stock
(rowohlts monographien 364)